《中国通史》

范文澜 著

第四册

人民出版社

陕西西安出土唐三彩驼载乐俑

洛阳龙门唐石窟奉先寺

隋展子虔绘游春图

唐阎立本绘步辇图

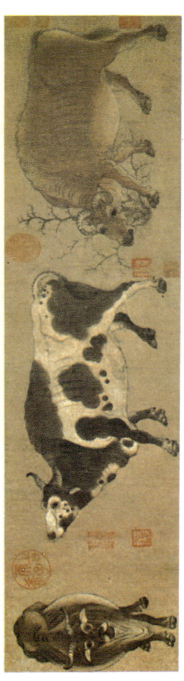

唐韩滉绘五牛图

五代韩熙载夜宴图

陕西西安唐代窖藏中发现来自中亚的兽形玛瑙杯

江苏丹徒出土唐龟负酒筹银筒

目　录

第 三 编
隋 唐 五 代 时 期

2

第 三 编
隋 唐 五 代 时 期

第 四 章

吐 蕃 国

——六二九年——八四六年

第一节 吐蕃国的兴亡

羌族居住在中国西部，是一个古老的大游牧族。它和汉族在远古传说时代已有往来，到了商朝，屡见于卜辞，周朝以下，史书记载愈益详备。羌族居地以西海（今青海）为中心，向四方伸展，主要是向西方伸展，因东面以及南北面都受到汉族的遏阻。据《后汉书·西羌传》所说，羌人只有部落酋长，没有君臣上下，部落多至一百五十个，各随水草迁徙，不相统属，长时期停留在原始社会阶段上，不能建立起国家来。西晋时，辽东鲜卑慕容部酋长涉归有庶子名吐谷浑，率所部七百户西迁，住在枹罕（枹音浮 fú 甘肃临夏县）地方。他的子孙征服羌族，建立吐谷浑国。北朝宇文周时，吐谷浑王慕容夸吕建号为可汗，筑伏俟城（在青海西十五里）为首都，国土广数千里，分立四个大城，使子弟各居一城统治所属民众。唐初，吐谷浑分东西两部，东部以伏俟城为中心，西部以鄯善（新疆若羌县）为中心，吐谷浑可汗慕容伏允驻伏俟城，立次子慕容尊王（即达延芒波结）为太子，守鄯善。

吐谷浑国受汉文化影响，采用一些汉族制度。羌族自原始社会进入低级的封建社会，慕容部是起了推动作用的。少数慕容部贵族与众多羌族部落酋长融合成为一个统治阶级，鲜卑人羌化了，因之，吐谷浑实际是羌族的国家。

早在战国初年，秦献公出兵攻掠羌地，酋长卬（音昂 áng）避秦兵，率部众向南方迁徙，与青海诸羌隔绝。后来卬的子孙繁衍，自立部落，散居各地，其中有牦牛部，也称为越嶲（音希 xī 四川西昌县）羌；又有白马部，也称为广汉（四川广汉县）羌。这些部落在蜀边境内外，迁徙无常，《西羌传》说它们的部落名号，不可详考，这大概是与汉族接触较少的缘故。《西羌传》又说，有发羌、唐旄等，在极远的西方。一○一年，青海烧当羌首领迷唐被东汉兵击败，残众不满千人，一直向西走去，投奔发羌。《新唐书·吐蕃传》以为蕃、发声近，发羌是吐蕃的祖先。

唐旄即葱茈（音子 zǐ）羌，原先居住在天山南至葱岭一带，一部分迁徙到西藏，以逻些（拉萨）一带为中心，占有广大土地。五八六年（隋文帝开皇六年）遣使人来朝贡。《隋书·西域传》称为女国，因为唐旄以女

4

为王，风俗重女轻男，国政由女王和小女王各一人共同执掌。女王死后，按惯例在王族中选出贤女二人，一为女王，次为小女王。男人专管战争，女王的丈夫号金聚，也不参与政事。这是母系氏族制的残余，社会继续进展，终究要推翻这个残余。

羌族在青海建立起吐谷浑国，是社会发展中一个光辉的标志。羌族一部分自青海进入西藏，一部分迁徙到蜀边境内外，也陆续进入西藏，广阔遥远的中国西部，从此逐渐得到开发，羌族对中国历史的贡献是巨大的。唐时吐蕃国勃兴，分立的诸国合并成为统一的大国，尤其是社会发展中一个更光辉的标志。中国西部出现吐蕃国，无疑是历史上的大事件。

吐蕃国经过兴起、强盛、衰亡三个时期，分别叙述如下：

一 兴起时期（弃宗弄赞赞普以前）

吐蕃史书记载远古传说："在天的中心之上，住着六父王天神的王子弃端己，他有三兄三弟，连他共计七人。弃端己的第三子为弃聂弃赞普。他到下界为人主……做了六牦牛部的王"。六牦牛部当与越嶲一带游牧的羌族部落为同一支系。《西羌传》里说，"强则分种为酋豪，弱则为人附落"。大抵牦牛部盛强，分立为六个兄弟部落。弃聂弃赞普是最强的酋豪，又自立一部，降服其余六部，六部酋豪被称为父王六臣。另外又有三个通婚姻的部落，被称为母后三臣。六父王天神的名字叫做鹘提悉勃野，弃聂弃既自称天神所生，以宰勃野为姓，正符合羌族"其俗氏族无定，或以父名母姓为种号"（《西羌传》）的惯例。赞普的意思是雄强丈夫，弃聂弃拥有这一称号，说明他是特别雄强能够统率六臣的大酋长。弃聂弃时，社会内部开始分出尊卑两类人，由于阶级逐渐在形成，有立君长的需要，因之，弃聂弃以后，子孙世袭赞普称号，比起羌族一般"不立君臣，无相长一"（《西羌传》）的原始状态来，是一个进步。神话传说中往往含有史实，弃聂弃从上天下降到人间，实际就是从无阶级社会转到有阶级萌芽的社会。

传说汉武帝时六牦牛部进入西藏，第八世赞普号布袋巩甲，居住在琼巴（西藏穷结县）地方，冶炼矿石，取得银、铜、铁三物，又制造木犁，用牛力开垦平原作田，引湖水灌溉，开始有农业。第十五世赞普号意肖烈，建立琼巴堡寨。《通典》称为匹播城，《新唐书·吐蕃传》称为跋布川。第十七世赞普号德朱波那木雄赞，设置大相（宰相），作为赞普的辅佐。第二十三世赞普号甲多热弄赞，废除"与神和龙族通婚"，改"与臣民通婚"。到第二十八世赞普号弃业颂赞，改进农业，兴修水利，牧地与农田相接，国力日渐兴盛。第三十世赞普号达布聂西，杂养犏（音篇 piān）牛与骡，定物价，蓄积干草。依据上述一些记载，吐蕃部落自弃聂弃赞普时开始，逐渐形成为国家，经济政治和文化，也逐渐在进展。

　　唐旄北接于阗，东北与苏毗（居住在青海玉树一带的部落）为邻，西境是天竺，南境即吐蕃，是一个大国。唐旄有两个都城，女王达甲瓦，驻年卡宁波（地当在今西藏尼木县东南），小女王弃邦孙，驻儒那堡寨（西藏墨竹工卡县西北）。唐旄内乱，弃邦孙吞并达甲瓦的领地。一些贵族不服，暗通达布聂西，密谋叛变。达布聂西死，论赞弄囊继位。论赞弄囊与唐旄谋叛的贵族盟誓，亲提一万精兵出发，攻破儒那堡寨，唐旄领土为吐蕃所占有。论赞弄囊受尊号为朗日论赞，取政与天比高，盔与山比坚之意。朗日论赞论功行赏，以都瓦堡寨及一千五百户奴隶赐给娘·臧古，以萨格森的土地及一千五百户奴隶赐给巴·鱼泽布，以一千五百户奴隶赐给农·仲波，以一千三百户奴隶赐给哲蚌·纳生。这四人都是唐旄国的领主，娘的首城在今墨竹工卡县东北，巴的首城在墨竹工卡县西北，农在娘与巴之间，哲蚌在乃东县北。他们助吐蕃有功，都成了赞普的重要大臣。唐旄领主穹波·邦色杀藏博主马尔门，以藏博二万户献于赞普，赞普接受后即赐给邦色。邦色功大，也成了重要大臣。朗日论赞重用这些新臣，引起吐蕃旧臣（父王六臣与母后三臣）的不满，到了晚年，父王之臣既离叛，母后之臣又复作乱。羊同（唐旄残部，在今阿里及羌塘一带）、苏毗、达布、工布、娘波等也四面起兵攻击吐蕃，朗日论赞被叛臣置毒暗害而死。吐蕃从小国变成大国，是一个巨大的变动，发生旧臣与新臣之间、吐蕃与敌国之间的冲突，是很自然的。冲突的结果将决定吐蕃的兴亡。弃宗弄赞赞普统率吐蕃的进步势力战胜了国内外的敌对势力，从此，吐蕃走上强盛的道路。

二 弃宗弄赞赞普的事业（六二九年──六五〇年）

羌族从一百几十个聚散无常的原始部落进而组成吐谷浑、唐旄、吐蕃等国家，又从这些分立的国家进而组成统一的吐蕃国，都是划时代的大发展。尽管仍旧存在着严重的分立倾向，但经过吐蕃国的强盛时期，羌族人产生以吐蕃文化为中心的共同心理状态，此后，原来的羌族为具有初步稳定的人们共同体性质的蕃族或藏族所代替了。弃宗弄赞赞普是强盛吐蕃国的创始者，因之，他的成就在吐蕃历史上有重大贡献，在中国历史上也有重大贡献。

第三十二世赞普弃宗弄赞又号松赞干布，他生于六一七年，十三岁（六二九年）继位，十八岁（六三四年）遣使官到唐朝求婚，二十五岁（六四一年）娶唐文成公主，三十四岁（六五〇年）死。他的一生正和唐朝创始者唐太宗同时。吐蕃史书说"王子松赞虽未成年，奋战不屈，终于严惩罪犯，所有置毒者皆族灭之。未几，叛乱者又皆臣服。娘·芒波结尚囊并未与全苏毗交兵，设谋用计，说之来降。养护无数户口，安居乐业。唐与吐谷浑皆来进贡。"未成年即是指十三岁即位事，此后二三年间叛乱平息，苏毗降服，牧业繁荣，国力兴盛，迁都逻些，完成统一大业。显然由于朗日论赞消灭苏毗，符合社会发展的趋向，再加上松赞的"骁勇多英略"(《旧唐书·吐蕃传》)，以及群臣主要是新臣的支持，才能获得如此迅速的成功。《通鉴》在唐太宗贞观八年（六三四年）记载吐蕃遣使来请婚事，说吐蕃疆土广大，拥兵数十万（兵数夸大不实），弃宗弄赞有勇略，四邻都怕他。唐太宗遣使官冯德遐前往通好，这就是吐蕃史书所说唐来进贡。依据双方史书的记载，说明六三四年以前，吐蕃已是西方新出现的强大国家。

松赞干布一生事业，主要是在稳定内部，巩固王权，建立起统一的吐蕃国，其次是对外用兵，兼并强邻，保卫国家的安全。

下列诸事，是属于建国的措施。

稳定内部——吐蕃王族称为论，宦族称为尚，论与尚构成吐蕃的统治阶级。自然，王族宦族之间，宦族旧臣新臣之间，存在着许多矛盾。赞普与群臣每年举行一次小盟，三年一次大盟，就是要缓和这些矛盾。小盟用羊狗（羊与狗二物，或是牧羊的狗）与猕猴为牲，先折断牲足，杀死后，再剖腹裂肠，使巫告天地等众神说，谁要是变心，阴谋叛乱，神明察知，罚同此牲。大盟杀犬马牛驴为牲，赞普诅咒说，你们都得同心协力，共保我家。天地众神知道你们心里事，谁要是背盟，谁就身体屠裂，同这些牲畜一样。唐旄旧俗，祭神用人或猕猴。大盟所用的犬，有些书说是用人。吐蕃俗重视狗，唐旄俗重视猕猴，用人作牲则是共同重视的祭品。小盟用狗与猕猴，大盟用人，都表示隆重的意思。赞普与群臣立重誓，要求效忠王室，在赞普独掌生杀大权的情况下，发生稳定内部的作用是可能的。大小盟何时创始，史书不载，定在松赞干布平定内乱时似较适宜。后来小盟增为每年两次，当是松赞死后的事情。

巩固王权——朗日论赞依靠新臣的助力，灭唐旄国。松赞干布用新臣镇压叛乱，征服苏毗。新臣有大功，势力超过旧臣，成为王族的竞争者。松赞用娘·芒波结尚囊为大相，又重用穹波·邦色，以谋叛罪杀尚囊。王族噶尔·芒霞孙囊任大相，不久，因罪自杀。邦色继任为大相。松赞重用俄梅勒赞，迫走邦色。王族噶尔·东赞域孙告发邦色谋叛，邦色自杀。东赞域孙继任为大相。新臣之间和新臣与王族之间争夺大相，是经过激烈斗争的，最后大相职位为噶尔·东赞域孙即禄东赞所确保，显示王权得到进一步的巩固。

中央官制——中央大官分两类。第一类为宰相，其中有大相一人，称为大论，唐人译为宰相平章国事。大相以下，有时设副相一人，称为小论。又有兵马都元帅同平章事、兵马副元帅同平章事各一人，宰相同平章事四人。第二类为宰相僚属，其中有内大相一人，掌管国内事务；整事大相一人，管刑法。又有管国外事务、外交、财政等官。上列诸官中，大相最尊，"事无大小，必出于宰相，便宜从事"。各官都是父死子代，无子则由近亲承袭，不合继承惯例，便引起争端。吐蕃自第十七世赞普设大相以后，当在陆续增设一些官职，到松赞干布时，更必须规定官制以适应建国的形势。松赞以后，国势强盛，官制自然还会有些变更，但基本上是在松赞时规定的。

兵制和地方官制——吐蕃地方行政组织与军事组织完全一致。全国分为四个如，每如分为上下二分如，共有八个分如。每个分如各有四个千户所。每个如又各有一个下千户所。四如共有三十二个千户所和四个下千户所。此外另有四个禁卫军千户所分镇四如。每个分如有元帅一人，副将一人，判官一人。分如在旗帜和马匹的颜色上各不相同，以资区别。军队编制以一百余人为单位，设一个百夫长。一个大五百统率五个百夫长，一个千夫长统率两个大五百。实际上每个千户所有兵约一万人上下，统率二十个大五百，后来就叫做万户府或万夫长。这些军官平时是地方行政官，也就是当地的大小领主。吐蕃史书记载四如所辖军民数如下：（一）藏如如拉，上下两藏如如拉各有军士三万零三百人，共有人口七十二万人；（二）右如，上下两右如各有军士五万零三百人，共有人口七十万人；（三）中如，上下两中如各有军士七万零三百人，人口缺记；（四）左如,上下两左如各有军士五万零三百人,共有人口约七十万人。四如军合计,军士共有四十六万二千四百人,中如军士数特多,人口至少有八九十万,合其他三如,吐蕃人口当在三百万人左右。这是吐蕃大扩张时期的军民数,松赞干布在位时不可能有这样多的军民。吐蕃史书载松赞要求娶唐公主事,说"赞普致书唐主曰:若不许嫁公主,当亲提五万兵,夺尔唐国,杀尔,夺取公主"。五万兵当是吐蕃的全部或大部分兵力,每个千户所正好有兵一千三四百人。后世疆土扩大,军民增加约十倍,千户所成了万户府。保存千户所名义的原因,叮信是松赞干布的定制,相沿不敢改变。

制定法律——吐蕃史书说"松赞干布在位,以臣民于君前恣叫争竞,无礼无仪,乃创十善法律,使善者有所劝,恶者知所戒"。史书记载松赞时道德训条甚多,如"皈(音归 guī)依三宝,敬信勿疑;报父母恩,侍养勿怠;于自己有大恩者及父亲、长辈、师长,勿违其意,善于承侍;上等人和贵族的意志勿加违拗,顺之而行,一切行事举措宜依上等人为法式;学习宗教与文字,精通其意义;于业报因果,深信勿疑;准时还债;言而有信;谋事勿信妇人之言;勿用大秤小斗;有疑而不决之事,依神言为断"。诸如此类的训条,有些当是出于后世人的附加,但若干训条为松赞所定也是事实。劝善的另一面是戒恶,即残酷的刑法。史书说吐蕃"用政严酷,人无敢违"。又说"其刑,虽小罪必抉目,或刖、劓,以皮为鞭，抶之从喜怒，无常算（数）；其狱，窟地深数丈，纳囚于中，二三岁乃出"。又说"砍头、剜眼、剥皮……诸刑皆备"。落后的社会必然行施落后的刑法，因为统治阶级必须用严刑来维持本身的权利，宣扬大慈大悲业报因果的佛教，恰好被统治阶级利用来掩护暴政，佛教在吐蕃流行，和暴政是有联系的。

发展经济——吐蕃经济以畜牧业为主，松赞出巡，看到"牛羊繁殖，沿路成群"。吐蕃原来有些农业，松赞时，"高地蓄水为池，低地于河中引水灌溉……开辟阡陌"，农业比先前有些改进。这都是叛乱平息，国内统一以后的现象，也就为向外扩张准备了条件。当时又制定度量衡，以便利商业的进行。

创制文字——松赞干布派遣学生吞米·桑布札等往克什米尔向婆罗门李敬学习声明（声韵学），归国以后，主要依据于阗文加以简化，造成三十个字母，并编出几种文法歌诀，用以拼写吐蕃语。松赞亲自学习这种新制文字，大力提倡。在羌族所立诸国中，吐蕃一向用刻木结绳法记事，唐旄大概也没有文字，吐谷浑有文字，与北魏相同，可能是借用汉文字。自从有了吐蕃文，在大吐蕃国境内，使无文字和有文字的诸部都行用统一的吐蕃文，随着羌族各部融合成为后来的蕃族或藏族，吐蕃文也就发展成为蕃族或藏族通行的藏文，松赞创制文字的意义是非常巨大的。

上述诸措施，在松赞干布有效地推行下，吐蕃内部稳定,成为具有相当规模的国家。

松赞干布先后征服苏毗、羊同等国,免受来自北方和西方的威胁,使吐蕃处于安全地位。羊同国(今西藏阿里)人以畜牧为业,地在吐蕃西,北接于阗(新疆和田县),国土东西千余里,有兵八、九万。国王下面有四个大臣,分掌国事。无文字,记事用刻木结绳法,刑法残酷。酋豪死,用人殉葬。六四四年,松赞征服羊同(此后羊同叛服无常,到弃松德赞赞普时才消灭羊同国),完成了西藏高原的统一。吐蕃得苏毗,可从东北方进攻吐谷浑,得羊同可向西域出兵争夺唐属国。松赞虽然还无力向外大扩张,但已为后世大扩张准备了条件。

松赞干布在建设国家和保卫国家安全上都取得巨大成就。他推动吐蕃国进入强盛时期,对后来藏族的形成具有深远的影响。

三　强盛时期(六二九年——七九七年)

吐蕃强盛时期在松赞干布时已经开始。这里只叙述松赞死后吐蕃大扩张的事迹。大扩张就是对外战争,主要是对唐战争。这些战争大体上可分为三类:(一)征服唐属国吐谷浑和唐境内羌族羁縻州,进行吐蕃的统一战争,性质是正义的。(二)与唐争夺西域四镇。四镇对唐、吐蕃两国都有保障本国安全的作用,两国势在必争,得失依强弱。(三)夺取唐州县,奴役汉族居民，是侵略性的战争。唐朝廷方面，不能保护国土，对被奴役的居民更应负失职的责任。

吐蕃与唐两国之间固然有频繁的战争，但不可因此忽视两国和好的一面，从全面来说，和好仍是基本的一面。其次，唐州县入吐蕃以后，汉族较高的经济和文化对吐蕃社会发生很大影响，所以，还应该看到战争带来的某些积极性后果。

六五〇年，松赞干布死，孙芒论芒赞赞普（六五〇年——六七六年）继位。赞普年幼，大相禄东赞专掌国政，继承松赞的建国事业，推动吐蕃进入更强盛的阶段。禄东赞最大的功绩是划定田界，确立吐蕃的封建制度。凡是在瓦解状态中的原始公社社会，总包含着向奴隶制或向封建制发展的两个前途。由于私有制的逐渐发展，公社成员少数人变成统治阶级，大部分人以自由民身分成为被统治阶级，两者构成原始的国家。一般地说，在这样的国家里，社会是由浓厚的公社残余和稀薄的封建因素（自由民纳贡赋和服兵役，所谓兵役，即出外抢掠）混合而成的。同时，这样的国家，总是强的或能自保的，否则被其他强者所吞并，无立国可能。这种强的国家，吞并弱的部落或较弱的和不能自保的国家，本身必然向奴隶制发展（弱而能自保的国家则向封建制发展），但受生产的限制，发展的程度很不一样。大抵原始国家可分为三类：（一）以畜牧为主业的国家，水草地有局限，不能使用过多的奴隶来扩大畜牧业；土地寥廓，不容易防止逃亡；因之奴隶制不可能有多大的发展。尽管是这样，因自由民贡赋极轻微（例如北魏到四二一年，魏明帝才定制，令鲜卑民户养羊满百口，出战马一匹，可见魏明帝以前，鲜卑自由民不纳贡赋，只服兵役），统治阶级剥削的对象，主要是从事生产的奴隶，也就是说，剥削者不算是封建主而是奴隶主。游牧国家奴隶制并不发达，但有些国家仍可看作奴隶制国家。（二）以农业为主业的国家，奴隶制比游牧国要发达些，因为农业上可以使用较多的奴隶。但是，农业收获的丰歉，很大程度上要看耕作者的勤惰，天时又变化无常，奴隶主收入未必有确实保证，奴隶最低的生活品却必须付出。当奴隶主给奴隶一些土地让自谋生计，对他们只管收入不管付出的时候，奴隶就会逐渐转化为农奴，奴隶主也就不自觉地转化为封建主。按照科学定义，奴隶同牛马一样，毫无自己的经济，如果奴隶被允许私有一些生产资料，尽管奴隶的名称不变，待遇照旧，性质上却已有农奴的成分。这种剥削方式的转换和农奴成分的增加，是由阶级斗争促成的，而且也是奴隶主在不得已的情况下所愿意采取的（当然，还要保存不少的奴隶），因此，农业国里的奴隶制经过激烈的阶级斗争，可以缩短向封建制转化的过程。（三）手工业商业兴盛的国家里，使用大量奴隶最为有利，奴隶制也就大大发展起来，并且长久持续下去。同时，浓厚的公社残余将变为稀薄或遭受严重破坏，比起那些与公社残余纠缠着的奴隶制或封建制国家来，面貌大不相同，成为典型的奴隶制国家。自然，游牧国里可以有些农业，农业国里可以有些畜牧业和工商业，工商业国家里有农业，也可以有些畜牧业，情况是复杂的，社会性质也从而呈现复杂现象，但必有一个起主导作用的成分来决定这个社会的性质。吐蕃国以畜牧为主业，至少在朗日论赞、松赞干布时，已是一个奴隶数量不大的奴隶制国家（例如唐旄三万户中只有五千八百户奴隶）。自从禄东赞划定田界，原来占多数的自由民分得田地，进行农业和畜牧业，对国家负担起封建义务，从此统治阶级剥削的对象，主要是这种农民和牧民，不再是少数的奴隶，吐蕃也就开始进入封建制社会。禄东赞这一历史性改革，可能是受汉族影响，因为唐朝行均田制。

六五三年，禄东赞令吐谷浑降王达延芒波结划定田界。吐谷浑一向接受汉文化，例如官制有仆射、尚书、郎中等官名，划田界仿效均田制，是很自然的。在新疆维吾尔自治区发现的吐蕃文书中，有一则关于田制的记载，译文如下："兔年夏，划小罗布王田为五种亩数，按耕田人（每户）人数多少加以分配。依据主权与田作惯例，劳力情况应登记于（户主）名下。有势力者不许多占田地或围圈空地。任何一小块田都要按（每户）人数多少分配。（分定之后），不许荒废田业和破坏田界。此五种亩数的田都树立界标，有违制占田、破坏

17

田界或使田业荒废，将剥夺其田业，没收其庄稼，并按情节轻重治罪。各户耕田人的人数造成总册，交到日城长官处，凡有阴谋叛乱，破坏水利，反抗官府，图谋侵夺等事，一律按本城旧法律治罪"。这个文书不知何时写成，其中所说小罗布是在吐谷浑境内，日城旧法律是指吐谷浑亡国前的法律，可见吐谷浑早已采取汉地均田制，自创一种划分田界法。达延芒波结依据吐谷浑田制为吐蕃划定田界，分得田地的人自然是吐蕃的自由民。六五四年，禄东赞在芒布舍宗举行会议，区别野人和驯顺者，计算大调发的数目。驯顺者当是指分得田地的农民和牧民，大调发数目就是以田数为基础的封建负担。六五五年，他又在哥帝命令写定法律，使已经推行的那些制度得到巩固。吐蕃经过这一次改革，确实有力量向外大扩张了。

向东北方扩张——灭吐谷浑

吐谷浑是羌族大国，六三五年，唐太宗发兵击破吐谷浑，可汗慕容伏允败死，太子达延芒波结失国，逃归吐蕃（据吐蕃史书，六五九年为唐将苏定方所杀）。唐立伏允长子慕容顺为可汗。慕容顺被国人杀死，儿子诺曷钵嗣位。诺曷钵年幼，大臣争权，国中大乱。唐支持诺曷钵，抑制国中亲吐蕃的势力。六六〇年，禄东赞使儿子起政（当即尊业多布）率兵击吐谷浑。六六三年，禄东赞自率兵攻吐谷浑。两国各遣使者到唐朝廷论曲直，请求援助，唐高宗都不听从，实际自然是助吐谷浑。吐谷浑臣素和贵逃入吐蕃，陈述吐谷浑内部情形，吐蕃发兵大破吐谷浑，诺曷钵率残部数千帐弃国逃到凉州，吐谷浑国亡（立国凡三百五十年）。禄东赞屯兵青海，遣使者论仲琮入朝，请求和亲，意思是要唐承认吐蕃占有吐谷浑土地。唐高宗不许。

六六七年，禄东赞死，子尊业多布继任为大相。吐蕃既得吐谷浑，六七〇年，出兵攻西域，取得十八个羁縻州，又合于阗国兵攻入龟兹国的拨换城（新疆维吾尔自治区阿克苏县）。这样，唐不得不出兵来攻吐蕃。唐高宗任用薛仁贵为逻娑（拉萨）道行军大总管，阿史那道真、郭待封为副，率兵十余万人，表示要进攻吐蕃都城。唐军进到大非川（青海共和县西南切吉旷原），尊业多布的儿子论钦陵率大军歼灭唐军。薛仁贵与论钦陵约和，唐残兵多得生还。经这次决定性的大战，吐蕃切实占有了吐谷浑，完成了统一羌族各国的大业。哥舒翰于七五五年上唐玄宗奏疏中说"苏毗一蕃，最近河北，吐浑部落，数倍居人，盖是吐蕃举国强援，军粮马匹，半出其中"。论钦陵击薛仁贵，集中兵力多至四十万人，除苏毗外，大部分当是吐谷浑人。镇守吐谷浑的大将，总是吐蕃大相的子弟，吐谷浑的重大意义即此可见。

向北方西域扩张——与唐争四镇

六七〇年，薛仁贵军在大非川覆没，唐西域四镇（龟兹、于阗、焉耆、疏勒）大部分土地被吐蕃夺去。六九二年，武则天使将军王孝杰率兵大破吐蕃军，取回四镇。唐设安西都护府于龟兹（新疆库车县），屯兵镇守。当时唐有些朝臣议放弃四镇，右史崔融上书说：高宗时主管官员溺职，不能守四镇，吐蕃因而强大，从焉耆（新疆焉耆县）西面长驱东来，经高昌、车师、常乐（甘肃安西县西北），渡过莫贺延碛，就兵临敦煌。现在王孝杰一战收复四镇，怎能弃而不要。如果四镇无守，吐蕃一定得西域，住在西域南方的群羌，势必被迫归降，吐蕃与群羌结合，唐河西诸郡一定受威胁。莫贺延碛宽二千里，无水草，吐蕃控制沙碛，唐就无法渡过去，这样，伊州、西州、北庭、安西等地将全部丧失。武则天从崔融议，不听那些主张放弃四镇的建议。

此后，唐与吐蕃在西域和青海两方面常有战争，胜败相当。六九六年，吐蕃大相论钦陵遣使到唐朝，要求唐撤退四镇守兵，并分西突厥十姓的土地给吐蕃。武则天使郭元振到吐蕃交涉。郭元振问论钦陵，吐蕃要唐撤四镇守兵，是否有意兼并四镇十姓土地？论钦陵答，吐蕃如果贪得土地，向东攻甘州（甘肃张掖县）凉州（甘肃武威县），不是很方便么？何必到遥远的西域去争利。双方议不能决。论钦陵遣使者随郭元振来到唐朝廷，提出要求。郭元振上书说，吐蕃想要四镇、十姓，朝廷也想要青海、吐谷浑，不如直截告诉使者说：朝廷驻兵西域，是要分吐蕃兵力，使它不能全力向东攻河西。如果吐蕃真的无意东侵，那末，请将吐谷浑诸部及青海归还朝廷，朝廷也可分五弩失毕部给吐蕃。如此答复，既表示朝廷有和意，又足以阻止论钦陵的计谋。吐蕃再有举动，曲在彼方了。武则天采郭元振议，拒绝论钦陵的要求。郭元振又上书说：吐蕃民众负担徭役过重，感到疲劳，早愿和亲；论钦陵拥兵专权，独不愿讲和。如果朝廷每年派去和亲使，让他拒绝不从，日子久了，彼国人对他不满将愈深，望和将愈切，他想大举用兵，也就难了。等到上下猜疑，内部是会发生变乱的。郭元振看得很准确，六九九年，吐蕃果然发生事变。论钦陵作大相，使诸弟分据方面，论赞婆常居吐谷浑旧地，攻唐边境。弃都松（器弩悉弄）赞普要收回权力，乘论钦陵外出，发兵杀他的亲党二千余人。论钦陵举兵对抗，赞普亲自讨伐，论钦陵兵溃自杀。论赞婆率千余人，论钦陵子论弓仁率吐谷浑七千帐降唐。武则天封论赞婆为郡王，论弓仁为郡公，使率众为唐守边境。

禄东赞一家三世为大相，立功甚大。尊业多布于六八四年合大藏四行政区为二。论钦陵于六八六年为象以下划定田界。六八七年，划大藏田界。六九〇年，造大藏人户的红册，划觉如田界。六九一年，自逻修至查拿划田界，统计绝户。六九三年，立大藏牧场。大藏是农业区，划田界，造红册，当与分土地，征赋税有关。这些，都是继续推行封建制的措施，在当时是有进步意义的。但专擅国政，削弱赞普的权力，连年用兵，违反民众的愿望，在国内逐渐陷于孤立，最后不出郭元振所料，全家被杀逐，吐蕃也因而一时不振，停止对外扩张。

七二二年，吐蕃发兵攻唐属国小勃律（在克什米尔北），企图从小勃律进攻四镇，唐北庭节度使张孝嵩派兵协助小勃律，大破吐蕃军。七二七年，吐蕃攻唐瓜州城（甘肃安西县西南），谋截断唐与四镇的交通。七二九年，唐军从瓜州出击，吐蕃军大败；唐军又攻取吐蕃石堡城（在青海西宁市西南）。吐蕃被迫放弃夺四镇的计划。七三六年，吐蕃攻小勃律，唐河西节度使崔希逸在青海西大破吐蕃军。吐蕃与唐在青海相持，无力进攻四镇。吐蕃与小勃律王和亲，小勃律归附吐蕃。西域二十几个唐属国朝贡路被阻，也都转向吐蕃朝贡。七四七年，唐将高仙芝攻破小勃律国，设归仁军，驻兵三千镇守，唐又与西域诸国往来无阻。论钦陵曾对郭元振说，所有邻国，都被唐降服了，吐蕃还能存在，只是靠我兄弟数人小心相保。青海地势险阻，唐必不能从这一路深入，五弩失毕部地近吐蕃，很容易来侵，所以我要求唐撤四镇守兵，分十姓土地。吐蕃为本身安全，与唐争夺西域，是有理由的。唐在安史乱前是强大国，唐玄宗又是爱好边功的皇帝，为本身安全决不退出西域，也同样是有理由的。

七五五年，安禄山反叛，唐内部大混乱。七五六年，吐蕃取石堡城，进取唐陇右（节度使驻鄯州，青海乐都县）河西（节度使驻凉州）两镇。唐代宗时，河陇及京西许多州县全为吐蕃所占有。唐北庭节度使李元忠、安西四镇留后郭昕率将士守境，与朝廷声问中断。七八一年，两镇使者借道回纥来到长安，唐德宗大喜，封李郭二人为郡王，将士都升官七级。吐蕃猛攻伊州（属陇右道，哈密），唐伊州刺史袁光庭坚守累年，最后粮竭兵尽，不可再守，袁光庭先杀妻子，自己跳入火中烧死。足见唐人守土是坚决的，吐蕃取唐州县必须用重兵攻守，也就无力远攻西域。七九〇年，吐蕃攻北庭，击败回纥救兵，唐节度使杨袭古弃北庭逃到西州（高昌，吐鲁番），不久被回纥杀死。吐蕃得北庭后，不知何年又得西州和安西四镇。

　　吐蕃与唐争夺西域，前后凡一百二十余年，吐蕃胜利了，但新的形势反使吐蕃陷于军事上的被动地位。大食占有葱岭以西土地，经常向东与吐蕃互相攻击，东方的回纥，地近北庭，也向天山南北扩张势力。吐蕃在西域要用大兵力抵御东西两个强敌，在唐旧境内又要用相当兵力镇压唐人的反抗。过重的负担，使得强盛的吐蕃虽然离长安很近，有灭唐的意图，却缺乏对唐的攻击力量。唐失西域反而有利于长安的保存。这个新形势，从长远处看，吐蕃阻止武力传教的大食东侵，使汉族文化免于大破坏，又为后来回纥西迁，定居在天山南北作了准备，对中国历史是一个巨大的贡献。

向东方扩张——兼并诸羌州

《隋书·西域传》有附国。附国文化较高，有国王，统率二万余户。地在成都西北，东面是嘉良夷，东北面是党项，西面是女国（唐旄），南北八百里，东西一千五百里。又有诸羌，散居深山穷谷中，无大君长，风俗与党项相似，有些属吐谷浑，有些属附国。隋炀帝时，附国、嘉良夷和诸羌曾遣使来朝贡，隋炀帝设诸道总管统率这些内附部落。唐沿隋制，剑南道设诸羌羁縻州一百六十八个，分属松州、茂州、巂州（四川西昌县）、雅州、黎州（四川汉源县）等都督府。有些羌人称为生羌，可能是指文化更落后的一些部落。六三八年，松赞干布占领党项（地在松州西、吐谷浑南）、白兰等羌部。当时吐谷浑是唐属国。松赞率大军攻松州（四川松潘县），声称要迎唐公主。唐松州都督战败，羌州纷纷叛唐归吐蕃。六六七年，禄东赞攻唐边境，取生羌十二州。唐剑南道所属诸羌州，陆续在失去，在唐肃宗时，除少数羌州内徙，其余都并入吐蕃。《通典》记唐境与吐蕃境相距里数，说：松州北至吐蕃九十里，西北到吐蕃界五十里；雅州（四川雅安县）西北到吐蕃野城界五百七十里；恭州（松潘县南叠溪营）北至吐蕃白崖镇七十里；维州（四川理县）东南到吐蕃界一百六十里；奉州（四川泸县）南至吐蕃野城八十里。自松州至奉州以西属吐蕃境,足见诸羌州都已并入。吐蕃兼并诸羌州成功,建立羌族统一国家的事业基本完成了。

向东南方扩张——征服南诏国

六七八年,尊业多布率兵攻西洱河(洱音耳 ěr 云南洱海一带)诸"蛮"。唐在茂州(四川茂县)西南筑安戎城,阻绝吐蕃通诸"蛮"的道路。吐蕃以生羌为向导,攻拔安戎城,增兵驻守,西洱河诸"蛮"相率降附。七〇三年,器弩悉弄赞普亲征今云南丽江一带的乌蛮。次年,在军中死去。吐蕃史书说,此王"向白蛮征税,乌蛮亦款服,兵精国强,为前王所未有"。诸"蛮"与羌种族不同,吐蕃逐渐征服诸"蛮"部,是多年经营的结果。七五一年(天宝十载),南诏国(建都太和城,云南大理县)与唐失和,降附吐蕃。南诏是大国,吐蕃获得这个大属国,国势才发展到最高点。

吐蕃以逻娑为中心,向外扩张,取得上述的成就。早在唐高宗晚年时 (六八〇年前后),《新唐书·吐蕃传》说它的疆域"东与松、茂、嶲接,南极婆罗门(泥婆罗),西取四镇,北抵突厥,幅圆万余里,汉魏诸戎(指西方诸族) 所无也"。事实上,后来吐蕃疆域比这时候更要大得多。泥婆罗在松赞干布时已是吐蕃的属国,可是吐蕃扩张的方向,不是通过泥婆罗进入天竺,而是对着较远较强的唐朝。天竺气候炎热,不宜于高原人耐寒的习性,视南进为畏途,这应是原因之一。但更重要的原因是：羌族一向以青海为中心，散居广大的中国西部，吐蕃在本族内进行统一战争，于势为顺；羌汉两族有悠久的联系，文化和经济虽然相差很大，在交流上却是较为接近的。吐蕃扩张的方向必然被吸引到东方来，也就不难理解了。

与唐朝和亲和战争——占领一部分唐本部土地

吐蕃在发展中，当然不能满足于原来的贫乏状态，必须有所增进。六七二年，吐蕃遣使者论仲琮来朝，对唐高宗说，"吐蕃土风寒苦，物产贫薄。所都逻娑川，唯有杨柳，人以为资，更无草木。乌海之南，盛夏积雪，冬则羊裘数重，暑月犹衣裘。赞府（赞普）春夏每随水草，秋冬始入城隍，但施庐帐，又无屋宇。文物器用，岂当中夏万分之一。但其国法严整，上下齐力，议事则自下而起，因人所利而行之，斯所以能持久也"。仲琮这段话，大体上符合吐蕃的实情。吐蕃国力强盛，经济文化落后，作为对方的唐朝，经济文化是繁荣的，国力方面，在前期，唐与吐蕃都强盛，有战有和；在中期，唐已衰弱，吐蕃自唐德宗时起，也由盛转衰，都需要和。两国和好，才能得到经济文化交流的利益，这对吐蕃是更为切实的利益。吐蕃要吐谷浑和四镇，唐决不肯放弃，安史乱后，吐蕃乘机夺取唐州县，唐决不能甘心；这样，双方构成和与战交错着的局面。据约略计算，自六三四年至八四二年二百零九年间，两国使官往来，约有

26

二百次，其中蕃使入唐次数尤多。使者往来，除去若干次为了欺诈或责让，其余一般是正常的往来，这也说明尽管两国间有多次战争，但经济文化上的需要，促使两国的基本关系，不能不是和好的。七三〇年，唐玄宗使皇甫惟明到吐蕃讲和，弃隶缩赞赞普大喜，拿出贞观以来唐帝文书给皇甫惟明看，并在上唐玄宗表文里说，"外甥（赞普自称）是先皇帝舅宿亲，又蒙降金城公主，遂和同为一家，天下百姓，普皆安乐"。这几句话最足以表明吐蕃与唐的基本关系和民众的共同感情。早在郭元振出使时，吐蕃民众已经厌恶战争，希望和亲，因为和亲带来的是普皆安乐，战争带来的是穷困和死亡。

下面叙述吐蕃占领唐本部一部分土地的情形。

弃隶缩赞赞普在位时（七〇四年——七五四年），政治上有不少改进。七一三年，"归并绿地、灰地"，当是按土地肥瘠分别征税。七一八年，造达波的红册，划分三如王田园田与草田的份地。七一九年，清算三如王田的份地数、草田数，划分大藏王田的份地。七二〇年，清算大藏园田的份地。七二六年，合八个征税区为四个，财政统一。七四二年，清算政府收支账目，造国计簿。七四四年，造各地兵士的灰册（农牧民户口籍称红册，后改用黄纸造册）。这些措施，都表示吐蕃在进步。吐蕃史书说"弃隶缩赞王在位，万民安乐，王与大相悉诺逻恭禄谋议相合，亲征汉地，攻下瓜州等城镇。……南方下部，爨（音窜 cuàn）部白蛮王，其部颇不小，我王运其睿智奇谋,蛮王(南诏王)阁逻凤终于降附"。弃隶缩赞赞普时造成了极盛的国势,按照"兼弱攻昧,取乱侮亡"的惯例,他的继承者弃松德赞赞普侵入唐本部,也就成为自然的趋势。

吐蕃对唐作战,起初是以掠取财物为主,正如苏颋所说"吐蕃之入也,惟趣羊马,不重杀掠,于人但剥体取衣"。后来以夺取土地为主,唐玄宗设陇右、剑南两节度使,专防吐蕃内侵。双方国力强盛,连年发生战争,胜败相当,吐蕃并未得利。七五五年,安禄山反叛,陇右、河西两镇精兵内调,边防空虚,吐蕃陆续攻取两镇所属诸州。七六三年,吐蕃自大震关长驱直入,破泾州、邠州,攻奉天(陕西乾县)、武功,唐兵溃散,唐代宗逃往陕州,吐蕃入长安城,立李承宏(金城公主侄)为唐帝。吐蕃军掠夺府库市里,焚毁房屋,还想掳掠城中子女和百工,整军归国。郭子仪设疑兵,恐吓吐蕃军。吐蕃军据城凡十五日,惊慌出城,退屯原(宁夏回族自治区固原县)、会(宁夏回族自治区中卫县)、成(甘肃成县)、渭(甘肃陇西县)等形胜地,窥伺唐境。数年间,西北数十州相继失守,自凤翔以西,邠州以北,都成为吐蕃的领地。同年,吐蕃攻入剑南道的松、维、保(四川理县)三州。这是吐蕃与唐多年战争中最大的一次胜败,唐朝廷的腐朽,吐蕃力量的限度,都表现出来,极盛的吐蕃要灭腐朽的唐朝是不可能的。

七六三年以后,吐蕃连年入侵,战争激烈,唐在凤翔、泾州、邠州、渭北等地设节度使，驻重兵，抵御吐蕃。七八〇年，唐德宗即位，遣使到吐蕃讲和。七八三年，两国在清水（甘肃清水县）会盟，唐以"国家务息边人，外（弃）其故地，弃利蹈义"为理由，承认吐蕃所占唐州县为吐蕃领地。接着在长安西郊筑坛定盟，又遣大臣为入蕃会盟使，在逻娑定盟。七八六年，吐蕃败盟，进攻京西诸镇，又破盐（宁夏回族自治区盐池县）夏（陕西横山县）二州。当时吐蕃大相尚结赞看到唐内乱频繁，认为时机可乘，怀有野心，清水会盟，并无诚意。败盟后，唐德宗还力求和好。尚结赞想用诈计，去掉唐李晟（音成 chěng）、马燧、浑瑊（音尖 jiān）三个良将，随后攻取长安。七八七年，尚结赞遣使到马燧军中求和，卑辞厚礼，欺骗马燧。马燧信以为真，请唐德宗许和。凤翔节度使李晟主张出击，唐德宗罢免李晟。尚结赞要求唐派浑瑊主盟，准备在会上擒获浑瑊。唐德宗允许在平凉（甘肃平凉市）会盟，任浑瑊为会盟使。李晟切戒浑瑊，必须有严密防备。唐德宗怕会盟不成，也切戒浑瑊必须推诚相待，勿使对方猜疑。浑瑊到平凉，正要登盟坛，吐蕃伏兵发作，捕杀唐会盟官，浑瑊仓皇逃遁，幸唐将骆元光、韩游瓌有备，救浑瑊出险。正当会盟的一天，唐德宗很得意，对诸相说，今天和蕃，国家有福。马燧说，是。柳浑说，我很忧疑。李晟说，柳浑说的是。唐德宗生气说，柳浑书生，不懂边事，你怎么也这样说。柳浑李晟都叩头谢罪。当晚，韩游瓌报告吐蕃劫盟，进攻邠宁镇(治邠州)。唐德宗大惊,想逃出长安避吐蕃,为大臣们所劝阻。

尚结赞想施诈计获大利,以为李晟失兵权,浑瑊被擒,马燧一定得罪,三将既去,就可得长安。唐德宗外怨回纥,内忌功臣,想与吐蕃结盟来实现自己的蠢思想法,奸相张延赏全力主和,排斥李晟,造成"武臣皆愤怒解体,不肯为用"的危局。形势确是对吐蕃有利。但是,唐朝廷上有以李泌李晟为首的一批文武官,虽然不得势,也不会让尚结赞完全得志。骆元光、韩游瓌救出浑瑊,说明计谋早被识破。劫盟以后,张延赏惭惧,称病不出,唐德宗不得不依靠反对和蕃的一派官员,任李泌为首相,李晟、马燧、柳浑相位不变。唐与吐蕃的关系从此发生了根本的变化。

李泌劝唐德宗北和回纥,南通南诏,西结大食、天竺,使吐蕃四面受敌。唐德宗听从,与回纥和亲,又使剑南节度使韦皋招南诏内附。七八八年,回鹘(本年回纥改称回鹘)可汗上书,愿为唐击吐蕃,南诏王也决计附唐,不再助吐蕃。原来大食是吐蕃的劲敌,蕃兵大半驻在西域,抵御大食东侵。七八六年,韩滉(音晃 huàng)在请伐吐蕃收复河湟疏中说,"闻其(吐蕃)近岁以来,兵众寖(渐)弱,西逼大食之强,北病回纥之众,东有南诏之防,计其分镇之外,战兵在河陇者,五六万而已"。据入蕃使崔翰密查,吐蕃驻河陇兵马真数,只有五万九千人,马八万六千匹,可战兵仅三万人,余皆老弱。吐蕃兵力如此薄弱，唐德宗不谋收复失地，却力求讲和；尚结赞不坚守清水盟约，却想用诈计取长安，双方都做着愚蠢事，愚而诈的一方，后果自然要更坏些。自从唐德宗采用李泌的建议，吐蕃的强盛时期也就结束了。

吐蕃进行羌族的统一战争，在历史发展中是处顺势，因之阻力较少，很快建立起大吐蕃国。但是，战争进入唐本部境内以后，就显得能力与环境不能相适应，一直走失败的道路。吐蕃起初只知道地重，不知道人重，围凉州城时，乘城中人窘迫，宣告：我要的是城池，人不论老少都可以迁往唐境。取其他城池也是如此。李晟曾说，河陇失守，并不是吐蕃有多大的力量，主要是唐将帅贪暴，内附部落离心，民众不得耕种，展转向东迁徙，自己放弃土地。吐蕃不利用这种情形，争取城中人留下来，倒不是因为尊重唐人的爱国心，而是保持落后国家战争的惯例，即"出疆之费，亦无定给，而临阵所得，便为己有"，也就是出兵不准备粮草，让将士任意去掳掠。城中多有财物，要城池与掳掠财物，意思是相同的。到了知道地旷人稀，需要劳动力的时候，又进行掳掠人口的战争。七八六年，唐德宗给尚结赞信里说"又闻放纵兵马，蹂残禾苗，边境之人，大遭驱掠"。七八七年，尚结赞焚毁盐、夏二州城，掳走所有居民。同年，吐蕃大掠汧阳（陕西千阳县）、吴山（陕西陇县东南）、华亭（甘肃华亭县）三县，残杀老弱人，壮年男女万余人全被掳去，放在安化峡（在甘肃清水县）西，准备分给羌、浑（吐谷浑）诸部，告被掳人说，准许你们向东哭别故国。众大哭，千余人投崖自杀。七八八年，吐蕃大掠泾邠等五州，掳去人畜二三万口。此后，吐蕃连年攻入唐境，破坏极为严重，沈亚之《临泾城碑》说"今（八一三年，唐宪宗元和八年）每秋戎入塞寇泾，驱其井（市）间（民居）父子与牛马杂畜，焚积聚，残庐舍，边人耗尽"。唐边将因吐蕃不占据土地，掳人就走，反以驱敌出塞为辞，向朝廷报功道贺。边地民众受吐蕃和唐边将的双重祸害，处境该是多么危苦！吐蕃轻视和亲的利益，为掳掠财物和人口进行频繁的战争，使吐蕃民众劳苦厌战，唐民众流离失所，政治上该是多么失策！

吐蕃对唐人有两种待遇法。一种是河陇地方未曾东徙的居民约有五十万人，其中劳动民众都被看作贱隶。沈亚之说，我曾问吐蕃降人，唐人在彼方情形。他说：唐人（民众）子孙生下来就是奴婢，种田放牧，或聚居城乡中，或散处荒野间。这部分人无论是谁，吐蕃都不敢信任；世族豪家社会地位不变，有些被任为文武官，还受免税、扩大产业等优待。八二一年，唐穆宗任刘元鼎为会盟使，前往逻娑，路过河西一带，见到旧时城郭还在，兰州广种水稻，桃李榆柳茂盛。看来，汉族地主阶级仍保持原状，民众虽说是奴婢，实际是农奴性质，与纯粹奴隶还有区别，生产仍以农业为主。广大农民被贬为完全农奴，是社会的大退步。吐蕃又迫令所有唐人改换服装，只许每岁元旦日用唐衣冠祭拜祖先，祭毕收藏。每当这一天，唐人无不东向号恸，想念故国更甚。七八〇年，唐使臣韦伦自吐蕃归国，经过河陇，一路上看到唐人都毛裘蓬头，在墙缝里偷看，有些捶心流涕，有些向东拜舞，也有人暗送书信，报告蕃国虚实，盼唐军来如饥渴人盼饮食。刘元鼎出使吐蕃，至龙支城（青海乐都县南），有耆老千人，见刘元鼎哭拜，问天子安好否？说因从军被掳，陷没在这里，自己和子孙不忍忘记朝廷，朝廷也还记得我们么？说完都呜咽涕泪，不敢出声哭。刘元鼎密问，知道是丰州（内蒙古五原县）人。元稹《乐府·缚戎人》里所说"眼穿东日望尧云，肠断正朝（元旦）梳汉发"，正是在蕃国唐人的普遍心理。自地主阶级到农民，都愿意回到唐朝来，吐蕃的统治显然不能维持多久。

另一种是对俘虏的待遇法。无专长的唐俘，面上刻黑字（黥面），分配到各地充奴役，上述龙支城唐人，当是属于这一类。有专长的唐俘，右臂上刻黑字，等候赞普亲自发落。其中有些人被任为小官吏，不论文武，统称为舍人。唐宪宗时，淮南小将谭可则在边上被俘，因通晓文字，将要被任为知汉书舍人。他臂上刻的蕃字，译意为"天子（赞普）家臣"。赞普选取有才能的人作自己的家奴，分配无才能的人给贵族作家奴，符合俘虏为奴的惯例。刘元鼎觐见赞普，赞普赐宴，肴馔和酒器，略与唐同，乐工奏《秦王破阵曲》，又奏《凉州》、《胡渭州》、《绿腰》等。乐工和伎人都是唐人，厨师和制酒器的工匠，大概也是唐人。八〇一年，吐蕃攻破麟州（陕西神木县北），掳走居民及党项部落。僧延素被掳，一个蕃将号称徐舍人，对延素说，我是英公（李勣）五代孙，武后时我祖先避难逃入吐蕃，世代做蕃将，想念故国的心永不能忘，只是宗族大了，无法回去。你现在遇见我，我放你走。蕃法严，无放还俘虏例，徐舍人放延素，因延素是僧人。这种避难入蕃的人，社会地位可能高一些，其余有专长和无专长的俘虏，都是家奴身份。吐蕃曾攻蜀，赞普命令诸将说，我要蜀州作东方大镇，凡有技艺的工匠都送到逻娑来，平常年岁只要他们纳一匹帛的赋税。在新疆发现的吐蕃文书里说，"在当妥关，弃札、穹恭和桑恭三人分派奴隶，举凡他们的人名、家庭、职业及如何纳税等分别予以登记"。以此为例，家奴不是纯粹奴隶而是农奴性质的贱民。当然，充当纯粹奴隶的人也不会很少。吐蕃多年来为掠获人口而战，一定有大量唐人被掠获，他们生活在吐蕃日久，逐渐融合在蕃人中，成为社会下层的一部分。这对吐蕃既补充了人口，又流入了文化和技艺，似乎是有利的，但战争中吐蕃兵士死亡率很高（战死和疫死），用来换取俘虏，何曾有便宜，文化和技艺可以学习，也无须依靠战争。归根说来，吐蕃对唐进行长期战争，是统治阶级为了"临阵所得，便为己有"，不惜牺牲民命来达到得财物拥家奴致大富的目的，如果说战争有利，也只是统治阶级有了利。至于吐蕃民众同唐民众一样，不论胜败在哪一方，受到的都是祸害，并无什么利可得。

吐蕃民众受长期战争的祸害，劳苦不堪，吐蕃衰亡时期的到来，也就必不可免了。

四　衰亡时期（七九七年——八四六年）

弃松德赞赞普后期，即七八七年（唐德宗贞元三年，吐蕃劫盟、李泌为相的一年）左右，吐蕃开始由极盛转向衰弱。由于与唐、大食、回鹘为敌，战争负担远远超过实有的力量。民众困于兵役，又遭灾荒，所谓"差征无时，凶荒累年"，实是吐蕃的致命伤。统治阶级根本不留意这个危机，却一心互夺权利，变乱接连发生。正如七九三年南诏王给韦皋信里所说"天祸蕃廷，降衅萧墙，太子兄弟流窜，近臣横污，皆尚结赞阴计以行屠害，平日功臣，无一二在"。尚结赞为首的一部分宦族，独揽大权，排斥异己，连赞普家庭，也加以干涉。他居大相位将近二十年（七九六年死），造成了赞普失权的恶例，此后四十余年，赞普继承都由权臣安排，内部矛盾因而愈趋激烈。七九七年，弃松德赞赞普死，吐蕃内乱表面化，正式进入衰亡时期。

弃松德赞赞普有三子，死后，长子牟尼赞（足之煎）赞普继位（七九七年）。牟尼赞凡三次平均百姓之财富，但仍如未平均前之原状。吐蕃原来保存浓厚的氏族社会残余，自由民按照惯例使用一定数量的耕地或牧地。禄东赞祖孙三世为大相，屡次划田界、定赋税，推行封建土地所有制，即土地为赞普所有（王田）或贵族所有（领主也有土地和百姓），自由民只能使用划定的田地，向土地所有者（赞普、领主）缴纳租税并服役（兵役和一般徭役）。这种情形，曾见于汉族西周至战国的初期封建社会。汉族自秦汉以下，名义上国内土地全为国家所有，而皇帝、贵族、地主和有些平民又是大小不等的土地私有者，除皇帝以外，其余都得向国家纳租税和服役（各朝代情形不全同），因为皇帝是国家的主人，也就是土地的最高所有者，有权征收所有土地的租税，称为国课，供军国的费用。包括皇帝在内的各个土地私有者（例如皇帝有苑囿和皇庄等私有土地），也有权向租用土地的耕作人（佃户）收租，收入的租归土地私有者本人所有。这是封建土地所有制进一步发展的形式，吐蕃社会比汉族落后，只有初期封建社会的生产关系，不过，在当时，也还是一个进步。由于长期用兵，贵族加增租税，破坏田界，剥夺自由民的土地使用权，自由民逐渐沦为农奴，造成社会的不安。牟尼赞赞普三次平均百姓的财富，都遭到失败，可见他是有作为的君主，贵族却不许他有所作为。他在位一年又七个月，被母后毒死。母后哲蚌氏，正是吐蕃的一家大贵族。次弟牟如赞普刚继位，即被仇家尚那囊杀死。那囊氏也是一家大贵族（尚结赞即是那囊氏）。三弟牟笛（弃猎松赞）赞普继位（七九八年）。弃猎松赞得僧人钵

36

阐布的保护，才能免于灾难。他在《钵阐布纪功碑》里说"未掌国政之前，钵阐布如我之父母……而钵阐布其初于我父子、兄弟、母子、上下之间乐于调和，于国有利之事累建谠议，身体力行，勤奋忠荩，有足多者！此后父王与长兄怨隙既成，我于未掌国政之前，颇多魔障，端赖钵阐布为之消解……"。这里，说明弃松德赞晚年，家庭间、赞普与贵族间斗争是剧烈的，钵阐布调和有功，因之，弃猎松赞时，佛教大行，僧侣又成为一个政治势力。八一五年，弃猎松赞死，子弃足德赞（可黎可足）赞普继位。吐蕃内部趋于分裂，国力削弱。唐宪宗平定藩镇，声势颇盛。元和末年，谭可则被掳在蕃中，看到蕃人"日夜惧王师复河湟，不安寝食"。这样，吐蕃有诚意要求和好关系的恢复。唐朝方面"疮痍未复，人皆惮战"，也有与吐蕃和好的诚意。八二一年，吐蕃接连三次遣使官来求和请盟。可黎可足赞普及宰相钵阐布、尚绮心儿，先寄来盟文要节，说"蕃汉二邦各守现管本界，彼此不得相征，不得相为寇雠，不得侵谋境土，若有所疑，或要捉生，问事讫，便给衣粮放还"。唐穆宗完全同意，命宰相及大臣十七人与吐蕃使官论纳罗在长安西郊结盟。盟文要旨是"中夏现管，维唐是君，西裔一方，大蕃为主"；"自今而后，屏去兵革，宿忿旧恶，廓焉消除"。唐承认吐蕃占有河陇，吐蕃承认不再侵唐边境，这种交换条件，符合当时双方的国势，不同于唐德宗时唐弱蕃强的清水会盟。唐穆宗命刘元鼎为会盟

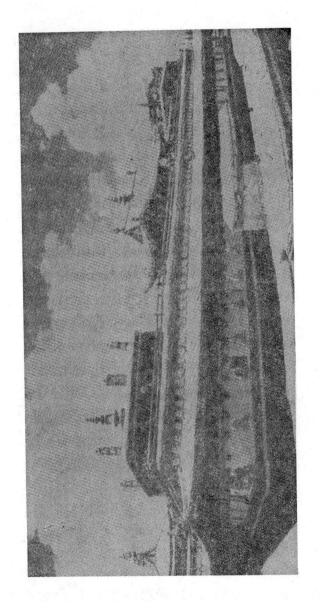

西 藏 拉 萨 大 昭 寺

大昭寺前的唐蕃会盟碑

使，到逻娑寻盟。可黎可足赞普用重礼招待唐使。八二二年，在逻娑结盟。会盟碑（八二三年立）今尚存在（在大昭寺前），盟文大意是说：弃宗弄赞赞普迎娶唐文成公主，弃隶缩赞赞普又迎娶唐金城公主，"永崇甥舅之好矣"。父王弃猎松赞赞普有意"甥舅商量和协，欲社稷之如一统，与唐皇帝结大和盟约……然未遑缔结大和盟约也"。今可黎可足赞普与唐皇帝"甥舅商量社稷如一统，结大和盟约于唐京师西王会寺前……又盟于吐蕃逻些东哲堆园……"。这次会盟，意义很重大，因为它实现了唐蕃两国民众爱和好厌战争的共同愿望。两国统治者也都满意，因为双方保证互不侵犯。但是，留在河陇的数十万唐人，是不能承认这个盟约的，他们完全有权为解脱自己的奴役地位而进行斗争。

可黎可足赞普长期患病，钵阐布执政，僧侣擅权。可黎可足供养每一个僧侣，要用七户平民的赋税，僧侣成为封建主的一派，钵阐布就是这一派的首领。不同派的贵族以灭佛为名，争夺政权，诬钵阐布与王后通奸，钵阐布被杀。八四一年，灭佛大臣缢杀可黎可足赞普，立赞普弟达磨为赞普。达磨信钵教反佛教，虐待僧人，八四六年，被信佛大臣杀死。佛教徒所写史书里说，"在叶巴拉日宁波修行之拉隆巴几多吉知灭佛事，对此王（达磨）发慈悲心，遂往杀之"。多么奇怪的慈悲心！佛教徒杀灭佛的钵教徒叫做慈悲，那末，钵教徒杀灭钵的佛教徒也可以自称为慈悲，慈悲的里面原来藏

40

着逆我者亡的杀机。宗教徒互相残杀，用心大抵都是如此。所以，宗教有时是鸦片，有时是狂药，狂药能发生这种慈悲心。

达磨赞普无子，王后綝氏（綝音琛chēn）立内侄乞离胡为赞普。大相结都那反对立异姓子，被后党杀死。另一派大臣立赞普支属俄松为赞普，吐蕃分裂了！两个赞普争位，实际是大贵族争夺政权，首先是论（王族）与尚（宦族）的争夺。洛门川讨击使论恐热举兵击渭州（甘肃平凉市），大相尚思罗战败，西奔松州。论恐热追击至松州，杀尚思罗。论恐热自称大相，出兵二十万击鄯州（青海乐都县）节度使尚婢婢。两军混战，互有胜败。八四九年（唐宣宗大中三年），尚婢婢大败，引残众到甘州西游牧；论恐热部也只有数百人。

河陇民众，乘吐蕃统治崩溃，举秦、原、安乐三州及石门（宁夏固原县北）等七关归唐。离战争中心稍远的地方，唐人发动得更早些。八四七年，沙州（甘肃敦煌）民众首领张议潮在沙州起义，唐人群起响应，吐蕃守将逃走。张议潮出兵收取瓜、伊、西、甘、肃（甘肃酒泉）、兰（甘肃兰州）、鄯、河（甘肃临夏县）、岷（甘肃岷县）、廓（青海化隆县西）十州。八五一年，遣兄张议谭奉沙、瓜等十一州地图入朝，唐宣宗置归义军于沙州，以张议潮为节度使。八五七年，吐蕃将尚延心以河湟二州降唐，河湟地又全为唐所有。

吐蕃失去河陇，也就失去经济重心，在吐蕃本部进

41

行争夺赞普位号的战争，必然就地重征，逼得民众无法生存。八六九年，吐蕃农牧民和奴隶开始大起义。吐蕃史书说，"达磨赞普卒后，未几而有叛乱，初发难于康，寝而及于全藏，喻如一鸟飞腾，百鸟影从，四方骚然，天下大乱"。民众初次起义，缺乏经验，虽然声势浩大，抵不住贵族的残酷镇压，是可以理解的。英勇的事迹失传，但延续到九年之久的苦斗，也就足以证明民众革命的坚韧性了。起义失败，贵族愈益得势，结果自然是吐蕃国崩溃，形成国土分裂，贵族割据称雄的局面。

在论恐热战乱时，出现一个号为嗢末或浑末的新部落。吐蕃每出兵，富家豪族都随带奴仆，往往一家出十余人。奴仆平时为主人耕牧，出战时随从主人服劳役。论恐热屡次战败，奴仆脱离主人，自相纠合为部落，散居在甘、肃、瓜、沙、河、渭、岷、叠（甘肃迭部县）、宕（甘肃宕昌县）等州。吐蕃平民也加入这个部落。八六二年，嗢末第一次向唐朝廷进贡，大概已是一个不小的蕃人组织。他们居住地即归义军属州，因之张议潮的归义镇（治沙州），是统治汉蕃两族的政权。这个张氏政权依靠汉蕃两族民众，曾进行了长时期的守土斗争。据史料所记，八七二年，张议潮死，张议潭子张惟深任留后。八七四年，唐僖宗任为归义军节度使。八九〇年，张议潮女婿索勋杀张惟深，自为留后。八九二年，唐任索勋为节度使。八九三年或八九四年，张议潮第十四女凉州司马李明振妻率将士杀索勋，向唐朝廷

42

请任命。九○○年，唐昭宗任张议潮孙张承奉（《旧五代史·外国列传》作张奉）为节度使。唐昭宗天复（九○三年）以前，归义军奉唐正朔。九○五年（唐哀帝时），张承奉自立为白衣天子，建号西汉金山国。自九○六年以后，金山国曾数次抗拒回鹘。九一一年，回鹘兵逼近沙州，张承奉力屈求降，奉回鹘可汗为父。张承奉死于九一九年或九二○年。张氏传三世，大约共七十年。

赞普统治下统一的吐蕃国，自达磨赞普被杀，国土分裂后，出现四个政权。一个在今后藏的阿里，即阿里王系；一个在后藏，即亚泽王系；一个在前藏，即拉萨王系；一个在山南，即亚陇觉阿王系。其中阿里王系与拉萨王系势力较大。阿里王系向西扩张，统治拉达克一带。拉萨王系势力达到康地。亚陇觉阿王系后入青海一带，宋朝的唃厮罗（唃音谷gǔ）即此系子孙。

上举四系子孙又复分裂，如阿里王系分裂为孟域、象雄、布让三部分；拉萨王系分出冲波巴、姜郊瓦、拉波浪巴、至巴、业塘巴、芦巴藏巴等。《旧五代史·吐蕃传》说，"至五代时吐蕃已微弱，回鹘、党项诸羌夷分侵其地而不有其人民。"《宋史·吐蕃传》说"其国自衰弱，种族分散，大者数千家，小者百十家，无复统一矣"。吐蕃后退到如此可悲的境地，吐蕃人民自然要怀念以松赞干布为旗帜的统一强盛时期，也自然更盼望新的统一时期的到来。

吐蕃与唐有不少偶合的现象。吐蕃的兴起在朗日论赞时,年代相当于唐高祖。吐蕃杰出的君主松赞干布,与唐太宗同时。吐蕃农牧民起义失败,出现分裂割据局面,唐也因农民起义失败,出现五代十国。不合处是吐蕃强盛时期比唐约多三四十年,亡国比唐约早五六十年。吐蕃分裂期一直延长到元初,唐末分裂期到宋初就结束。这些不合的原因,一是吐蕃得河陇,大大增加了国家的富力,因而延长它的强盛时期。等到在贫苦的本部发生战乱,河陇也随着战乱以至失去,国家势必归于消灭。唐朝的生存,主要依靠江淮财赋,失江淮是在安史乱后百余年。二是吐蕃社会落后,高度的自给自足经济使封建割据势力得以长时期存在。唐社会是经济联系相当发展的封建社会,而且自秦汉以来,全国统一已经成为基本的趋势,割据不能持久是很自然的。唐和吐蕃的出现,都是中国历史上的大事件,而吐蕃的主要贡献是基本上统一了羌族和开发广大的中国西部地区。

吐蕃赞普世系

(一)

(1)弃聂弃赞普—(2)木弃赞普—(3)丁弃赞普—(4)索弃赞普—(5)德弃赞普—(6)弃柏赞普—(7)支弓赞普—(8)布袋巩甲赞普—(9)色尔孜赞普—(10)脱烈赞普—(11)肖烈赞普—(12)郭如烈赞普—(13)仲徐烈赞普—(14)提肖烈赞普—(15)意肖烈赞普—(16)萨纳辛德赞普—(17)德朱波那木雄赞赞

普—(18)德郭赞普—(19)那德诺纳赞普—(20)叟诺波赞普—(21)德甲波赞普—(22)甲心赞赞普—(23)甲多热弄赞赞普—(24)弃赞囊赞普—(25)弃札邦赞赞普—(26)弃脱赞(痕(音xió)悉董摩)赞普—(27)拉土度年赞(佗土度)赞普—(28)弃诺颂赞(揭利失若)赞普—(29)没卢年德若(勃弄若)赞普—(30)达布聂西(讵素若)赞普—(31)论赞论囊(论赞索)赞普—(32)弃宗弄赞(松赞干布)赞普

（二）

（1）弃宗弄赞（松赞干布）赞普（六二九年——六五〇年）—（2）弃芒论芒赞赞普（六五〇年——六七六年）—（3）弃都松（器弩悉弄）赞普（六七六年——七〇四年）—（4）弃迭祖赞（弃隶缩赞）赞普（七〇四年——七五四年）—（5）弃松德赞（乞立赞）赞普（七五四年——七九七年）—（6）牟尼赞（足之煎）赞普（七九七年——七九八年）—（7）弃猎松赞赞普（七九八年——八一五年）—（8）弃足德赞（可黎可足）赞普（八一五年——八四一年）—（9）达磨赞普（八四一年——八四六年）

第二节　宗教与文化

按照吐蕃当时经济上文化上所已经达到的水平，

宗教在政治和生活等方面享有高度的支配权，是完全可以理解的。《新唐书·吐蕃传》说"其俗重鬼右巫，事羱（音原yuán野羊）羝（音低dī公羊）为大神。喜浮屠法，习咒诅。国之政事，必以桑门参决"。语极简略，却也说明佛教的地位和吐蕃文化不能不是佛教文化。

吐蕃原来流行的钵教，与汉族远古时代盛行过"地天通"的巫教，颇有相似处。羌汉两族有久远的往来，宗教上曾经互相影响，也很有可能。钵教神道分为两类：第一类为天神，最高贵的是父王天神，他有许多兄弟，都住在天的中央，四周各有神物守护，名称与汉族的青龙、白虎、朱雀、玄武相同，唯所司方位略异，说青龙在南，白虎在东，朱雀在西，玄武则同在北。吐蕃的始祖即是六父王天神的王子，因此天神与祖先是合一的，在自己的子孙命终时，天神接他去同享幸福。但在下界生活期间，天神不能给予祸福。所以吐蕃并不重视对祖先的祭祀与祈祷，弃都松时受汉族影响，始立松赞干布的祀典。《吐蕃传》所谓重鬼，不是指祖先崇拜而是指第二类神。

第二类神是魔神。兴佛证盟碑（弃松德赞赞普立）列举的吐蕃土神，有九大神众及龙等。时代稍后，但保存吐蕃古代宗教情况最多的《黑白花十万龙经》分魔神为三类：即龙神、宁神和地神。龙神住在地面上有水之处，宁神住在空中，地神住在地下。龙神与人的各种疾病有关，宁神掌管自然灾害，地神能使人四肢缩小以至干枯而死。疾病、自然灾害和身体瘦弱，处在文化未发达、抵抗力缺乏的条件下，不得已向这些神请求免祸，也算是一种希望。这一类神有大权，但仍看作魔神，是自己的敌对者，如果请求无效（多半是无效）以至于死，自己还可回天上享受幸福。按照商朝巫教的说法，平民和奴隶死后在天上服役，钵教可能也是赞普子孙和他们的臣民都有归宿处，即臣民到天上依然为主人服役。据吐蕃史书所记，"首兴者为笃钵，自弃聂弃赞普六传至弃迭赞普，当此王时，有一人为神灵所凭，自言某某地有某某鬼神，能如何祸福人，作某种祭祀则吉，禳袚之则能逢凶化吉。此派至支弓赞普时大盛，是为黑派因钵。其继兴者为伽钵，为收支弓赞普的凶煞，吐蕃钵教徒无能为力，自克什米尔、勃律、羊同迎请三位钵教巫师。……前此吐蕃钵教徒未有如此行为，此后信徒皆入其道。最后兴起的为觉钵，弃松德赞王时令钵教徒改信佛教，彼等遂窃取佛经作钵教经典。其后虽遭严禁，至朗达玛王灭佛，钵经又复大行，是为白派果钵。"

在阶级对立还不很显著、人们的灾难主要来自自然方面的社会里，钵教的万物有灵论最能博得人们的信仰。它起初只是讲祭祀仪式，目的在得吉或逢凶化吉。等到社会有些发展，它本身也就要求改进，从外地请来的巫师，都有较大法术，并且还能"卜知罪犯真假"，这就使得钵教也能适应政治上的需要。自松赞干布以后，阶级对立逐渐加剧，统治阶级对宗教在政治上的作用，要求愈高，以祈祷为专业的钵教，尽管进行着斗争，最后不得不让位给佛教。

兴佛证盟碑说"先祖弃松赞在位，于逻些的贝噶建佛寺，是为吐蕃有佛教之始"。佛教发源地泥婆罗近在南邻，又是吐蕃的属国，千余年来佛教徒向四方传教，却不曾进入吐蕃，钵教的抵制，当是一个重要原因。六四一年，文成公主嫁到吐蕃，带来许多物品，其中有释迦佛像。文成公主是虔诚的佛教徒，一路上用车载佛像，不比其他物品只用骡马驮载。到逻婆后，松赞干布特为公主造宫室，很可能也为公主信奉的佛像建寺，如果是这样，可以说佛教最先是从唐传入，不是直接从天竺来。

佛教建立寺庙，虽然并未流行，但既被认为可以存在，就有存在的理由和流行的可能了，这和当时吐蕃阶级矛盾还只在开始阶段的情况是相符的。

唐僧慧超于七二七年，即松赞干布死后七十七年，自天竺回至安西，曾说吐蕃"国王百姓等总不识佛法"，可见佛教流行是在七二七年以后。那时候弃隶缩赞赞普在位，王族论钦陵势力被消灭，宦族得势，吐谷浑王坌达延（坌音笨bèn）专决国政。吐谷浑早就信奉佛教，坌达延赞助弃隶缩赞兴佛，是文成公主以后，又一次由东方传入佛教。证盟碑说"父王赞普弃隶缩赞之时，于札玛的噶菊建寺。父王去世，少数大臣魔迷心窍，祖先对佛法的敬信既已寝息，又宣令佛法不善，内外臣民不许信奉"。佛教能和钵教对抗，足见已有颇大的力量，力量的来源就是一部分贵族利用它来争夺政权。《证盟碑》说"赞普陛下（弃松德赞）年二十时，双手麻木，梦兆亦恶，乃废禁奉佛法之律，敬信三宝，病苦全除，于是大兴佛教"。吐蕃史书说"当法王弃松德赞时，秉承莲花生及静命二大师仁德之意，将诸有害之外钵法术，大半消灭，其钵徒异类则流逐边鄙。至于钵教中之占卜推算，祈福禳祓等术，凡于众生有利者，即多存而未毁"。钵教为求生存，"窃取佛经，作钵教经典"，佛教为求全胜，吸收钵教法术，两教斗争是激烈的。既然钵教的法术被佛教拿去，佛教又自有一套因果报应的教义，如说"太初无生，有生之后，行善或作恶，此后则死，死后转生善处或恶处"。又说"业由自造，……善行有善报，恶行有恶报"。因果报应说加法术，佛教处在必胜的地位了，也就是奉佛的贵族足以压倒奉钵的贵族了。

吐蕃史书说"弃松德赞赞普在位，……尊贤尚勇，除恶务尽。……大兴佛法，寺院林立，慈悲为念，冀脱轮回"。统治者收到"除恶"（镇压被压迫人民的反抗）的效果，自然要扶植佛教，让它对"下民"发生更多的麻痹作用。

弃松德赞晚年，吐蕃开始由强盛转为衰微，统治阶级内部争夺愈趋激化，佛教在争夺中也愈显出身手。弃猎松赞因依靠钵阐布得作赞普，在位时大行佛教。

49

吐蕃史书说"色拉累(弃猎松赞)在位,建汉部之噶穹夺巾寺,迎请莲花戒大师入藏弘法,由年杂那古马热任译师,翻译前此未译佛经多种"。又有一个碑文说"赞普子孙,自幼年以至即位,必自比丘中选拔善知识,从之学法。吐蕃人民学法者不禁"。直接从天竺输入佛教并且推行到民间,这是吐蕃佛教的一个重大发展。可黎可足赞普时,钵阐布继续掌权,规定七户平民供养一个僧侣,当时国势已到极衰阶段,佛教却到极盛阶段。史书说可黎可足"筑无相石城,以玉石建佛寺阁楼,前此父祖自唐、于阗、萨贺和克什米尔等地搜罗佛经翻译,义多相异之处,皆令人传习。复迎请天竺学者兹那密札、徐楞札波缔、答那息等,与吐蕃译师噶屠尼与钵德益喜迭等重新以梵本校正,写为定本"。可黎可足面对危亡的险境,希望佛保佑就愈益迫切,他以为兴佛灭钵可以救危亡,不知佛教无救于身危国亡。达磨赞普兴钵灭佛,不知钵教也无救于身危国亡。两个赞普都被敌对的宗教徒杀死,自己扶植的宗教何曾有丝毫保佑。统治者起初利用宗教来麻醉民众,后来自己不可免地也为宗教所麻醉;虔诚的僧侣,本无意害人,更无意害己,但他们的宗教活动不能不是害人又害己。整个社会弥漫着宗教毒气,信教愈坚,中毒愈深,互斗愈烈,后果愈恶,这实在是人类历史上的一种悲剧。吐蕃历史并不例外,在宗教互斗中,赞普绝了,国家亡了,但宗教还是继续兴盛并互斗下去。

50

吐蕃佛教和政治相结合，佛教具有支配一切的势力，文化各部门都得做它的奴仆，接受它的驱使和利用。因之，吐蕃的文化只能是佛教文化，受佛教束缚的文化。尽管人民不乏创造力，严重的束缚却阻碍着吐蕃文化有较充分的发展。

学习别国文化的长处，用来帮助本国文化的推进，原是有益无害的事。例如松赞干布派遣贵族子弟多人到克什米尔学习，其中吞米·桑布札学声明（声韵学），回国后制成藏文字母和文法，对吐蕃文化作出巨大的贡献。至于佛经的大量输入，就不能说是有益无害。

第八世纪中叶以后，吐蕃佛教兴盛，重要佛经陆续翻译成藏文。译经严肃认真，忠实程度不在汉文与巴利文佛经译本之下。有些佛经印度已失传，汉文与巴利文亦无译本，藏译佛经中却保存了不少。可是，佛教与政治混而为一，佛教凭借政治力量迫令人们只许在佛经中寻求知识，这就大有害于知识领域的开展了。

吐蕃从天竺也从唐朝输入佛教文化，又从唐朝输入汉族文化。这些文化与吐蕃原有的文化融合起来，形成吐蕃文化，或者说是吐蕃的佛教文化。下面叙述吐蕃与唐的文化交流，这种交流，当时是在走亲戚的和好关系上进行的；直到今天看来，也还是很愉快的。

六三四年，松赞干布赞普遣使到唐朝送礼品，请求通婚。六四〇年，松赞干布命大相禄东赞为使官，以黄金五千两及珍宝数百件作聘礼，请许婚。唐太宗允许文成公主出嫁到吐蕃。六四一年，唐太宗命江夏王李道宗护送文成公主往吐蕃。松赞干布率兵到吐蕃东界柏海亲迎。松赞干布非常喜悦，为公主建筑唐式宫室，自己见公主时也改服纨绮。吐蕃史书记载文成公主带来的物品，说"唐王以释迦佛像、珍宝、金玉书橱、三百六十卷经典、各种金玉饰物作为文成公主的嫁奁；又给予多种烹饪的食物、各种饮料、金鞍玉辔、狮子凤凰树木宝器等花纹的锦缎垫帔，卜筮经典三百种，识别善恶的明鉴（似指史书）、营造与工技著作六十种，治四百零四种病的医方一百种，诊断法五种，医疗器械六种，医学论著四种。又携带芜菁种子。以车载释迦佛像，以大队骡马载珍宝绸帛衣服及日常必须用具"。这里所说三百六十卷经典，当是佛教经典，其余所带书籍和物品，种类很多，自然有若干通达这些书籍和制造物品的文士工匠随从前来。这是规模颇大的第一次汉文化输入，给吐蕃文化增加了丰富的养料。弃芒论芒赞赞普在位期间，开始设史官，职掌是记录赞普与大相的驻在地，重要会议的地址和主持人，国家大政和国内外重要事件。这种起居注式的记事法，显然受汉文化影响。后来历史学家加以编辑，一种为记事简略的编年体，另一种为记事较详的传记体，此外又有表，如《国王世系表》、《大相表》等。与钵教有关的神话传说和民间故事也开始用文字记录下来。历史（包括神话传说）记载与民族发展有极密切的关系，吐蕃文化注意到历史学，有别于天竺的佛教文化，这应是汉文化对吐蕃文化的重大贡献。

松赞干布爱好汉文化，派遣贵族子弟到长安，入太学学习诗书。又聘唐文士掌管与唐往来的文书。此后，吐蕃经常派子弟来长安求学，

敦煌石室写本汉藏对音《千学文》

很多人取得成就，如唐高宗时吐蕃使臣仲琮，唐中宗时使臣明悉猎，都是著名的汉学者。松赞干布与唐保持甥舅关系，有诚意对唐和好。六四八年，唐使臣王玄策到中天竺，天竺诸国都遣使奉贡品随王玄策来朝，其时中天竺王尸罗逸多病死，大臣阿罗那顺夺位自立。阿罗那顺抢掠诸国贡品，王玄策逃到吐蕃西境。松赞干布派出精兵一千二百人，又令泥婆罗出骑兵七千余人，由王玄策率领，击败阿罗那顺。吐蕃冒盛暑（夏历五月）出兵，获胜后又遣使向唐朝廷告捷，都是和好的表

现。六四九年，唐太宗死，唐高宗赠松赞干布驸马都尉、西海郡王等名号。松赞干布写信给唐宰相长孙无忌说，"天子初即位，若臣下有不忠之心者，当勒兵赴国讨除之"，并赠送金银珠宝十五种，请陈列在唐太宗灵座前。唐高宗感谢他的善意，加赠宾王(《旧唐书》作宾王)名号，并回赠各色丝织物三千匹。松赞干布为蕃唐关系奠定了良好的基础，双方文化始终在这个基础上交流着。

六四九年，松赞干布请给蚕种及制造酒、碾硙、纸、墨的工匠，得到唐高宗的允许。不过，请得一些唐工匠，远不能满足吐蕃的需要。补充的方法，首先是购买唐货物，使臣来往多有商业行为，如武则天时张鹫(音浊 zhuó)判词说，鸿胪寺中吐蕃使人素知物情，要求买绫锦及弓箭等物，都应该允准。其次是唐朝廷的赠送，每次赠丝织物几千匹或万匹以上。吐蕃古谚语里有这样的话："来回汉藏两地的牦牛，背上什么东西也不愿驮，但遇到贸易有利，就连性命也顾不得"。这里说的是经济联系，实际也是说文化联系，吐蕃是非常需要唐手工技艺的。七一〇年，通过金城公主出嫁弃隶缩赞赞普，汉文化又一次大规模地输入吐蕃。金城公主年幼远嫁，唐中宗特为她配备大批随从人员。《新唐书·吐蕃传》说，"赐锦缯别(各种)数万匹，杂伎诸工悉从，给龟兹乐"。所谓诸工就是唐少府监、将作监所管的各种工匠，这正是吐蕃最缺少的人，所以吐蕃王朝崩溃后，百工子孙在西藏依旧享受免差役的待遇。

七三一年，金城公主请《毛诗》、《礼记》、《左传》、《文选》各一部。唐朝官于休烈上书说：吐蕃人聪明坚决，善于学习，如果读了这些书，一定更懂得用兵权谋，愈生变诈，这不是帮助他们添兵增粮么？书不应该送。唐玄宗让宰相们讨论，裴光庭等奏称，于休烈只知道书里有权谋变诈，不知道忠信礼义也在书里。唐玄宗令秘书省各写一部送去。当时吐蕃是唐的劲敌，于休烈不让吐蕃人读汉地书，自然是谬见，唐玄宗和宰相们想用儒学影响吐蕃，也不免是迂见。唐玄宗《令蕃客国子监观礼教敕》说"自今以后，蕃客入朝，并引向国子监令观礼教"。吐蕃正在兴佛教，佛与儒是不相容的。唐德宗时，弃松德赞赞普请派遣有学问的僧人前去讲学。七八一年，唐德宗遣僧良琇（音秀 xiù）、文素二人轮流前往，每两年替换一次。八二〇年，唐穆宗即位，盛饰安国、慈恩、千福、开业、章敬等寺，让吐蕃使者参观。八二四年，吐蕃遣使来求五台山图，因为五台山多有大寺，看图表示仰慕。吐蕃对待汉文佛经，与蕃文佛经价值相等，无论书写或念诵都有同样功德。蕃僧可用汉本，现存以藏文字母标音的许多汉文佛经便是当时作为念诵用的课本，足见唐用佛教影响吐蕃，对吐蕃的佛教文化，确实发生了助长作用。

吐蕃历法以十二肖纪年（用鼠、牛等十二肖代子丑等十二支），再配上木火土金水五行，又因节候关系，以夏历三月为正月。医学上动脉名称的寸、甘、甲,即汉医书的寸、关、尺,所用药物也多出产在唐地。历法和医学,无疑是从唐输入。

上述佛教和汉文化一般是通过和亲、使臣往来、赠送等途径输入吐蕃的,此外,还有一条重要的途径,那就是吐蕃占领四镇和河陇地区,汉族居民成为吐蕃的臣民,汉文化成为吐蕃文化的一部分,在一个国家内交流文化,这就更显得便利,影响也就更大了。

当然,吐蕃也从泥婆罗、天竺吸收文化养料。例如建筑、雕刻和绘画,都直接受泥婆罗的影响。数学和度量衡(可黎可足赞普依天竺改定)从天竺传入。八世纪末叶,吐蕃学者维罗查那译出一部当时著名的天竺医书,弃松德赞赞普明令传习。文学、音乐、舞蹈等,与唐和天竺都有一定的关系。

任何一个发展着的民族,必然要吸收可能吸收到的其他民族的文化来丰富自己,愈能吸收别人的长处(不是短处),愈对自己有益。举唐朝为例,唐是佛教极盛的朝代,它从天竺和其他佛教国翻译出大量佛教经典,佛教文化被唐文化吸收以后,即成为唐文化的一部分,它和原产地的佛教文化,只有亲戚关系,并无家属关系。好比女儿出嫁了,对母家只能是亲戚,对夫家则是家属。吐蕃文化也是一样。吐蕃从唐、天竺、于阗、萨贺以及克什米尔等处输入大量佛教经典,输入以后,即成为吐蕃文化的一部分,其他物质的精神的各种文化，一经输入，也都成为吐蕃文化的构成部分。世界上各民族间文化交流，都应作如是观。探明各种文化的**亲戚关系**是必要的，如果强指为家属关系，企图有所攘**夺**，那就不免阴私可耻和愚蠢可笑了。

简短的结论

羌族是中国最古老的诸族之一，中国西部广大疆土得到开发，主要是羌族的功绩。

羌族居住地以青海为中心，向四方发展。向东的一路被汉族阻遏，但仍表现出它的进展力量，十六国时期，羌族烧当部曾在关中建立过姚姓的后秦国。向西北的一路进入西域鄯善、且末一带。向南的一路散居在蜀边境内外。向西的一路成就最大，建立以逻娑为中心的唐旄和以山南琼巴为中心的吐蕃国。唐旄奉女王为首领，吐蕃奉赞普（雄强丈夫）为君长，在社会发展程度上，吐蕃比唐旄进步些。

羌族社会到东汉末年，还停留在原始社会阶段上。照《后汉书·西羌传》所记，羌族以游牧为业，逐水草迁徙，部落随强弱或分或合，大小无常，没有君臣上下，只有一条杀人偿命的习惯法。能耐寒苦，妇人产子，也不避风雪。一般说来，经济文化都是很落后的。

西晋末年，鲜卑慕容部酋长吐谷浑自辽东来到青海，不久成为羌族的统治者。慕容部贵族和羌族酋长混合成统治阶级，羌族平民成为被统治阶级，吐谷浑国就这样形成起来。吐谷浑国不断吸收汉族文化，有文字（采用汉文字），立制度（官名多同汉族），信佛教，某些农业区还可能行均田制。吐谷浑是封建制度的游牧国家，不过，仍保存着极浓厚的原始社会残余。

隋末唐初，吐蕃国朗日论赞赞普灭唐旄。松赞干布灭羊同、苏毗等国，统一了西藏高原，并扩地到蜀和吐谷浑境，建立起大吐蕃国。

松赞干布是藏族历史上的杰出人物，在中国历史上也是一个杰出人物。他在位的时候，创造文字，制定制度和法律，与唐和亲，吸收汉文化，原来寂寞无所闻见的中国广大西部，因强有力的吐蕃国出现，变得有声有色了。这是吐蕃历史的大进步时期，也是中国西部居民开始参加历史活动的时期，这个时期的代表人物就是松赞干布。

弃芒论芒赞赞普灭吐谷浑国，完成了建立统一的羌族国家的任务。鲜卑慕容部立吐谷浑国，松赞干布立大吐蕃国，弃芒论芒赞立基本上包括全部羌族的吐蕃国，都是羌族历史的重大进步事件。经过一百数十年的强盛时期，羌族人逐渐产生共同文化上的共同心理状态，融合成为蕃族，以此为基础，形成后来的藏族。

松赞干布死后，大相禄东赞祖孙三世执掌国政。他们推行一些制度，使得不发达的奴隶制国家逐渐变成低级的或者说是早期的封建制国家。当然，在这样的国家里，不能不保存着浓厚的原始社会和奴隶社会的残余，同时也存在着严重的封建割据状态。

乘唐朝内乱的时机，吐蕃夺得唐在西域的四镇和本部关内道的河陇地区。吐蕃有农业，但主要还是畜牧业，吐蕃有文化，但还急于吸收汉文化。河陇地区和四镇农业发达，文化先进，吐蕃得到这些地方，自然有很大的益处。可是，在军事上却是极重的负担。西方要阻挡大食的侵入，东方要抵御回纥的攻击，内部要镇压唐民的反抗，也要准备唐军的来攻，吐蕃的人力和物力都感到困难，或者说力难胜任，强盛向衰亡转化了。

唐德宗起初联吐蕃反回纥，对吐蕃很有利。七八七年，唐德宗听从李泌结回纥、大食、南诏三国共反吐蕃的谋略，使三国攻吐蕃。吐蕃四面受敌，处境更加困难，强盛时期结束，进入衰亡时期。尽管如此，它还是用最大力量去阻止大食势力到葱岭以东来，这个功劳是巨大的。

吐蕃统治阶级内部，王族与宦族、钵教徒与佛教徒争夺权利非常剧烈；劳动民众困于租税和兵役，疲劳不堪。这都是衰亡的主要原因。统治阶级内部继续争夺一直到破裂，大吐蕃国也就崩溃，出现贵族领主割据称雄没有大君长的局面。

吐蕃有自己的文化，但必须吸收别族较高的文化来丰富自己。以松赞干布为代表，吐蕃对别族文化采取欢迎态度，积极学习，这一点，也是它能够强盛的一个重要原因。它主要和唐朝交流文化，从唐输入大量汉族文化。唐蕃两次通婚，文成公主、金城公主出嫁到吐蕃，是汉文化输入的标志。佛教起初也是从唐朝输入，后来又直接从天竺翻译佛经。佛教和政治相结合，盛行无阻，成为吐蕃文化的骨干，影响到文学艺术等各个方面。这种文化，在历史上曾起着团结本族人心的作用，也起着阻止社会发展的作用。社会发展的趋势终究是不可阻止的，因之，文化本身也自然会有变化的。

第 五 章

回 纥 国

——六四七年——八四六年

第一节 回纥国的兴亡

回纥和吐蕃在唐时建国，对中国历史都是有深远影响的重大事件。单从汉族历史看来，吐蕃兴起，只是唐朝感到西方出现一个强国。从中国历史看来，却是广大西部地区的居民，从此参加了历史活动。回纥的重大意义在于，自迁入西域后，逐渐成为西域的主要居民，而原来居住地漠北，逐渐为蒙兀所占有。从此，大漠南北和天山南北都固定了居民，改变过去游牧族流动的常例，此后许多历史事件是在这个情况下表现出来的。

下面叙述，分建国以前、建国以后和西迁三部分。

一 建国以前（六四七年以前）

早在公元前三世纪时，北海（贝加尔湖）以南，独洛河（土剌河）以北一带地方，有称为丁灵（丁零、丁令）的一个部落联合体（比部落联盟更为低级的一种联合）。丁灵俗多乘高轮车，元魏时也称为高车部。高车部有狄历、敕勒、铁勒等名称，与丁灵都是同一名词的音译。参加这个联合体的部落有袁纥、薛延陀、契苾（音必bì）、都播、骨利干、多览葛、仆固、拔野古、同罗、浑、思结、斛薛、奚结、阿跌、白霫（音习xí）凡十五部。袁纥又有乌护、乌纥、韦纥等名称，唐时称为回纥。

回纥人壮健，善骑射，没有酋长（没有世袭的酋长），逐水草转徙。回纥是原始的游牧部落，同在一个联合体内的其他十四种，大概也相差不远。西汉初年，匈奴冒顿单于征服丁灵，征收贡赋。公元前七二年（汉宣帝本始二年），丁零、乌桓、乌孙乘匈奴衰弱，合兵进攻匈奴，杀数万人，掠得大量牲畜。此后，丁零为摆脱匈奴的奴役，经常起兵袭击匈奴。公元前五八年以后，匈奴分裂为南北两部，内战剧烈，丁零、鲜卑继续攻击，北匈奴愈益衰弱。公元九一年，东汉车骑将军窦宪击破北匈奴，大部分北匈奴人向西迁徙。丁零经多年战斗，势力渐盛，但鲜卑比丁零富强，北匈奴残部十余万落（户）都自号鲜卑，北匈奴土地很自然地为鲜卑所占有。东汉桓帝时，鲜卑大酋长檀石槐兵马强盛，丁零被迫向西发展，公元二世纪末三世纪初（汉魏间），在额尔齐斯河与巴勒喀什湖之间出现了西丁零部落。

三世纪中叶，鲜卑部落联盟解体。鲜卑族的一支拓跋部，在云中（呼和浩特以南）及阴山（大青山）一带地方游牧。自四世纪末年起，拓跋部以平城为中心，建立起魏国，专力进取黄河流域，漠北两个大部落——柔然和铁勒逐渐成为威胁魏国北边的力量。铁勒部人口繁衍，原有诸部外又成立副伏罗等十二个新部落。铁勒主要和柔然为敌，有时也攻掠魏国。魏道武帝（拓跋珪）和魏太武帝（拓跋焘）曾数次出兵攻击铁勒部。四二九年，魏太武帝大破柔然部，得柔然降人三十余万落；又袭破铁勒部，得降人数十万落。一落就是一户，柔然和铁勒不可能有这样多的降户，当是魏国夸大战功，以人数为落数，或任意造虚数，但两部战败后有大批人被俘，却是事实。魏使被俘人居边塞，在武周（山西左云县南）塞外的称为西部铁勒，以东的称为东部铁勒，依漠南而居的称为北部铁勒。

在漠北的东铁勒部仍被柔然奴役着。四八七年，柔然豆仑可汗出兵攻魏，铁勒副伏罗部酋长阿伏至罗及族弟穷奇率铁勒人十余万落向西迁移到西铁勒部（西丁零部落）居地，在前部（交河）西北，自立为王。西铁勒人称阿伏至罗为"候娄匐勒"（匐音必bì大可汗），穷奇为"候倍"（储主）。阿伏至罗统治北部，穷奇统治南部。豆仑可汗率军追击，屡被阿伏至罗击败。后来穷奇被哌哒（音压达yā dá）人杀死，西铁勒人因阿伏至罗残暴无道，群起杀阿伏至罗。此后，西铁勒有世袭的君长，虽然酋长争夺政权，互相残杀，同时，又和柔然不断发生战争，民众遭乱，很不安宁，但在原始社会里，开始出现世袭的君长，终究是个进步。

漠北东铁勒部也发生一个新现象。四九八年，魏孝文帝准备大举进攻南朝齐国，遣使到铁勒发兵。铁勒不愿南行，奉袁纥部树者为主，起兵反抗。魏兵往击，战败逃回。魏帝派出更大的军队，并下诏要亲征。这次反抗，因魏取消发铁勒兵，铁勒表示归附，双方让步，很快就结束。值得重视的却在袁纥部树者被推为铁勒部首领，足见袁纥已是较强的一部。四九九年以后，魏国衰乱，无力控制漠北，铁勒得到发展的机会，可是，强敌突厥又起来征服铁勒部。

突厥原是住在金山南的游牧部落，为柔然所役属。五四六年，酋长伊利可汗（土门可汗）袭破铁勒部，得降众五万余落，突厥从此强盛起来。至木杆可汗时（北周时），建立起东自辽海以西，西至西海（咸海），南自沙漠，北至北海，东西万余里，南北五六千里的大突厥汗国（军事行政联合体），东西两铁勒部都处在突厥汗国的统治下。五九九年（隋文帝开皇十九年），东突厥汗国内乱，西突厥达头可汗占领漠北，征服东铁勒部。六〇〇年，隋出兵击突厥。六〇三年，东铁勒诸部乘机反达头可汗。达头部众大溃败，逃往吐谷浑。六〇五年，西突厥处罗可汗恃强虐待铁勒部，铁勒起兵大败处罗可汗。铁勒诸部共推契苾哥楞为易勿真莫贺可汗，建牙于贪汗山（天山东高峰北）；推薛延陀乙失钵为也咥

64

（音戏xǐ）小可汗，建牙于燕末山（当在金山西南，或即金山支脉）北。契苾哥楞得众心，伊吾、高昌、焉耆都来归附。到西突厥射匮可汗（六一一年——六一八年）时，突厥势力又盛，契苾及薛延陀二部取消可汗名号，东铁勒在郁督军山（即乌德鞬山，蒙古杭爱山东支）的回纥等六部（回纥、仆骨、浑、拔野古、同罗、思结）归降东突厥始毕可汗，在金山的乙失钵所部归降西突厥叶护可汗，东西两铁勒部又处在东西两突厥汗国的统治下。《隋书》说，"自突厥有国，东西征讨，皆资其（铁勒）用，以制北荒……大业元年（六〇五年），突厥处罗可汗击铁勒诸部，厚税敛其物"。突厥从开始强盛时起，一向在很大程度上依靠铁勒的帮助，也就是突厥不顾铁勒的死活，尽量奴役并剥削铁勒的人力和财物来加强自己的力量，铁勒与突厥为仇是完全合理的。

处罗可汗为镇压铁勒，诱集各部酋长数百人，一起坑死。回纥与仆骨、同罗、拔野古等部脱离突厥，酋长都自号为俟斤，不再要突厥的承认。

隋末，回纥部众推时健俟斤为君长。时健死，子菩萨被推为继位人。酋长世袭制开始出现，是回纥史上划时代的大事件。从此，回纥逐渐强盛起来。菩萨智勇善战，得部众爱戴。当时东突厥颉利可汗统治漠北地方，使侄欲谷设总管回纥诸部。薛延陀酋长夷男（乙失钵的孙子）率众七万余户东归，适遇突厥内乱，薛延陀联合回纥、拔野古等部攻袭突厥北边。欲谷设率大军来攻，被菩萨击败。铁勒诸部共推夷男为首领。唐太宗为讨伐突厥，特封夷男为真珠毗伽可汗。真珠可汗封菩萨为活（胡禄）颉利发。六三〇年，东突厥汗国亡，薛延陀、回纥两部称雄漠北。菩萨死，胡禄·俟利发吐迷度继立。薛延陀多弥可汗暴虐，诸部离心。六四六年（唐太宗贞观二十年），多弥可汗攻唐夏州，被唐击败，国内大乱。回纥酋长吐迷度与仆骨、同罗合兵攻多弥可汗，唐兵从南方夹击，多弥可汗逃走，被回纥杀死。回纥兼并了薛延陀的诸属部，成为漠北唯一的强部，回纥这一名称逐渐代替铁勒而为东铁勒诸部的总称。

铁勒（丁零）在历史上出现，比突厥早得多。铁勒原居地在漠北，突厥原居地在金山南，史书记载它们的风俗习惯，大有差别，很难说成有什么关系。虽然它们都自称为狼种，但游牧人自称为狼种的很多，不只是它们两个。说它们语言是同一语系，即所谓突厥语系，因此，铁勒与突厥应该有什么关系，这是似是而非的谬说。史书明白指出铁勒诸部"其语略与匈奴同，而时有小异"。铁勒诸部讲匈奴话，突厥语同铁勒，说明也是讲匈奴话。匈奴在大漠南北，统治最久，影响最大，许多原始部落，需要学匈奴语言，后来也就成为自己的语言，这本是很自然的事。史书称铁勒的祖先是匈奴人，事实是铁勒曾被匈奴征服，作为属部之一，并非与匈奴同种族。史书称突厥是匈奴的别种，也只是"其俗如古之匈奴"和语言同匈奴，并非与匈奴有种族关系。突厥曾建立比匈奴更强盛的大汗国,铁勒多年受它的奴役,本来都讲大同小异的匈奴话,因接触过多,语言上异处更缩小,突厥文字借用胡书("其书字类胡"),回纥曾借用突厥文字,因利乘便,有何不可。总之,匈奴、铁勒与突厥是三个不同的种族,各有本族独立的历史,勉强牵合,企图在政治上有所策划,多见其愚昧无知而已。

回纥是铁勒部落联合体中最古老的一个部落,它和其他诸部合力反抗奴役者,匈奴、鲜卑、柔然、突厥都在铁勒的反抗中消失了,斗争锻炼出坚强的回纥部落联盟,终于建成漠北唯一的大汗国。

二 回纥汗国(六四七年——八四六年)

(1)形成时期(六四七年——七四五年)

回纥部落一向居住在仙娥河（即娑陵水——色楞格河）、嗢昆河（鄂尔浑河）及独洛河（土剌河）流域一带。后来人口繁衍,分支为九族,即药罗葛、胡咄葛、咄罗勿、貊歌息讫、阿勿嘀、葛萨、斛嗢素、药勿葛、奚耶勿。这就是内九族,总称为九姓回纥。到了唐初,回纥部结合仆骨、浑、拔野古、同罗、思结共六部构成回纥部落联盟。六三二年(贞观六年),契苾部六千余户东迁,酋长降唐,部众归附薛延陀。六四六年(贞观二十年),薛延陀亡,回纥收并契苾部。到唐玄宗天宝年间,怀仁可汗又收并拔悉密及葛逻禄两部。这就是外九部,总称也叫九姓回纥。加上阿跌部，又称十姓回纥。这个联盟以回纥为首，参加的诸部逐渐融合为一个回纥族。

六四六年，唐太宗灭薛延陀汗国。回纥等十二部酋长都请归附。六四七年，唐给回纥、仆骨、多滥葛、拔野古、同罗、思结六部以府的名称，酋长称都督；又给浑、斛薛、奚结、阿跌、契苾、思结别部（阿布思部）、白霫七部以州的名称，酋长称刺史。漠北凡六府七州，隶属于燕然都护府（治在故单于台，鄂尔浑河南流处）。唐任命都护，统治诸部。唐太宗接受诸部酋长所上"天可汗"的尊号，并允许在回纥以南，突厥以北开一条大驿道，分设六十八驿，各驿有马及酒肉供往来贡使，称为"参天可汗道"。漠北诸部总数不下百余万户（史所记户数过大，可能是百余万口）。对唐岁贡貂皮当作租赋，唐对诸部负救济灾难、平息争端的责任，这在经济文化交流上，双方都是有利的。

回纥药罗葛部酋长吐迷度接受唐所给怀化大将军

蒙古鄂尔浑河畔哈剌巴剌合孙回纥城堡遗迹

兼瀚海都督名号，承认自己是唐朝的官员，但在部落联盟内部，却称可汗，建立起汗国来。汗国制度都仿照突厥，因为它们社会性质相接近。联盟转化为国家的形式而得到巩固，是很大的进步。唐设都督府与吐迷度称可汗，本质上是一次巧妙的政治斗争。吐迷度显出优秀的政治才能，因而取得较多的胜利。唐设六府七州，目的在分散回纥部落联盟，取消回纥的盟长地位，用都护府来代替联盟。吐迷度对唐和联盟的措施，正好取得与唐和好的益处，抵消设置府州的害处。他得到自匈奴以至突厥、薛延陀失败的经验，知道和好比战争有利，后来回纥始终遵守不同于任何漠北强国的态度来与唐建立关系，吐迷度是个开端者。唐太宗当然不会满意，但也知道和好比战争有利，不敢轻易对漠北用兵，只好默认回纥可汗的实际存在。

六四七年是回纥开始建国的一年，吐迷度是回纥历史上杰出的政治家。

六四八年，吐迷度被侄乌纥杀死。唐杀乌纥，立吐迷度子婆闰为大俟利发，袭父职为瀚海都督。菩萨创行酋长世袭制，但仍采公推形式。吐迷度与菩萨的关系不明，至少不是父子关系，继位又全用公推制。新制度代替旧制度，是要经过反复的。乌纥杀吐迷度，想率领回纥去归附他的妻父——本年在金山北新立的突厥车鼻可汗（六五〇年，唐灭车鼻可汗）。乌纥代表回纥守旧势力，要恢复受突厥奴役的旧状，显然是反动行为。唐太宗立婆闰，并扣留乌纥的同党俱罗勃，形式上是保护唐的瀚海都督，实际却是保护回纥可汗的世袭制，同时也保护回纥部落联盟免于离散，这对回纥汗国的形成有很大帮助，从此，可汗世袭制确定了，由药罗葛部酋长世袭可汗也确定了。

婆闰与唐发生亲密关系，助唐攻战。六五一年，婆闰出骑兵五万助唐击败西突厥可汗阿史那贺鲁，收复北庭（新疆维吾尔自治区济木萨护堡子）。六五七年，又助唐击灭贺鲁。六六一年，助唐攻高丽。当年，婆闰死，比粟继位。比粟，《新唐书》说是婆闰的儿子，《旧唐书》说是侄子（今本作"妹比粟毒"，当依《通鉴》所引作"侄比粟毒"）。比粟继位后，诸部酋长中的守旧势力，即不愿受制度拘束的一部分酋长拥比粟攻唐边境。唐高宗命郑仁泰为铁勒道行军大总管，刘审礼（燕然都护）薛仁贵为副；萧嗣业为仙萼（即仙娥河）道行军总管。看两军命名，似乎唐用意不在防边而要攻入漠北，镇压那些守旧势力。六六二年，比粟合铁勒九姓兵十余万拒唐军，选数十骑挑战。薛仁贵发射三箭，杀三人，余骑都下马请降。郑仁泰率轻骑一万四千直进到仙萼河，铁勒诸部藏匿，唐军不得战，又逢大雪，全军饥寒，大批死去，只有八百人逃回。郑仁泰薛仁贵残暴贪淫，当然要遭到惨败。唐高宗改任契苾何力为铁勒道安抚使。契苾何力率精骑五百到铁勒九姓中，宣布朝廷赦免胁从，只罚有罪的酋长。诸部落大喜，拘捕叶护、设

70

及特勤等二百余人送给安抚使。契苾何力指责他们的罪行，一起杀死，九姓又趋于稳定。这次战争，发动者是这些被杀的酋长，以比粟为首的一部分统治阶级和九姓民众，并不赞成他们的行动，唐所以取胜，主要是依靠这个力量。六六三年，唐徙燕然都护府于回纥，改名为瀚海都护；徙故瀚海都护（六五〇年，唐灭突厥车鼻可汗，置瀚海都护，统领瀚海等七府、仙萼等八州）于云中古城，改名云中都护。漠北诸州府统归瀚海管理，漠南统归云中管理。唐对漠北加强统治，实际是帮助比粟可汗加强回纥汗国的巩固，因为唐的瀚海都护存在着，怀有野心的酋长就不敢出面破坏回纥汗国。

比粟死，子独解支继位。六八二年，东突厥酋长阿史那骨笃禄可汗聚众反唐，抄掠回纥九姓的大量羊马。骨笃禄寇掠唐北边诸州，屡败唐兵，并进攻回纥住地乌德鞬山（即郁督军山，又称于都斤山），回纥人一部分迁至独洛河流域，其余在抵抗失败后又受到突厥人的奴役。六九四年（武则天延载元年），默啜可汗（骨笃禄弟）继骨笃禄统治突厥汗国，夺取铁勒故地，势力强盛。回纥九姓常起兵反抗，甚至一年内起兵五次，最后被迫与契苾、思结、浑三部迁徙到唐境内甘、凉间居住。这自然只是回纥和三部的一部分人，唐朝廷允许他们住在河西节度使治所附近，足见并无猜疑。七一五年，独解支死，子伏帝匐继位。默啜可汗进攻回纥九姓，九姓大败，人畜死亡甚多，思结等部都督率众归唐，唐助诸部回故地。七一六年，默啜又攻回纥九姓，大败拔野古部于独洛水，恃胜不设备，拔野古人杀默啜。默啜是劲敌，回纥助唐消灭这个劲敌，更增强了双方的关系。伏帝匐死，子承宗立。七二七年，唐河西节度使王君㚟（音绰chuò）以私怨虐待甘、凉间回纥等四部，并诬告四部谋叛。唐玄宗罚瀚海大都督回纥承宗、浑大德、贺兰都督契苾承明、庐山都督思结归国四人长流岭南诸州。这种谬误不公的处理，当然要遭到反抗，回纥诸部推承宗族子瀚海司马护输为首领，起兵袭杀王君㚟，逃入突厥，承宗子骨力裴罗继位。

七四二年（天宝元年），回纥、葛逻禄、拔悉密三部乘突厥内乱，合兵攻杀突厥可汗骨咄叶护，推拔悉密酋长为颉跌伊施可汗，骨力裴罗和葛逻禄酋长为左右叶护。突厥余众立乌苏米施可汗为主。唐朔方节度使王忠嗣与拔悉密等三部合击乌苏，乌苏逃走。七四四年，拔悉密等击杀乌苏，突厥余众又立白眉可汗为主。是时突厥大乱，王忠嗣击破突厥左厢十一部。回纥葛逻禄攻杀拔悉密颉跌伊施可汗，骨力裴罗立为骨咄禄毗伽阙可汗，遣使到唐朝说明情形，唐玄宗册封骨力裴罗为怀仁可汗。唐放弃瀚海都督名号，承认可汗的地位，说明回纥已经是漠北唯一的强国，唐不可能再保持瀚海都护的权力。在回纥方面，接受册封也是有利的，因为在经济和文化的联系上，不能不先有政治上的联系；其次是各部落的联合并不稳固，唐加册封，可以显出回纥高于其他各部的地位；再其次是防突厥可能的复起，需要有唐的援助。此后，即使回纥很强，唐较衰弱，但可汗继位总要唐加册封，从不大举侵唐边境和夺取唐土地。

怀仁可汗建牙于乌德鞬山，七四五年，击杀突厥白眉可汗，送白眉首级到长安报功（突厥自六世纪三十年代兴起，到白眉时灭亡，立国二百年有余）。回纥领土东接室韦，西到金山，南跨大漠，尽有突厥故地。唐与回纥为邻，北方边境平静无事，唐玄宗设防边节度使，不列回纥为敌人。回纥与唐的关系，是一种历史上罕见的和好关系，这一点，对回纥本身的发展具有深远的意义。

（2）强盛时期（七四五年——七八〇年）

吐迷度可汗初建国家机构，到了怀仁可汗时，国势强盛，制度更为完备。回纥与匈奴以至突厥等游牧族一样，所立国家是一种暂时的不稳固的军事行政联合体，自可汗以下各级官员，都是大小军事首领，除了收税官，不再有专掌民政的官吏。这样的国家，自然是低级的，但对游牧族说来，也只能采取这种组织形式。

突厥制度基本来源是匈奴，官员名号却有大变动。回纥采突厥制度，也兼采一些唐制，合成回纥制度。

回纥最高统治者为可汗。次为特勤（亲王，史书或误作特勒）、叶护（副王、总督）、设（或译作杀，别部领兵者)。特勤、叶护、设常以可汗的子弟及宗室充任。再次为阿波(统兵马官)、阎洪达(评议国事官)、达干(统兵马官)、梅禄(皇室总管,掌兵者)以及内宰相(三人)、外宰相(六人)、将军、司马等官。卫士称为附离。可汗属下诸部落首领,依地区的不同,授以俟斤、啜、俟利发、颉利发及都督(九姓部落首领)等称号。可汗划分诸属部(被征服的部落)为若干区域,派遣叶护或设统领这些区域,并于每个部落置一吐屯(监使、御史),督察贡赋和政事。九姓部落的都督,兼管征收赋税,不另设吐屯。自可汗以下,各级官都是子弟世袭。

凡是军事行政联合体性质的游牧国家,如匈奴突厥等国,必然要向富饶的汉地进行掠夺,回纥独不同于那些国家,这和助唐平内乱有关系。七四七年,怀仁可汗死,子磨延啜立,号葛勒可汗。七五五年,安史叛乱,唐东西二京陷落。七五六年,唐肃宗借回纥骑兵平乱,葛勒可汗先后派遣骑兵来援,立有战功。唐肃宗急于想收回东西京,与回纥军统帅叶护定约说:"克城之日,土地、士庶归唐,金帛、子女皆归回纥"。这是多么残暴可耻、不知轻重的许诺! 所谓子女,就是年轻妇女,无端被唐肃宗出卖,将遭受多大的灾殃! 七五七年,唐大军和回纥精骑四千余人收复西京,回纥将如约行事,唐元帅李俶拜求到东京再如约,西京幸免于俘掠。唐军和回纥军进克东京,回纥纵兵大掠,洛阳人敛集罗锦一万匹送回纥,俘掠才停止。唐肃宗封叶护为忠义王，约定每年送给回纥绢二万匹，又立马市，收买回纥马。七五八年，册封葛勒可汗为英武威远毗伽阙可汗，嫁幼女宁国公主为葛勒可汗妻。唐对回纥的援助如此重视，报酬如此优厚，回纥如果再攻掠唐边境，就会丧失岁币，因此，吐迷度和怀仁可汗建立起来的和好关系，有可能保持下去。

七六二年，唐代宗又向回纥借兵助讨史朝义。其时葛勒可汗已死，子登里可汗在位，应召率兵来会攻洛阳。登里可汗态度骄横，侮辱唐天下兵马元帅李适（唐德宗）和他的随从官员。唐军收复洛阳，回纥入城大肆杀掠，杀人上万，火烧房屋一二十天不灭，抢得财物无数，都送到河阳，派兵看守。七六三年，登里归国，带走全部赃物，还让部众沿路抢劫，唐地方官供应小不如意，便任意杀死，毫无顾忌。唐代宗为酬报回纥助战的功劳，规定唐买回纥马，每年最高额为十万匹，每马一匹换绢四十匹。事实上回纥并无这样多的马，每年卖给唐的马只有数千匹至一万匹，最多时也不过数万匹。唐连年内战，需要补充军马，可是回纥运来的马病弱不堪军用，唐忍受损失，照马数付价，只好当作买边境平安而支付马价绢。到唐德宗建中元年（七八〇年）积欠马价绢多至一百八十万匹，回纥屡次催讨，唐朝廷感到困难，隐忍迁就，力求保持和好关系。不知何时，马价增为五十匹绢。八〇七年，唐宪宗曾一次偿还积欠，不料第二年回纥驱来比常年多一倍的病弱马，要唐收买。

这样，历时久了，唐又只好积欠马价绢。直到八四二年回纥亡国时，唐才付清积欠，帮助回纥人得到衣食。

七六四年，仆固怀恩叛唐，引回纥、吐蕃等部数十万人进攻长安。唐大将郭子仪亲赴回纥军营，说服回纥大将合胡禄都督药罗葛（登里可汗之弟），合力击败吐蕃军。回纥获得大量驼马牛羊，唐赠回纥缯帛十万匹作为报酬。七七八年，登里可汗为了掠夺财物，进寇太原，杀唐军民万余人，纵兵大掠。唐代州都督张光晟击败回纥兵，登里可汗退走。唐代宗不追问入寇的缘故，照旧优待回纥。七八〇年，登里乘唐德宗初立，又想举兵进行掠夺战争。宰相顿莫贺达干知道国人都不愿攻唐，谏登里说，唐是大国，从来对我和好。前年攻太原大捷，获羊马数万，等到回国时，损耗完了，几乎一无所获。这次进攻，如果不捷，想回国怕也不容易。登里可汗不听。顿莫贺达干利用人心厌战，起兵杀登里可汗及支持可汗寇唐的九姓胡（粟特人）约二千人，自立为合骨咄禄毗伽可汗。

登里可汗助唐内战，有战胜的威名，得马市的厚报，回纥汗国从唐取得如此重大的利益，可称既强盛又富饶。登里可汗因强盛而骄横自大，因富饶而贪得无厌，甚至进入唐境掠夺，根本不懂得保持对唐的和好关系，正符合回纥本身的利益。他这种谬误行动，唐朝廷虽然还予以宽容，回纥国人却不能再忍，杀身之祸是自取的。登里可汗死后，回纥发生内乱，强盛时期结束，衰亡时期开始。

（3）衰亡时期（七八〇年——八四六年）

唐德宗曾受登里可汗侮辱，怨恨回纥，经李泌劝说，七八七年，唐德宗允许合骨咄禄毗伽可汗的请求，恢复两国的和好关系。从此，回纥与唐相安无事了，但回纥统治阶级的相继杀夺以及贪得无厌的风气，终于引导回纥国由衰微的道路走到崩溃四散的绝境。

七八八年，回纥可汗改称回纥为回鹘。七八九年，顿莫贺可汗死，子多逻斯继位。七九〇年，多逻斯为自己的兄弟杀死。大臣们立多逻斯子阿啜为可汗（唐封为奉诚可汗）。阿啜年幼，大相颉干迦斯专权。唐自安史乱后，安西、北庭两都护府孤悬塞外，当时吐蕃强盛，回纥扶助两府，共同抵抗吐蕃，对双方都有利。可是，贪得无厌的人必然缺乏政治远见，回纥统治者竟把两府看作附庸，无限止地征收赋税，北庭路近，居民受害更甚。原属北庭管辖的沙陀别部六千余帐，被回纥肆行掠夺，困苦不堪，原属回纥的三姓葛逻禄部和白服突厥部，也痛恨回纥的苛征暴敛，转附吐蕃。吐蕃率葛逻禄白服突厥攻北庭，颉干迦斯来救，结果自然是大败。北庭和沙陀部落都为吐蕃所有，北庭节度使杨袭古率众二千余人逃往西州。过了些时，颉干迦斯率全国丁壮数万人进取北庭，又被吐蕃战败，士卒死亡大半，杨袭古兵损失尤重，只剩下六七百人。颉干迦斯诱杀杨袭古。西州人固守本境，不再助回纥。

葛逻禄部乘胜攻取回纥的浮图川（在乌德鞬山西北），回纥惊慌，迁西北方部落到乌德鞬山的南方，躲避敌军的攻势。回纥在七九〇年一年中，内部发生政变，可汗失权，外部友化为敌，两次大败，这都是没落气象，说明药罗葛一姓的统治权，很难再保持下去。

七九五年，奉诚可汗死，宰相跌跌（跌音协 xié 即阿跌）氏骨咄禄立为可汗（唐封为怀信可汗）。回纥可汗位由药罗葛氏转入跌跌氏，是权臣专国政的结果。怀信可汗两传到保义可汗时，大破它的世敌吐蕃，取凉州（八〇八年），占领北庭和龟兹，击败葛逻禄部，向西扩张到拔贺那国（费尔干）。当时吐蕃弃猎松赞赞普在位，国势衰弱，回纥一时战胜，并不表示实力有多大增进。八一六年，吐蕃击败回纥，进军到离可汗牙帐三天路程的地方，收回失去的土地。八三二年，回纥内乱又起，昭礼可汗被杀，彰信可汗继位。八三九年，宰相安允合、特勤柴革合兵谋叛，被可汗杀死。宰相掘罗勿借沙陀（酋长朱邪赤心，归唐后名李国昌）兵攻可汗，彰信可汗兵败自杀。掘罗勿立𪩘馺（音咳飒 ké sà）特勤为可汗。当时回纥国内发生饥荒和疫病，又逢大雪成灾，羊马多死，民众流离失所，国亡迫近在眼前，可是内乱还继续在进行。

戛黠斯是回纥的属部，受回纥压迫，酋长阿热起兵反抗，交战二十年不停止。阿热痛恨回纥，骂道：你们快完了，我要收你们的金帐（可汗帐），在帐前跑我的马，立我的旗。你们能抗拒，快来；不能，快走开。他决心灭回纥。八四〇年，回纥将军句录莫贺恨掘罗勿，引黠戛斯兵十万骑攻破都城（在鄂尔浑河畔，后世名为哈剌巴剌合孙），杀𪻐馺可汗及掘罗勿，焚毁牙帐，掳去全部财物，回纥汗国就这样灭亡了。

自吐迷度开始建国，到𪻐馺可汗灭亡，回纥汗国前后不过二百年，其间正式立国只有一百年，除去强盛时期四十年，余下的六十年里，可汗换了十人，每人在位年数平均是六年，政权的不稳定性非常明显，作为一个游牧国家来看，它是不能和匈奴、突厥比强盛的。但是，它与唐朝保持和好关系，免于战争，每年还得到经济交流的大利，得到的益处，远比寇边所得为优厚。药罗葛氏统治的九姓回纥（内九族），原来与仆骨、浑、拔野古、同罗、思结、契苾等部地位相等，经过一段国家强盛时期，回纥成为联盟各部的共同称号，也就是各部融合成为一个大的回纥族。阿跌氏代替药罗葛氏为可汗，固然由于骨咄禄擅兵权，但也说明各部间界限不是很严格了。这是回纥族的大成就，有了这个成就，汗国灭亡后，回纥人向西迁移，性质是整个族的分支活动，不同于各个部落的各自分散，因此，尽管回纥并不在西域重建统一形式的国家，回纥人却成为西域的主要居民。

三　迁居西域（八四〇年以后）

　　黠戛斯暴风般横扫回纥汗国，回纥诸部仓皇逃走，按照逃走的方向，主要可分为四支：一支由宰相馺职拥庞特勤等率十五部西奔葛逻禄（游牧地在金山西，巴勒哈什湖南）；一支奔安西，一支奔河西，一支由可汗兄弟及其亲信大臣等率领南下至振武军（内蒙古自治区和林格尔北）及天德军（内蒙古自治区乌拉特旗西北）一带地方。这里先说南下的一支。

　　八四一年，住在可汗牙帐附近的十三部共立乌希特勒为乌介可汗，南下逃到唐天德及振武北境。唐赠送米粮二万石。当然，回纥人生活有困难，但在唐边境肆行杀掠，决不是久长之计。由于分配掠夺物不平，统治阶级内部发生内讧，可汗的兄弟嗢没斯杀宰相赤心等，率领特勤、宰相等贵族二千二百余人归唐。唐封来归诸贵族各级官爵，并给米五千石，绢三千匹。另一回纥贵族那颉啜特勤收赤心残部七千帐自振武、天德东走，与迁至幽州塞外的黑车子室韦部共掠幽州。唐幽州节度使张仲武出击，七千帐及黑车子室韦都归唐。乌介可汗杀那颉啜。

　　驻在大同军塞外的乌介可汗部众，尚近十万人，向唐请求接济粮食和牛羊。唐还清历年积欠的马价绢，并要求乌介用马来换粮食。乌介不从，向天德振武塞

80

上掳掠，并南入大同川，掠夺附唐诸部落的牛马数万头，逼近云州（山西大同市）城。八四三年，唐军击败乌介可汗，收得降兵二万余人，夺还太和公主（自唐肃宗时起，唐先后出嫁四个公主到回纥，太和是第四个）。乌介可汗逃到金山，部众溃散，残余不及三千人。八四六年，宰相逸隐啜杀乌介可汗，立遏捻特勒为可汗。八四八年，回纥余众不满五百人，依附室韦，受张仲武压迫，遏捻可汗率妻子九人逃走，不知所终。室韦七部分领回纥余众，黠戛斯击败室韦，收去全部回纥人。南下的一支由可汗统率，最为重要。可是，内部分裂并未停止，对唐朝又不能和好相处，这一支全部覆没，复国的希望断绝了。

奔河西的一支，居住在甘州一带，受吐蕃的统治。八七二年张议潮死后，回纥攻据甘州城，立有可汗。八七四年，唐僖宗因回纥屡求册封，任郗宗莒为册立使。郗宗莒路上得知回纥为嗢末所破，逃遁无踪，只好退回。次年，回纥回到合罗川（额济纳河，在张掖西北，《通鉴》作罗川，误。罗川县即今甘肃正宁县，回纥不可能到此地），遣使者同罗榆禄入贡，唐赠送救济绢一万匹。当时唐朝廷本身也很穷困，还能应贡使的要求，赠送绢匹，在双方都穷困的情况下表现和好关系，是很可珍视的。这一支以甘州为中心，逐渐扩大居住地，《宋史》所载，有瓜、沙二州回鹘，有凉州回鹘，有贺兰山回鹘，有秦州回鹘，有合罗川回鹘，有肃州回鹘。《宋史·回鹘传》说，"回鹘都督石仁政么罗、王子邈掌、王子越黜、黄水州巡检四族并居贺兰山下"。四族酋长都用臣属的称号，想见其他各部酋长，称号也大抵相似。这些臣属的统率者应是甘州可汗。《旧五代史·回鹘传》说"其后时通中国，世以中国为舅，朝廷每赐书诏，亦常以甥呼之"。到北宋时，仍保持甥舅关系，可汗经常遣使者来贡土产，宋朝呼为"甘沙州回鹘可汗外甥"，回赠内地特产。一○二八年（宋仁宗天圣六年），西夏攻破甘州，可汗也许降附于西夏。一○六八年（宋神宗熙宁元年），回纥使者又来朝贡，求买金字《大般若经》。一○七三年，使者又来。宋神宗问回纥人口，使者答称有三十余万，丁壮二十万。这一支人口逐渐增殖，成为河西地方的土著。

当回纥西迁的时候，在天山南路，吐蕃势力已经衰弱，在天山北路，葛逻禄原是回纥属部，回纥西迁的两支，所受阻力不大，因而顺利地得到发展。

天山北路——八五六年，唐宣宗下诏说，"回鹘有功于国，世为婚姻，称臣奉贡，北边无警……近有降者云，已庞历今为可汗，尚寓安西，俟其归复牙帐，当加册命"。已庞历即宰相驳职所拥护的庞特勤。这一支有十五部，人数最多，庞特勤被推为可汗，事无可疑。本年，唐宣宗遣使者去安西抚慰，使者至灵武（宁夏灵武县），遇回鹘可汗派来的贡使，唐使者不再前进。唐宣宗任王端章为册立回鹘可汗使，八五七年，被黑车子室韦阻扰，半路退回。八六三年，黠戛斯遣使来唐朝，说要进攻回鹘，将安西以东土地归还唐朝，唐懿宗不许。八六六年，张议潮奏称北庭回鹘仆骨俊攻克西州（新疆吐鲁番县东南）、北庭（新疆济木萨尔北）、轮台（新疆乌鲁木齐附近）、清镇（轮台西）等城。这是回纥、吐蕃两个势力的变化，从此回纥势力愈益上升，掌握了唐朝通天山南北两路的枢纽。《通鉴》于唐宣宗大中二年（八四八年）写道："其别部庞勒，先在安西，亦自称可汗。居甘州，总碛西诸城，种落微弱，时入献见"。胡三省注："回鹘至五季时入献见者皆庞勒种类也"。庞勒即庞特勤。庞特勤一支在天山北路发展，五代时与内地朝廷通朝贡的却是在南路发展的一支。庞特勤是高级贵族（回纥可汗的外甥），任南北两支的可汗是可能的，他的子孙分治南北，各称可汗，同祖庞特勤，《通鉴》所说当即依据这种情形。至于甘州可汗，是河西一支的首领，与庞特勤无涉。宋朝与西北方隔绝，史书记载只能凭一些传闻，很不完备，实际上，天山北路的一支曾建立起一个大汗国。

公元十世纪中叶，当五代末、北宋初之际，回纥撒吐克喀拉汗在中亚细亚建立喀拉汗国，开始崇奉伊斯兰教。汗国最著名的可汗号博格拉汗，建都于拜拉萨贡，疆土有喀什噶尔（疏勒）、和阗（于阗）、怛罗斯、讹打刺城（在锡尔河畔）等地。博格拉汗曾攻下阿母河北岸的布哈拉城。一○○八年，他的继位人伊列可汗灭阿母河北岸的波斯萨曼王朝，尽有其地。传至摩哈美德汗时，西辽攻占拜拉萨贡及喀什噶尔等城。喀拉汗国仍保有撒马尔罕一带土地，向西辽称臣纳贡。一二一三年，花剌子模国灭喀拉汗国。这个喀拉汗国在立国两个半世纪中，回纥人与葛逻禄人融化为一个回纥族，增强了力量；其次是首先接受伊斯兰教，逐渐推行到全族，消灭在西域流行了千年以上的佛教老基地。这些，对后来回纥族的发展，影响都是巨大的。

天山南路——奔安西的一支，可汗居西州，五代和北宋时，称为西州回鹘，或高昌国（都新疆吐鲁番）。可汗沿唐制，对内地朝廷称舅，自称为甥。九一一年（梁太祖乾化元年），可汗遣使者来朝贡，以后常有往来。周太祖允许回鹘使者与商人私下交易，官不禁阻，因此玉价大跌。西州可汗逐渐向西扩大势力，占有龟兹于阗等地。一〇〇九年，即宋真宗大中祥符二年，于阗国黑韩王（即可汗）遣使回鹘罗斯温等来朝贡。宋太祖时，于阗王名李圣天，自称是唐的宗属，九七一年，还有使者来朝。回纥灭李姓于阗国，当在九七一年以后。《宋史·龟兹传》说"龟兹本回鹘别种，其国主自称师子王，与宰相九人同治国事。……或称西州回鹘，或称西州龟兹，又称龟兹回鹘"。宋仁宗时始入贡。于阗国王称可汗，龟兹国王称师子王，都是西州可汗的臣属或兄弟国。焉耆在西州龟兹间，当早已并入回纥，疏勒、于阗曾为喀拉汗国属地，可见安西四镇到北宋时全归回纥所有。

天山南路诸国，自西汉以来，都是城居的农业国，有相当高度的文化。这些故国为回纥所征服，居民（主要是伊兰人，也有不少汉人）融化在回纥族里，是历史上的一个大变化。回纥西迁以前，天山南路诸国，尽管受山北游牧族的统治，但除纳贡赋外，国内并不发生变化。自回纥迁居西域，山北山南的统治者，都属于一个回纥族，过去的西域面貌完全改变了。

回纥西迁以后，可汗世系不明。《宋史·回鹘传》说，"甘州有可汗王，西州有克韩王，新复州有黑韩王"。所谓克韩、黑韩、黑汗（《于阗传》），都就是可汗。回纥分裂成几个可汗国，各国可汗如何传授，史料很缺乏，下面所载只是回纥汗国统一时期的可汗世系表。

回纥可汗世系表

（一）

（1）时健俟斤—（2）菩萨活（"胡禄"之音变）颉利发（时健子）—（3）吐迷度胡禄俟利发（自称可汗，唐封为怀化大将军兼瀚海都督）—（4）婆闰大俟利发（吐迷度子，唐封为右卫大将军兼瀚海都督）—（5）比栗（《新唐书》作婆闰子，《旧唐书》作妹比栗毒，袭瀚海都督）—（6）独解支（比栗子，袭瀚海都督）—（7）伏帝匐（独解支子，袭瀚海都督）—（8）承宗（伏帝匐子，袭瀚海都督）—（9）伏帝难（袭瀚海都督）—（10）骨力裴罗（承宗子）

（二）

（1）骨咄罗毗伽阙可汗（名骨力裴罗，药罗葛氏，唐封为怀仁可汗，七四一——七四七年）

（2）葛勒可汗（名磨延啜，骨力裴罗子，唐封为英武威远毗伽阙可汗，七四七——七五九年）

（3）牟羽可汗（登里可汗）（名移地健，磨延啜子，唐封为英义建功毗伽可汗，七五九——七八○年）

（4）合骨咄禄毗伽可汗（名顿莫何，移地健从兄，唐封为武义成功可汗，又封为长寿天亲可汗，七八○——七八九年）

（5）爱登里逻汩（音密 mi）没蜜施俱录毗伽可汗（名多逻斯，顿莫贺子，唐封为忠贞可汗，七八九——七九○年）

（6）汩咄禄毗伽可汗（名阿啜，多逻斯子，唐封为奉诚可汗，七九○——七九五年）

（7）爱滕里逻羽录没蜜施合胡禄毗伽可汗（名骨咄禄，跌跌氏，唐封为怀信可汗，七九五——八○五年）

（8）滕里野合俱录毗伽可汗（登里逻羽德蜜施俱录毗伽可汗）（八○五——八○八年）

（9）爱登里罗汩没蜜施合毗伽可汗（唐封为保义可汗，八○八——八二一年）

（10）登罗羽录没蜜施句主毗伽可汗（唐封为崇德可汗，八二一——八二五年）

（11）爱登里罗汩没蜜施合毗伽可汗（名曷萨特勒，

崇德可汗弟，唐封为昭礼可汗，八二五——八三二年）

（12）爱登里罗汩没蜜施合句录毗伽可汗（名胡特勒，昭礼可汗从子，唐封为彰信可汗，八三二——八三九年）

（13）厷馺可汗（名勿荐公，一作勿笃公，八三九——八四〇年）

（14）乌介可汗（名乌希特勒，曷萨弟，胡特勒叔，八四一——八四六年）

（15）遏捻可汗（乌介可汗弟，八四六年——?）

第二节　社会经济与文化

早在公元前三世纪时，回纥人即在丁零的名义下，其后又在铁勒（或高车）的名义下，在土剌河、鄂尔浑河及色楞格河沿岸游牧，牲畜有马驼牛羊。直到唐初吐迷度称可汗以前，《隋书》及《新唐书》、《旧唐书》都说回纥"无君长，居无恒所，随水草流移。善骑射，以寇抄为生"。这里所谓无君长，是指无酋长世袭制；所谓以寇抄为生，是指掠夺人口和财产的战争。这种掠夺战争是最原始的劳动形式之一，既用以保护财产，又用以获得财产，所有游牧人都一样，并不是回纥人的特征。依据史书所记，吐迷度称汗以前，回纥社会还没有形成阶级，还停留在原始社会阶段上。

当然，吐迷度称汗以前，回纥社会已经在变化，时健和菩萨任酋长时期，正是变化的开始，菩萨击破东突厥，俘获了大量突厥人。吐迷度灭薛延陀汗国，尽杀它的贵族，合并它的部曲（民众），又增加了大量俘虏。按照俘虏为奴的惯例，一部分自然要被用作畜牧奴隶和家内奴隶，不过，这两种都有一定的限量，很大部分不得不用作农奴性质的牧奴，主人发给一些掳来的牲畜，对他们进行残酷的剥削。薛延陀灭亡后，薛延陀人不再见于史书，意味着在回纥社会里产生了奴隶和牧奴阶级。回纥贵族与本部平民，也在形成为阶级。自菩萨时起，回纥逐渐强盛，战利品（人口和牲畜等）的分配，加速了阶级的形成。吐迷度建立汗国，正是从原始社会进入阶级社会的标志，由于内部缺乏发展奴隶制度的条件，来自唐朝封建社会的影响又特别强大，因而封建制度在回纥社会里发展起来。

回纥社会的主要阶级是哈剌布敦（黑民——平民）和匐（地方封建主，各部落贵族，即后世的伯克）。在回纥社会里，盛行一种"荫客制度"。匐供给食宿，使客作工，通过这种荫客制度，匐获得代价极低廉的劳动产品。客的来源，绝大多数是贫穷的平民。平民对匐要服兵役，出战时自备兵器马匹，将战争中掠夺的战利品，大部分献给匐。掠夺战争是回纥人获得财富的主要手段之一，战利品大部归匐，这就说明了贵族对平民的剥削关系。贵族经常发动战争，平民和他的家庭受到死伤、残废及损失兵器马匹等灾难，又妨碍正常的劳动生产，结果必然是生计困难，陆续归入客的队伍，受匐的荫庇。平民以外，还有一种人叫做库尔。库尔意思是奴隶，其中有为主人完全所有的奴隶和不完全所有的半奴隶。他们的来源，大多数是战争中的俘虏及贵族的婢妾，也有一些突厥汗国遗留下来的汉人和西域人以及从唐境内私买或诱骗来的汉人。库尔从事回纥人不屑为的农业、手工业及家务劳动，但不成为基本阶级，因为奴隶劳动没有大量地使用在汗国主要经济部门的畜牧业上。

匐的上面有额尔。额尔是氏族贵族，狭义指可汗氏族的贵族，广义指内九姓的贵族。可汗由氏族贵族推选改为父子世袭，不只是受唐朝的影响，而且还得到唐朝的促进，在世袭瀚海都督的形式下，药罗葛氏政权逐渐趋于稳定，有力量向诸部落行施可汗的职权。凡是构成汗国的诸部落，对可汗都得缴纳赋税并服兵役。被征服的诸部落是可汗的属部，由可汗派遣总督（设或叶护）去统治，并派遣监使（吐屯）去督察赋税和政事。

回纥经济自唐安史之乱时起，发生巨大的变化。吐蕃乘唐内乱夺唐西域和河西，隔断东西双方的经济交流，回纥助唐平乱有功，获得特殊条件，一时成为陆路上东西通商的枢纽。吐蕃逆大势，回纥顺潮流，后来吐蕃不能在西域立足，回纥却定居在天山南北，这种不同的后果，与对经济交流的顺逆，不是没有关系的。

唐朝廷为报酬回纥的出兵援助，约定每年赠送回纥绢二万匹，又约定立马市，回纥每年卖给唐马匹，唐给马价，每匹为绢四十匹，比实际马价高数倍。回纥每年取得大量马价绢，因此促进了回纥商业的繁荣。回纥得到如此廉价的唐货物，除贵族自用外，势必向西域开辟交换市场。回纥商队驱马来唐境，得马价绢后，购买茶叶及各种手工业品（日用必需品和奢侈品），回去时"舆载金帛，相属于道"，可见采办商品之多及数量之大，唐人则在交换中受大亏损。当时回纥商队中常有九姓胡参加，这些九姓胡来自康国（粟特，今撒马尔罕），他们善于经商，有利分毫必争，利之所在，无所不到。回纥俨然以战胜者的姿态，与唐朝进行不公平交易，这正合他们贪财的癖性。他们帮助回纥贵族争利，因而得到宠信，甚至为了劫掠，劝登里可汗寇唐，史书说回纥（贵族）"人性凶忍"，"贪婪尤甚"，很大程度上是受了九姓胡的影响，因为与回纥可汗议政的摩尼僧，就是唯利是图的九姓胡人。这些九姓胡对东西方贸易的大利当然看得眼红，他们或是替回纥经营，或是凭借回纥势力自己经营，以利息的一部分献给回纥贵族，或是与回纥人合营，方式尽管不同，获利总是极厚。厚利的来源主要是敲剥唐人。回纥商贾经常有一千人住在长安，九姓胡冒回纥之名杂居在长安的人数还要加一倍，其他大城市也住着不少这类商贾。他们开店营业，放高利贷，利用唐朝廷对他们的特别容忍，九姓胡"殖货纵暴,与回纥共为公私之患"。七八〇年,回纥酋长突董率众并九姓胡等千余人自长安还国,带着大批行李,路过振武军,军使张光晟发觉许多木箱里暗藏着长安妇女。当时顿莫何可汗杀登里可汗,正在大杀九姓胡。突董所率九姓胡害怕,不敢去回纥,向张光晟献计,请尽杀回纥人。张光晟出兵杀突董等和九姓胡,得骆驼及马数千头,缯锦十万匹,妇女都是诱骗来的,全数送回长安。这是仅有的一次破获,可以推见回纥的贪暴和九姓胡的助虐,前后不知掠去多少唐地的财富和妇女,也可以推见回纥贵族怎样虐待本国民众。他们对大国唐尚且恃功(回纥可汗特在国门立碑,碑上刻:"唐使来,当使知我前后功"。)贪暴,对被统治的本国民众却不恃势贪暴,这是不可想象的。

回纥贵族由于经商致富,由于与汉人密切接触的结果,一方面接受了汉族的高度文化,同时也沾染了汉族统治阶级的奢侈腐朽习气。《通鉴》有一段话,说得很好,它说:"初,回纥风俗朴厚,君臣之等不甚异,故众志专一,劲健无敌。及有功于唐,唐赐遗甚厚,登里可汗始自尊大,筑宫殿以居妇人,有粉黛文绣之饰,中国为之虚耗,而虏俗亦坏"。回纥境内兴建不少的城郭及宫室,正好说明回纥商业在发展,国势在衰落。

据苏联考古学家的考古发掘证明,在漠北有若干城郭是属于回纥汗国时期建造的,例如色楞格河畔的富贵城,鄂尔浑河畔的哈剌巴剌合孙。哈剌巴剌合孙是回纥汗国的都城，城址占地二十五平方公里，废墟上还残存着城堡土墙及堡中的浴池池基。城郭的中心部分有特殊的墙垣环绕着，位于碉楼的西南，其面积有一平方公里。再向外为人烟较稀的定居区和位于城郭外垣之外的庭园及广阔花园。城堡不仅面积很大，它的墙垣，现在残存的还高达十公尺，碉楼的防御工事达十二公尺。在城堡中心耸立着瞭望楼，高达十四公尺，登楼远眺，草原景色，一望无际。在城堡内部发掘出来的宫庭建筑物，饰以美丽塑像的瓦，这些装饰物是唐朝的风格。街道和建筑物遗址，长达二十四公里。都城及其他城郭的兴建，说明回纥文化在发展，也说明回纥汗国与以前北方诸游牧国家的分散统治有不同之处。这一点是重要的，虽然回纥基本群众仍是游牧民，但回纥贵族既习惯于城市生活，这就为后来在西域定居奠下了基础。

哈剌巴剌合孙是回纥汗国的政治中心及商业中心，也是手工业及农业的集中地区。苏联考古学家在一所住宅里找到松香、铜片和青铜块，断定这所住宅为工匠所有。在都城内以及在鄂尔浑河畔农业地区周围，几乎每一户都有台架或磨盘，以备碾磨米粮之用。都城以外，鄂尔浑河及色楞格河沿岸的其他回纥城郭，周围也有定居区及农业区，并且在城内也有手工业。农业和手工业既有相当的重要地位，这也为后来在西域定居奠下了基础。

回纥以经营东西方商业立国，当然不可放弃东边的一方。西迁以后，尽管交通艰难，自五代至北宋，还是经常遣使来内地朝廷朝贡，每次朝贡，人数自数十人以至百余人不等，实际是派来大小商队。贡品以玉为主，其余贡品有珊瑚、翡翠、象牙、琥珀、琉璃器、香药、安息鸡舌香等物，显然是用西方诸国的特产来交换东方的特产。回纥无论在漠北，在西域，经济上必须和内地联系，因而在政治上也保持愈来愈密切的关系。

回纥文化受汉族文化的影响，也受粟特文化的影响。自唐肃宗借回纥兵以后，回纥在商业上得到特别有利的待遇，粟特人帮助回纥牟利，得到回纥贵族的信任，粟特文化也就发生较大的影响。

早在突厥汗国时期，突厥人用卢尼文字，也兼用粟特文字，铁勒部臣属于突厥，某些部落酋长可能使用过这类文字。回纥汗国强盛，大量粟特人移居汗国境内，回纥利用粟特文字纪录回纥语言，成为回纥文字。回纥文字的字母无定数，大致为十七个至二十个。每个字母连写。起初，写法为自左至右横写（突厥的卢尼文字为自右向左横写），后来变为自左至右直写。回纥文字只有少数高级贵族使用，一般人是不识字的。

回纥人信奉萨满教。萨满教是一种类似巫术的原始宗教，巫师称为甘，故又称甘教。萨满教的教义，以为整个宇宙由至尊统治，至尊居于天的最上层。善神居在天上，恶神居在地下，人类居在地上。恶人死后，打入黑暗地狱。人想升天，须由本人在天上的祖先绍介，人想和祖先交往，必须通过萨满巫师。萨满教崇拜各种神灵，最受崇拜的神为"谷·登里"（青天）、"伊尔·苏"（地及水神）、"乌梅"（保护儿童之神）。巫师能和诸神交通，因之在社会上颇有势力。

七六二年，登里可汗率兵击史朝义，攻入洛阳，与摩尼教僧接触，发生信仰心。七六三年，他带了四个摩尼僧归国，这是摩尼教传入回纥的开始。摩尼教与萨满教经过一个时期的斗争，摩尼教得到登里可汗的扶助，战胜萨满教，并成为汗国的国教。《牟羽（登里）可汗入教记》残本记载当时两教斗争的情形，说"当此神圣的四僧从桃花石（唐）来的时候，他们抱有四愿……

新疆哈密出土回纥文写经

但为了人民，为了学理，却遭到大的危险，大的压迫。听众和胡商常常处在为人杀害的境遇。……陛下，'如您自己远离这些达干，则善法善行可以在您的国内施行，如仍任……达干担负国家重任，他们必作恶行，您的国家必将下沉。……'天王(牟羽可汗)与选民(摩尼信徒)讨论了二天二夜，第三天，天王斋戒，受到极大的痛苦，他的心灵才有所动。这样的继续着作，他的心灵如有所失，忐忑不安。后来，牟羽天王召集一个大会，他跪在选民之前，乞求宽宥了他的罪恶……"。摩尼教战胜萨满教，是因为登里可汗入了教。登里可汗为什么入教，很大的原因是要奉摩尼教的胡商(九姓胡)帮着回纥贵族对唐通商致富。这是贵族的共同愿望，自然相率入教。顿莫贺达干杀登里可汗，又杀可汗的亲信及劝可汗侵唐的九姓胡二千人，但并不排斥摩尼教和胡商。他派遣使者康赤心来唐朝催索马价，康赤心就是九姓胡。他同登里可汗一样，信任摩尼僧，使参与国政。看来，回纥兴摩尼教，是为了商业上的利益，要九姓胡真心相助。张光晟准备杀酋长突董等，估计形势说，回纥本身并不强，必须依靠九姓胡的帮助，他们为谋利发财，才结合起来，无财与利，便散乱不振。这个估计符合回纥的实情，摩尼教迅速成为国教的理由也就明白了。

回纥西迁以后，又接受佛教。九六五年(宋太祖乾德三年)，西州回纥可汗遣僧法渊来献佛牙。九八一年，宋太宗遣使者王延德至高昌，看到国中有佛寺五十余区，都是唐朝旧寺，别有摩尼寺波斯僧（波斯人为摩尼僧），各行其教。龟兹回纥在宋仁宗时五次入贡，宋朝廷回赠佛经一藏。一〇九六年，龟兹使大首领阿连撒罗等来献玉佛。一〇八五年，于阗黑韩王遣使者来贡，使者为宋神宗饭僧追福（为宋神宗求冥福）。大抵回纥定居西域后，不再专奉摩尼教，转而利用一向盛行的佛教来接近西域旧居民，这在政治上是合宜的。西域诸国有相当高度的文化，回纥人与旧居民融合为一个回纥族，回纥文化也必然与西域原有文化融合为一个回纥文化。后来伊斯兰教通行于全族，佛教衰灭，回纥文化又有一次大的变化。

文化的有益部分常被宗教利用，因而两者常混杂在一起。每一种宗教都要推动文化为自己服务，又都要束缚文化在被利用的范围之内。突破束缚，文化才能前进。回纥自建国至西迁，文化的发展和旧宗教的抛弃，都曾表现得不迟钝，足以说明回纥文化有丰富的活力，有广阔的前途。

简 短 的 结 论

早在公元前三世纪时，匈奴北境已经存在着丁零（铁勒）这个部落联合体。回纥就是联合体的成员之一，所以回纥是很早见于历史上的古老民族。丁零部落联合体长时期停顿在原始社会的阶段上，经济和文化都很落后，因此，常常被漠北强国征服、遭受野蛮的剥削和奴役，更难发展自己的经济和文化。

匈奴、鲜卑、柔然、突厥相继出现的漠北强国，都曾是铁勒部的劲敌，可是，它们的主力着重向汉族地区进攻，尽管大有所获，最后总不免受到毁灭性的打击而归于消灭。铁勒部有坚强的反抗精神，始终保存着自己的联合体，又有汉族地区实际上的援助，使得这些强国不能作更大的压迫，铁勒部也就在斗争中逐渐壮大起来。

突厥是远比铁勒后起的部落。五四六年，铁勒部出兵将攻柔然，突厥土门可汗出其不意地袭破铁勒军，收编铁勒降众五万余落（家），突厥凭借这部分铁勒人才变成强国。后来，突厥用兵，很大程度上使用铁勒部的人力和物力，铁勒部被迫与突厥为仇，是完全合理的。

隋末，回纥贵族推时健俟斤为君长，时健死，子菩萨被推为继位人。酋长父子相传，虽然还用推选制，但已为世袭制开了先例。菩萨死，吐迷度继位。吐迷度与菩萨非父子关系，他的继位出于推选，足见世袭制并不巩固。当时回纥社会已经形成阶级，具备成立国家的条件，一般地说，世袭制可免君位继承的争夺，比较有利于国家的稳定。

吐迷度协助唐太宗，消灭薛延陀汗国，回纥成为铁勒部落联盟的首领，回纥这一名称逐渐代替铁勒而为东铁勒诸部的总称。

唐太宗在漠北设燕然都护府，统率六府七州，任吐迷度为瀚海府都督。吐迷度接受这个官职，同时，在联盟内部建立可汗称号，照突厥制度组织国家机构。唐有分散回纥部落联盟的意图，回纥却利用唐的行政组织，推动部落联盟又前进一步，成立军事行政联合体的汗国。吐迷度死后，唐为行施朝廷职权，确立瀚海都督的父子世袭制，实际是帮助回纥确立可汗的父子世袭制。

七四四年，骨力裴罗立为可汗，受唐册封。从此，回纥成为漠北唯一的强大国家。

回纥从参加丁零部落联合体起，到成立强大的回纥汗国，中间经历了一千年。它是在长时期艰苦斗争中锻炼出来的，懂得与唐保持和好关系的重大意义。这是过去漠北强国不曾有过的经验，因而取得过去漠北强国不曾有过的成就。

回纥助唐平安史之乱，得到唐朝特别优厚的报酬。吐蕃断绝唐与西方的交通，漠北变成东西经济交流的枢纽。这两个条件使游牧国家的回纥贵族居住在城市，兼营大商业。

唐朝不满意回纥类似经济掠夺的行为，但始终予以容忍。原因之一自然是助平内乱有功，其他原因是怕回纥侵边，或与吐蕃结合，或受河北叛镇的勾引，为害都将比经济掠夺更大。回纥在唐朝容忍的限度内，作多种多样的经营，获利极厚。这和善于牟利的九姓胡是分不开的，九姓胡是回纥经营商业的重要助手。

经商致富使得回纥贵族贪暴腐朽，争夺权利，内部分裂愈来愈严重，最后由叛将引来黠戛斯部，摧毁回纥汗国。

迁居西域后，回纥仍和内地朝廷保持和好关系，继续进行东西方贸易。它和西域旧居民融合成一个大回纥族，永远定居在西域地区。

采用粟特文字为回纥文字，采用摩尼教为回纥国教，这都和九姓胡有关。迁居西域后，也信奉佛教。大抵在蒙古西征以前，回纥已经开始奉伊斯兰教。回纥文化不断在吸收新养料，同时不断在抛弃旧渣滓，说明回纥文化是富于前进性的。

第 六 章

南诏国、大理国

南诏国　七三八年——九〇二年
大理国　九三七年——一二五三年

第一节　南诏国的兴亡

中国西南部的云南地区，各族聚居，名号繁杂，《新唐书·两爨蛮传》所谓"群蛮种类，多不可记"，确是实在的情形。汉族进入云南，设置若干居住点，开始传播先进的文化。战国时，楚将庄蹻率兵略地到滇池，建立滇国，子孙相继称王。苴兰城（昆明市附近）相传是庄蹻所筑。秦时常頞（音案 àn）开辟五尺宽的道路，从蜀通到滇（诸葛亮始加宽路面）。公元前一〇九年，汉武帝遣将军郭昌灭滇国，置益州郡。东汉增置永昌郡（治不韦，云南保山县北）。诸葛亮平定南方，又增置兴古（云南马龙县）、云南（云南祥云县）二郡。此后各朝陆续增置州县，扩大统治权，对非汉族的居民，都是采取诸葛亮"纲纪粗定，夷汉粗安"的施政方针，也就是"因其故俗，羁縻勿绝"，以求相安无事。固然，某些族和汉族接触较多，经济和文化都有所提高，但更多的族依旧是落后，甚至是非常落后。六二一年，唐高祖置姚州（云南姚安县北），管羁縻州三十二。六三二年，唐太宗置戎州（治僰（音伯bó）道，四川宜宾县西南）都督府，唐玄宗时，都督府管羁縻三十六州，一百三十七县，后又增管至九十二州。羁縻的意思是来去任便，彼此不相干涉。这种羁縻状态，不利于落后各族，因为汉族统治阶级可以缓慢地伸展势力，安置州县，逼迫各族逐步后退。反之，如南朝梁末，梁统治者退出云南，州县全为豪酋占据，也不利于各族民众，因为在州县恢复豪酋统治，增强落后势力，是一个退步。唐天宝年间，云南成立南诏国，才改变了上述两种不利的形势，对各族民众说来，推动作用是不小的。

南诏是以乌蛮蒙姓为国王，白蛮大姓为辅佐，集合境内各族（包括汉族）共同组成的统一国家。统一的政权，自然要削弱豪酋的分散割据势力；集合各族共同立国，自然要废除羁縻状态；抵御唐与吐蕃两个强邻，自然要提高本国的经济与文化。经南诏以及大理前后五百余年的统治，国境内原来的落后面貌，有很大改变，经济和文化，一般地提高到汉族的水平。有些族虽然还保持所谓"故俗"，与南诏立国以前相比，数量却不是那么多，水平也多少有些提高了。

南诏以及大理在历史上曾经起过的作用，就在于推动落后各族的经济和文化有不同程度的提高。

一 南诏建国前的形势

庄蹻建滇国，带来了楚文化。以滇池地区为中心的各部落，受楚文化影响，由游牧逐渐转化为定居的农业部落。西汉立益州郡后，本地居民与汉人接触更多，文化也就比远处各部为高。唐末人樊绰所著《蛮书》说"在石城（南诏改唐郎州为石城郡，云南曲靖县）、昆川（昆明市）、曲轭（马龙县）、晋宁（晋宁县）、喻献（澄江县）、安宁（安宁县）至龙和城（禄丰县）谓之西爨；在曲靖州、弥鹿川（弥勒县、竹园、路南县等地）、升麻川（寻甸县、嵩明县等地）、南至步头（建水县），谓之东爨"。《蛮书》所说石城，《新唐书·两爨蛮传》作曲州靖州。按这两州都是戎州都督府所管羁縻州，曲州在东汉末年朱提郡（两汉称犍为郡，建安二十年改）境，今四川宜宾县西南二百余里处，靖州在曲州北，大抵也在朱提郡境。西爨居地围绕在滇池四周，不可能远至曲州靖州，《新唐书》误。《蛮书》所说曲靖州，当是曲州靖州两州的简称，地在东汉末朱提郡境。现在的曲靖县在蜀汉时称为建宁郡，唐朝称为南宁州，又改为郎州，治所都设在味县（味县故城在曲靖县西）。诸葛亮南征，收用当地豪酋大姓，建宁郡爨习，朱提郡孟琰孟获都被用作官属。爨是西爨大姓，孟是东爨大姓，显然，东爨居地是从北方的曲州靖州到南方的步头，西爨居地是在石城以西的滇池周围。

东爨被称为"乌蛮"，西爨被称为"白蛮"。称为"蛮"，自然是汉族统治阶级的谬说，但乌与白有区别，却是事实。"乌蛮""白蛮"的名称，在未作适当更改以前，也只好暂时沿用。《新唐书》说，乌蛮分七部，第一部名阿芋路，居曲州靖州，第七部名勿邓。勿邓地方千里，居民有邛部六姓，其中五姓是乌蛮，一姓是白蛮。又有初裹五姓，都是乌蛮。又有东钦蛮二姓，都是白蛮。乌蛮妇人著黑色衣，衣长曳地；白蛮妇人著白色衣，长不过膝。勿邓地方乌蛮白蛮以衣色作区别，其他地方当是同样以黑白色作区别。乌蛮居地有少数白蛮，白蛮居地自然也有少数乌蛮，居地分东西，只是一个大概的情形。

经济和文化，乌蛮白蛮也有区别。乌蛮多有牛羊，无布帛，男女都用牛羊皮作衣服。无拜跪的礼节。有些语言要经过四次翻译，才与汉语相通。乌蛮是以牧畜为业、不知耕织、很少同汉人接触的落后族。白蛮大姓爨氏，自蜀汉以来，历朝有人作本地长官，白蛮文字与汉族同，语言相近，耕田养蚕，也同汉人，很可能是庄跻所率楚兵与旧居民融合而成的新族。有些白蛮酋长，自称祖先是安邑（山西运城县）人，西晋时来南宁（云南曲靖县西）。白蛮中有不少蛮化的汉人，当是事实。汉武帝灭庄氏滇国，立白厓酋长白人仁果为滇王，

103

庄氏后裔退到滇池以西。《新唐书》说庄氏部落有稻麦粟豆丝麻薤蒜桃李，以十二月为岁首。庄氏原来与白蛮同住在滇池周围，白蛮也有农桑业，是无可置疑的。白蛮经济和文化都比乌蛮高，信鬼尚巫的风俗却相同，称主祭的人为鬼主，每户每年出一牛或一羊，到鬼主家祭祀。大部落有大鬼主，一百家有小鬼主。乌蛮七部有都大鬼主。爨氏兼并乌蛮，设两爨大鬼主。庄氏部落不设鬼主，祭祀在家内，亲友带牛酒来助祭，风俗与汉族更相近。

唐玄宗时，爨归王为南宁州都督，居石城。爨归王袭杀乌蛮首领孟聘孟启。白蛮首领兼并乌蛮，自尊为两部大首领，东爨西爨的名称，大概从这时候开始。后来南宁州大鬼主（《新唐书》作两爨大鬼主）爨崇道杀爨归王，白蛮内乱，南诏出兵击杀爨崇道等，兼并白蛮部落。

上面是说在南诏势力向东伸展以前，以滇池地区为中心的主要居民白蛮和在东边的乌蛮。

西洱河（洱海）周围是另一个中心地区，这里居住着被称为河蛮的农业部落。六四八年，唐太宗命将军梁建方率蜀兵击败松外（松州边外。松州，四川松潘县）诸蛮，诸蛮七十部，共十余万户先后归附，梁建方任酋长蒙和等为县令，各统所部。蒙是乌蛮姓，这些诸蛮，可能是孟姓以外的乌蛮。梁建方遣奇兵从嶲州（四川西昌县）走间道突然到西洱河，酋长杨盛大惊，与各部首领十人到军门请归附。当年，西洱河大首领杨同外，东洱河（洱河东边）大首领杨敛，松外首领蒙羽都入朝，唐太宗各授官秩。《通鉴》说，西洱河地区有杨、李、赵、董等数十姓，各据一州，大州六百户，小州二三百户，无大君长，不相统一。语言、生业、风俗大略与汉族同，只是以十二月为岁首与内地异。自称本是华人。《通鉴》这段文字与《新唐书》所说松外蛮相似，《新唐书》说松外蛮有城郭文字，颇知阴阳历数，又说，滇池以西都是庄蹻后裔，以十二月为岁首。松外蛮与河蛮居地相离很远，松外蛮大姓是蒙氏，《新唐书》以赵、杨、李、董为松外蛮的贵族，显然误指河蛮为松外蛮。《新唐书》记松外蛮，无"自云本皆华人"句，《通鉴》将河蛮、庄氏后裔合并为一，按文化情况，《通鉴》说较是。

河蛮是西爨以外的白蛮部落。河蛮一姓多不过五六百户，各姓分散，不相统一，当然不会有什么抵抗力。自六七八年（唐高宗仪凤三年）至七〇四年（武则天长安四年），吐蕃陆续征服西洱河诸蛮，据吐蕃史书说，"向白蛮征税，乌蛮亦款服"。白蛮有农业，乌蛮住在西洱河北方山谷中，生产落后，所以白蛮要纳税，乌蛮只纳贡表示降服。唐玄宗开元年间，河蛮首领又来朝贡。当时南诏国兴起，西洱河地区开始发生大变化。

上面是说南诏国兴起以前，以西洱河地区为中心的主要居民白蛮和在北方的乌蛮。

河蛮柔弱,有些部落奉乌蛮为酋长,先后成立六个诏。诏的意义,或说诏即王,或说"先时南蛮六部不相臣服,天子(唐朝)每有恩赏,各颁一诏,呼六诏"(唐卢求《成都记序》)。两说中以前说为是,所谓诏,意即大首领、大酋长。六诏名称和居地如下:

(一)蒙嶲诏——居地在巍山县北部至漾濞县,又称样备诏。

(二)越析诏——也称么些诏(磨些族部落),居地在凤仪县至宾川县。

(三)浪穹诏——居地在洱源县。

(四)邆赕(音藤闪 téng shǎn)诏——居地在邓川县。

(五)施浪诏——居地在浪穹诏东北牟苴和城。浪穹、邆赕、施浪总称为三浪。

(六)蒙舍诏——居地在巍山县。六诏中蒙舍诏在南方,因称南诏。

六诏势力大致相等,不相臣服,其中蒙嶲、越析二诏地最大,兵最强,蒙舍诏比上列二诏较弱。

南诏国王姓蒙,始祖名舍龙,避仇家自哀牢(云南保山县)迁居到蒙舍川。舍龙生子龙独逻,又名细奴逻。唐太宗时,蒙舍酋长张(张是白蛮大姓)乐进求让位给细奴逻。六五三年,细奴逻遣子逻盛炎入朝,唐高宗任细奴逻为巍州刺史。六五四年,蒙嶲诏蒙敛、和舍等作乱，唐命李义为姚州道总管讨蒙敛等。张乐进求让位，细奴逻遣子入朝，求唐保护，大概都与蒙嶲诏的侵扰有关。唐高宗咸亨年间，唐用西爨酋长王仁求为将，平定乱事。《王仁求碑铭》说"咸亨之岁，犬羊（指蒙敛）大扰，枭将失律（唐兵败），元凶莫惩"，足见蒙敛侵扰多年，战败后才北迁至样备。南诏对唐恭顺，得兼有阳瓜州（云南巍山县）土地。

五诏与河蛮部落，受吐蕃威胁，常弃唐归附吐蕃。南诏始终附唐，因而得到唐的支持。七一三年，唐玄宗封南诏皮逻阁为台登郡王。次年，皮逻阁遣谋臣张建成入朝。七三七年，皮逻阁战胜河蛮，取太和城（大理县）。次年，唐玄宗赐皮逻阁名为蒙归义，进爵为云南王。封王制书里说封王的原因是洱河诸部潜通犬戎（吐蕃），蒙归义率兵征讨有功。七三八年，皮逻阁谋乘胜兼并五诏，张建成建议厚赂剑南节度使王昱，请求合六诏为一。王昱向朝廷代请，得唐玄宗允许。唐玄宗给王昱敕文里说，蒙归义效忠出力，讨伐西蛮，"彼（指五诏）持两端（附唐也附吐蕃），宜其残破"。当时唐与吐蕃争夺安戎城，战事激烈，皮逻阁攻五诏，有牵制吐蕃的作用，得到朝命并不是因为王昱受贿代请。皮逻阁出兵，唐派遣中使（宦官）王承训、御史严正诲参与军事，先灭越析，次灭三浪，又灭蒙嶲，很快统一了六诏，成立以西洱河地区为基地的南诏国。七三九年，皮逻阁迁都太和城。

二　统一后的南诏国

唐力助南诏统一，原想南诏出更多的力去牵制吐蕃。皮逻阁利用唐与吐蕃的矛盾，立在唐一边取得胜利。胜利以后，南诏与唐各有自己的想法。南诏国王是乌蛮，臣民却是白蛮，向东兼并西爨，成立一个大白蛮国，是有理由的。可是，唐要保护西爨，又要南诏多出力攻吐蕃，这样，双方虽然还保持着和好关系，实际上却发生不可调和的矛盾。七四五年，剑南节度使章仇（姓）兼琼遣使至云南，与皮逻阁言语不相得，皮逻阁很不满意。七四八年，皮逻阁死，子阁逻凤继位。

南诏国的发展过程，可分（1）附吐蕃反唐；（2）附唐反吐蕃；（3）向外攻掠，三个阶段。这样的过程是为它本身的弱小性所规定的。

（1）南诏附吐蕃反唐（七五〇年——七九三年）

天宝年间，正是唐朝腐朽没落，大乱将发的时候，西南方面自然也不会安静。剑南节度使鲜于仲通，性急躁，不知方略，他的属官云南（即姚州）太守张虔陀更加放肆。南诏国王谒见都督府都督，照惯例要带着妻子同来。七五〇年，阁逻凤路过云南，张虔陀甚至侮辱同来的妇女。勒索贿赂，阁逻凤不应，张虔陀派人去辱骂，并向朝廷告发他的罪状。张虔陀如此狂妄，大概也

108

知道一些南诏扩张土地的计谋，所以敢肆行要挟。阁逻凤愤怒，起兵攻破云南，杀张虔陀，并取羁縻州三十二州。七五一年，鲜于仲通率兵八万往击南诏，阁逻凤请和，并说，现在吐蕃大兵压境，如不许和，我归附吐蕃，云南不是唐所有了。鲜于仲通自恃兵多，进军至西洱河，被南诏击败，唐兵死六万人。阁逻凤想扩大南诏国，但并不想脱离对唐朝的臣属关系，因为与唐往来，利多害少。南诏本身贫弱，必须依附一个大国，既被唐逼迫，只好归附吐蕃。吐蕃弃隶缩赞赞普得到这个附属国，自然很满意，七五二年，册封阁逻凤为"赞普钟（意为小赞普）南国大诏"，"赐为兄弟之国"。阁逻凤自立国号为大蒙。当时杨国忠当政，唐朝廷已经昏迷不省人事，不知大乱就在眼前，还继续出兵攻南诏，唐兵前后死亡约二十万人。云南方面自曲、靖二州以下东爨居地也被唐兵破坏。双方损失都很严重。战争促成白蛮乌蛮大迁徙，只剩下一部分乌蛮还向唐朝贡。

皮逻阁在位时，两爨大鬼主爨崇道杀南宁州都督爨归王。爨归王妻阿姹（音诧chà）母家是乌蛮酋长。阿姹回母家请父率部众报仇。唐玄宗任爨归王子爨守隅为南宁州（云南曲靖县西）都督。皮逻阁以一女妻爨守隅，又以一女妻爨崇道子爨辅朝，对双方表示和解，实际双方仍相攻战。显然，西爨内乱与皮逻阁的谋西爨有关系。阿姹请皮逻阁相助，皮逻阁出兵杀爨辅朝，又杀爨崇道。阁逻凤反唐后，废爨守隅，西爨地为南诏所有。阁逻凤遣将军杨牟利率兵胁迫西爨迁徙到太和城西南的永昌城（保山县），凡徙二十余万户。河蛮与西爨同为白蛮，徙居永昌，可以增加南诏的实力。西爨征服乌蛮（东爨），徙居后，乌蛮得自立，南诏国王世世与乌蛮通婚姻，让乌蛮徙居西爨故地，乌蛮自然对南诏和好，助南诏防御来自剑南的攻击。说东爨因言语不通，又多散居在林谷间，所以得免迁徙，并不是真实原因。乌蛮经济与文化都比较落后，徙居滇池周围，从畜牧改为农业部落，文化水平逐渐提高，与白蛮相接近，这对乌蛮也非常有利。南诏国有白蛮作基础，有乌蛮作辅助，具备了发展的条件。东西爨迁居，确是南诏国的一件大事。

七五四年，剑南留后李宓（音密mì）率兵七万击南诏，进至太和城，全军覆没。这是唐最后一次出兵。第二年，安禄山反叛，唐无力再进攻，可是南诏还有意归唐。阁逻凤在太和城中立一大碑（南诏德化碑），表示叛唐出于不得已，对臣属说，后世可能又归唐，当指碑给唐使者看，明白我的本心。阁逻凤知道依附吐蕃害多利少，两国关系是不能持久的。

七五五年以后，唐困于内乱，吐蕃向唐河西陇右地区扩张，南诏得到休息的机会，上下合力，完成立国的规模。下面略述南诏的几种重要制度。

中央官制——南诏国王坐向东，自称为元，称诸臣为昶（音场chǎng）。诸臣对国王只自称官衔不称臣。主要官员中最高级称清平官，凡六人，职位等于唐朝的宰相。又有大军将十二人，随同清平官每日见国王议事。清平官中一人为内算官，凡有文书，便代国王判押处置（平章事），二人为副内算官，同勾当（同平章事）。又外算官二人，或清平官或大军将兼任。外算官领六曹，凡六曹该行下的公事文书，由外算官与本曹出文牒行下。六曹相当于唐朝的六部，名称是兵曹、户曹（管户籍）、客曹、法曹、士曹（管营造工程）、仓曹（管财政）。六曹长有功绩，得升大军将。大军将在内随同清平官议政，出外镇守重要城镇，任节度使，积有功绩，得升清平官。

地方官制——地方组织是以洱海地区为中心，分为十睑（音简jiǎn 相当唐朝的州）六节度。遽川城（大理白族自治州东南）、龙口城（大理县北）、大厘城（大理县喜州）、太和城（大理县太和村）、羊苴咩城（咩音miē 大理县）为一组，分设三睑：遽川城为赕睑，大厘城、龙口城为史睑，太和城、羊苴咩城为阳睑。南诏国王往来居住，五处如一。此外，白崖睑（又名勃弄睑，大理县东南红岩）为国王亲属所居，亦为官员分田所在；赵川睑（大理县）东南为亲近国王的白蛮所居，亦即南诏主要官员的家族所居；蒙舍睑（巍山彝族回族自治县）为南诏的发祥地。以上称六睑，是南诏国家直接统治的地区。六睑以外，东有云南睑（祥云县）和品澹睑（祥云县西品甸），西有蒙秦睑（漾濞县），北有牟和睑（洱源县北蒙次和村），为拱卫中心地区的重镇，亦为洱海地区的门户，由国王的子弟镇守。以上共十睑。各地方凡一百家设总佐一人，一千家设理人官一人，一万家设都督一人。南诏有会川、通海两都督。

六个节度使率兵分驻外围要害地方，统治六诏以外的诸部落。弄栋节度使驻弄栋城（姚安县），管诸族部落。境内不许汉人居住，原来住在姚州的汉人都被迁徙到远处。永昌节度使驻永昌城（保山县）。永昌是古哀牢族（乌蛮别种）居地，南诏国王的始祖舍龙来自哀牢，南诏与哀牢有良好关系。南诏全国常备兵数为三万，永昌镇就有兵一万，其中一部分当是哀牢人，另一部分是勇健善斗的望苴子，也是乌蛮别种。永昌镇拥重兵监视西爨，又管辖金齿、漆齿、银齿、绣脚、穿鼻、裸形、磨些、望外喻等落后部落。这些部落要通过三译四译，才能与南诏言语相通。银生节度使驻银生城（景东县），辖区直到今西双版纳傣族自治州一带，督辖朴子、长鬃等数十族。南诏迁徙弄栋镇境内汉族人到远处，很可能是指与唐境隔绝的永昌银生两镇。汉族人受虐待，自然很痛苦，但因此散播汉文化的影响，对落后部落是有益的。剑川节度使驻铁桥城（剑川县北），管辖浪加萌、于浪、传衮、长裈（音坤kūn）、磨些、朴子、河人、弄栋等十余族。拓东节度使驻善阐府（南诏别都，昆明市），管辖东爨乌蛮三十七部。七九四年，南诏击败吐蕃，迁施蛮、顺蛮、磨些蛮、茫蛮、弄栋蛮、汉裳蛮（蛮化的汉人）等数万户到拓东镇，充实云南的东北境。丽水节度使驻丽水城（在腾冲县西），管辖金齿、漆齿、绣脚、绣面、雕题、僧耆等十余族。六节度使对外是剑川、丽水两镇防吐蕃，拓东、弄栋两镇防唐剑南，对内是六镇都管辖境内诸族。看诸族名号，可知许多是非常落后的部落，南诏国行施统治权，自然要和诸族接触，在接触中诸族接受一些较高的文化，改革一些野蛮的"故俗"，节度使用兵力迫胁，破坏诸族的闭塞生活，比起唐朝的羁縻政策，终究是一件好事。

兵制——南诏国采用唐均田制、府兵制，文武官员和自由民都受到耕地，也都负担服兵役的义务。丁壮人当战兵，有马的人当马军。器械各兵自备。军事组织以乡兵为主，按照居地远近，编为东南西北四个军，每军置一将，统带一千人或五百人。统带四个军的军官称军将。各地方人口有多有少，编成的军也多少不等，因之管军的府，有大府、中府、下府、小府四级的区别。每年十、十二两月，农事完毕，兵曹长行文书到境内诸城邑村谷，各依四军的编制，集合队伍，操练武艺，检查器械。挑选最精锐的乡兵作前锋，称为罗苴子，每百人置罗苴佐一人统带。四军各有罗苴子，无论操练或作战，总走在最前列。有敌人从某方入境，即由某方的军抵御。出兵征战，以二千五百人为一营（即军将所统率的四军，其中一军一千人，三军各五百人），每兵携带粮米一斗五升，鱼干若干，此外别无给养。因为带粮不多，急求决战，军法规定兵士前面受伤，允许治疗，如背后受伤，即行杀戮。行军出国境后，不禁止抢掠，邻国的人口、粮食、牛羊都成了南诏军的掠夺对象。南诏出兵攻邻国，通常要征发更落后的诸族来助战。望苴子蛮最强悍，凡大将出兵，望苴子蛮照例作前驱。其余如裸形、金齿、黑齿、银齿、绣脚、绣面、穿鼻、长鬃、栋峰、茫、桃花、朴子等族，也被用来作冲锋兵，南诏兵在后面监阵，斩杀作战不力的人。南诏兵制显然是自卫性质，但军队一出国境，却是可怕的破坏者。

七五六年，唐玄宗避难在成都。吐蕃弃松德赞赞普看到机会可乘，命令阁逻凤攻唐嶲州。阁逻凤派出大军将六人、清平官一人率大军会同吐蕃军进攻，夺取会同军（四川会理县），进据清溪关（四川越嶲县北、大渡河南）。南诏占领大块唐土地，地上的人畜财物，照《南诏德化碑》说"子女玉帛，百里塞途；牛羊积储，一月馆谷"，也就是说尽量抢劫，地上一空如洗。七五七年，又进攻唐境，再破越嶲，唐都督被擒，唐兵全部被掳。南诏两次取胜，颇立声威，西服寻甸、裸形诸族，南败骠国（骠音票 piào 在缅甸境），俨然成为西南的强国。

阁逻凤开始建立制度，集合诸族，成立一个国家，这是诸族社会的大进步。南诏境内最落后的族，如寻传蛮，居住怒江上游一带，披波罗皮（虎皮）当衣服，射杀野猪，生食其肉；又如裸形蛮，也被称为野蛮，居地在寻传的西边。这种人造巢或穴，散居在山谷中，无君长，用木皮蔽形体。男少女多，妇女五人或十人共同养活一个丈夫，丈夫整天持弓守巢穴，妇人入山林采虫、

114

鱼、果、菜、螺、蚬等物。这类极原始的人群和文化比较高些的部落,南诏都收入版图,开辟道路,建置城邑,设立起统治机构,说是要"革之以衣冠,化之以礼义"(《德化碑》)。山林中人因此接触一些文明景象,增加一些生活常识,得益还是不小的。

七七八年,阁逻凤死,孙异牟寻嗣位。七七九年,南诏吐蕃合兵十万,分三路攻唐剑南,企图夺取成都。唐德宗派遣大将李晟、曲环率北方兵数千,联合当地唐兵,大破吐蕃南诏军,收复被吐蕃占去的维(四川理县)茂(四川茂县)二州,追击南诏军过大渡河。吐蕃南诏军死八九万人。吐蕃南诏二国所以一时称强,主要由于唐内乱不能兼顾边事,如果唐认真出兵,二国当然不是唐的敌手。二国战败后,吐蕃悔怒,南诏恐惧,双方关系开始发生变化,吐蕃改封南诏国王为日东王,取消"兄弟之国"的地位,要求确定君臣关系。

吐蕃在南诏征收重税,险要处设立营堡,还要南诏每年出兵助防。异牟寻感到依附吐蕃的害处。清平官郑回,本是唐西泸县令,阁逻凤破嶲州,郑回被俘。阁逻凤器重他有学问,赐号为蛮利,使教王室子弟读书,授权得责打生徒,因此威望很高,后来做清平官,甚得信任。郑回劝异牟寻说:唐朝有礼义,很少求索财物,不象吐蕃贪婪不知满足。如果归附唐朝,可免出兵助吐蕃战守,利莫大于此。异牟寻同意他的建议,暗中谋划,不敢公开反吐蕃。

（2）南诏附唐反吐蕃（七九三年——八三〇年）

唐剑南节度使韦皋是一个能干的地方长官。他知道南诏有意归唐，积极施加压力和劝诱，并且压倒吐蕃在南诏的势力。七九三年，异牟寻决定归唐，遣使者分三批到成都表示诚意，愿为唐作藩臣。七九四年，唐遣使者崔佐时到羊苴咩城，在点苍山会盟。盟辞大意是唐南诏各守疆界，不相侵犯，保持和好关系，南诏不与吐蕃私下交通。此次结盟，郑回是有力的促成者。他助唐朝达到孤立吐蕃的目的，也助南诏取得保境自立的权利，比依附吐蕃时大有改进。会盟后，异牟寻发兵袭击吐蕃，大破吐蕃军于神川（云南境内金沙江），取铁桥等十六城，得降众十余万人。征服施、顺、磨些等部，迁数万户充实弄栋镇。吐蕃倾全部兵力来攻剑南和南诏，八〇一年，韦皋与异牟寻合力，大破吐蕃军。南诏生擒吐蕃军统帅论莽热，大有俘获，向朝廷献论莽热。

南诏附唐，得唐助力，获前所未有的大胜利。此后，吐蕃衰弱，不再进攻，唐守盟誓，也无力出兵干涉，外面没有强邻，南诏才成为西南的强国。

八〇八年，异牟寻死，子寻阁劝立。寻阁劝自称骠信（国王称号）。八〇九年，寻阁劝死，子劝龙晟立。八一六年，弄栋节度使王嵯蒙嵯巅杀劝龙晟，拥立劝龙晟弟劝利。南诏自战胜吐蕃以来，节度使权力逐渐增大，杀国王就是武人权重的表现。劝龙晟即位时年仅十二岁,劝利仅十五岁,幼君相继在位,也是武人伸张权力的机会。武人得势不是起内乱就是开边衅,蒙嵯巅开始变保境自立为向外攻掠,此后南诏乘唐朝衰弱,经常攻入唐境,武人势力愈大,蒙氏王朝也就在强臣控制下归于灭亡。

(3)向外攻掠(八三〇年——九〇二年)

剑南节度使杜元颖是个贪婪昏庸的老官僚,边境上毫无防备。八二三年,劝利死,弟丰祐立。八三〇年,蒙嵯巅发动全国兵力,攻入成都,掳去子女百工数万人及财物无数。蒙嵯巅驱被俘民众到大渡河边,告民众说,河南岸就是南诏境,允许你们哭别你们的故乡故国。民众都痛哭,几千人跳水自杀,这次掳掠,自成都至越巂,八百里间人畜财物,荡然无存,蜀人说“西戎尚可,南蛮残我”。南诏继吐蕃之后,为唐边境大患,行为比吐蕃更贪残,因为南诏军只有一个抢掠的目的。蒙嵯巅怕唐出兵讨伐,送给吐蕃金帛及蜀俘二千人,谋合力抵御唐军。唐文宗准许南诏求和,立约互不相侵,又用李德裕为剑南节度使,整顿边防,训练士卒,防南诏再来攻掠。南诏获得大量工匠,从此手工业发达,与蜀地不相上下。吐蕃早在七七九年,与异牟寻合兵攻成都,企图俘获全部工匠送到逻娑城,现在得蜀俘二千人,也算是意外收获。痛苦无告的只是蜀地民众,无端被腐朽统治者断送,永远做两国的手工业奴隶。八三二年,南诏攻掠骠国,掳获三千余人,隶配拓东镇。

唐宣宗时,安南经略使李琢贪暴自私,虐待居民,南诏拓东节度使暗结某些部落,侵扰安南境。八五九年,丰祐死,子酋龙(也写作世隆)立。酋龙自称皇帝,改国号为大礼。勇将段宗牓杀摄政蒙嵯巅,南诏政权落入段氏手中。

八六○年,安南引南诏兵合三万余人,乘虚攻破唐安南交趾城。唐兵收复安南。八六一年,南诏兵攻破邕州,掳掠人口,原有居民,什不存一。八六二年,南诏又攻安南,见唐有备,引兵退去。不久,南诏兵合桃花、茫、裸形等部共五万人攻安南。八六三年,攻破交趾城。南诏两次破安南,唐人被杀被俘不下十五万。南诏使善阐节度使杨思缙率兵二万守安南,唐退守岭南。八六六年,唐安南都护高骈大破南诏军,杀三万余人,南诏败军逃走。唐懿宗命安南、邕州、西川诸军各保疆界,不得进攻南诏,又遣使去劝导说,南诏如愿恢复和约,唐一切不追问。当时唐朝已经全部腐朽,迫近崩溃,边境大小地方官无不贪暴昏懦,朝廷尽管说各守疆界,地方官依然为私利制造边衅。八六九年,南诏军入侵西川,攻破沿路州县。八七○年,围攻成都。直到八七五年,高骈为西川节度使,才驱逐南诏军过大渡河,收复所失州县。八八○年,唐宰相卢携等总结南诏的攻掠说,"自咸通(八六○年)以来,蛮(南诏)两陷安南、邕管,一入黔中,四犯西川,征兵运粮,天下疲弊,逾十五年,租赋太半不入京师,三使、内库由兹空竭,战士死于瘴厉,百姓困为盗贼,致中原榛杞,皆蛮故也"。从表面看,唐朝的加速崩溃,与南诏入侵确有关系,但招致南诏祸乱的根本原因却是唐朝的极度腐朽,这一点,卢携等人是不敢正视的。

八九七年,南诏皇帝法在善阐城被人杀死,子舜化立。九〇二年,舜化死,舜化的儿子不满一岁,权臣郑买嗣掌国政,杀舜化子,起兵杀蒙氏亲族八百人,灭南诏。

南诏自七三八年皮逻阁统一六诏起至九〇二年郑买嗣灭南诏,首尾凡一百六十五年。

南诏国王世系表

舍龙—细奴逻(六四九年——六七四年)—逻盛炎(在位年不明)—炎阁(在位年不明)—(弟)盛逻皮(在位年不明)—皮逻阁(唐赐名蒙归义,？——七四八年)—阁逻凤(七四八年——七七八年)—(孙)异牟寻(七七八年——八〇八年)—寻阁劝(八〇八年——八〇九年)—劝龙晟(八〇九年——八一六年)—(弟)劝利(八一六年——八二三年)—(弟)丰祐(八二三年——八五九年)—酋龙(世隆,八五九年——八七七年)—法(隆舜,八七七年——八九七年)—舜化(八九七年——九〇二年)

119

大长和国（九〇二年——九二八年）

郑买嗣又名旻（同昶），郑回的七世孙。郑回也叫王蛮利，王是爵号，他的子孙自然列入贵族，参与政治。隆舜时郑买嗣执掌政柄，舜化时为宰相，养成夺国的势力。灭南诏后改国号为大长和，其他制度不改。"长和"名称正反映当时贵族间争夺权利，很不和好。南诏战胜吐蕃，尤其是攻唐大有俘获，武人得势，拥兵自雄，向外攻掠转为内部互相争夺。自长和国至大理国，对内地朝廷采深闭固拒的态度，政治上很少有往来，更不敢有军事行动，原因是内部争夺剧烈，如果被内地朝廷干涉，弱小国家是无法对抗的。九六五年，宋将王全斌灭后蜀国，请乘胜攻云南，宋太祖正在集全力稳定内部，不敢进取，在地图上用玉斧画大渡河以西说，河外不是我的土地。云南与宋朝都因为内部欠稳，彼此隔绝了三百余年。

郑买嗣传位至孙郑隆亶时，东川节度使杨干贞杀郑隆亶，灭大长和国。

大长和国国王世系表

郑买嗣（九〇二年——？）一郑旻（？——九二六年）一郑隆亶（九二六年——九二八年）

大天兴国 大义宁国
(九二八年——九三七年)

杨干贞灭大长和国,拥立赵善政为骠信,国号大天兴,又名兴源国。九二九年,杨干贞废赵善政自立,改国号为大义宁。杨赵都是白蛮大姓,郑买嗣杀蒙氏亲族,乌蛮失势,白蛮人相继得国。九三七年,通海节度使段思平灭大义宁国。

大理国(九三七年——一二五三年)

段思平是白蛮贵族,《南诏德化碑》上列名首位的大臣段忠国(原名俭魏),就是段思平的六世祖。段氏自称先世是武威郡(凉州)人,段氏很可能是蛮化的汉人。杨干贞要杀害段思平,段思平得舅父爨判和友人高方素(赵善政旧臣)的保护,并向东方黑爨、松爨三十七部借兵,在石城(曲靖县)会师,以董迦罗为军师,攻入太和城,建立大理国。

三十七部多数是乌蛮,也有几部是瑶人。杨干贞灭郑氏,段思平灭杨氏,都依靠三十七部的助力。段思平得国,首先免除三十七部的徭役,立盟誓互保和好。

三十七部居地在滇池东、北、南三方，大理国疆域，与南诏略同，实际势力却局限在以洱海为中心的云南西部，不再象南诏那样敢于向外攻掠了。

大理国王位传至段连义时，臣杨义贞废段氏，自立为广安皇帝。四年后，段氏臣高智升遣子高升泰起东方兵（当即三十七部兵）灭杨氏，拥立段寿辉。一〇九九年（宋哲宗元符二年），段寿辉让位给高升泰。高升泰改国号为大中国。高升泰死，子高泰明又让位给段正淳，改国号为后理国。其时东方三十七部已独立，屡与后理国作战。高氏专权，国人称为高国主，波斯、昆仑等国商人来通商，都得先见国主。高氏退还王位，名义上不敢废段氏，大概与东方三十七部的反对高氏有关。一一一六年（宋徽宗政和三年），后理国王段和誉遣使来朝贡，宋徽宗封段和誉为大理国王。一一七三年，大理国遣使人李观音得等二十三人到邕州议通商。一二五三年，元宪宗命忽必烈率兵入云南，擒段兴智及高泰祥，灭大理国。云南与内地脱离以至隔绝，前后凡三百余年，唐宋两朝都无力改变这个局面，元朝消灭云南割据者，用兵顺利，没有遇到较大的抵抗，说明云南各族民众厌弃段氏高氏的割据，愿意与内地统一起来，因为提高了的经济和文化，更需要与内地联系，不允许统治阶级长期保持人为的分裂。

大理国自段思平至段兴智，凡二十二主，三百十七年。

七三八年南诏皮逻阁统一六诏至一二五三年大理国灭亡,凡五百十六年。

第二节　社会经济与文化

云南原是"群蛮种类多不可记"的各族聚居地。各族中经济和文化的水平,汉族最高,其次是白蛮,再其次是乌蛮,自此以下,文化程度极为参差,大抵吃生肉的寻传,多妻养夫的裸形,应属于最低的一类。比较高一些的部落,习俗也实在急待改革,例如黑齿、金齿、银齿三种,与人相见,用漆器或金、银器饰齿,表示礼貌。绣脚种,在小腿上刻花纹。绣面种,小儿生满月,在面上刻黑纹。雕题种,在面上和身上刻黑纹。穿鼻种,鼻上挂个大金环;酋长出行,使人用丝绳牵着金环在前面走。也有人用两支金钉,穿入鼻中,钉脚露在鼻孔外。长鬈种,额前作长髻,下垂过脐,走路时用物举着长髻;酋长要两个女人在前面举髻,才可行走。这种习俗,正反映他们所处社会发展阶段的落后性,文化较高的人看来,不免要发笑;同样,文化更高的人看较高的人的某些习俗,也不免要发笑。文化发展无止境,较落后的文化,总不免残留着若干可笑的故俗,关键在于择善而从,不断改革自己的故俗。可是,落后性与保守性总是紧密相结合,落后族总想保守故俗,以为故俗存在,等于本族存在。要求本族存在，完全是合理的，但因此安于落后状态，这就很不合理了。事实上，任何一个族，都是遵循着客观规律而存在或消失，不合理的要求，只能得到与愿望相反的后果。譬如水，一条小水流过一段路，不再往前流，太阳晒，沙土填，到后来，这条小水不见了，这是实在的消失。另外有许多小水，一直往前流，在不同的地点流入一条中等河里。这条中等河不保存原来诸小水的名称，而诸小水的水既然汇合成这条中等河，那末，中等河的名称，就成为诸小水的总称。许多中等河往前流，在不同的地点流入一条大河里，同样，这条大河的名称，就是许多中等河的总称。许多大河往前流，都流入大海里。大海不分别某部分水来自某大河，总而称之为海水。如果不拘泥于某些形式，心知其意地以水的譬喻来看一个族的消失或存在，很有相同处。落后不前进的族，到了一定时期，因为缺乏生存条件（社会愈前进，生存条件愈提高，落后族处境愈危险），逐渐由衰微以至消失，这种事例，历史上是常见的。前进中（进程有快有慢）的族，当然是大多数。它们从小族融合成中等族，再从中等族融合成大族，后来似乎只剩下一个大族，许多小族、中等族消失了，实际恰恰相反，不是消失而是发展成为大族了。现在世界上有许多民族，随着社会的高度发展，到共产主义社会，若干世纪后，诸民族都要归于消失，融合而成一个人类总体。那时候不再有人种特征和民族特征等区别，

124

好比诸大河流入大海,清水浊水淡水都变成海水,不是消失而是诸大河总融合了。

诸族融合的规律,人数少的族往往融合于人数多的族,但不算是最主要的规律。最主要的规律是经济文化低的族融合于经济文化高的族。因为水总是向低处流,社会却总是向高处走,没有一种力量能够长久遏阻这个趋势。社会在前进,前进的族列在前面,列在后面的族自然要追上去,企图阻止在后面的向前,强迫在前面的退后,都是反规律的,做这种愚蠢事的人一定是统治者而不是劳动民众,因之,前进势力终究会战胜保守势力,推动社会向高处走。到了没有高低和其他的区别,区别反而障碍再前进的时候,就会自然而然地融合在一起,这是人力不能阻止也不能强迫的社会趋势。

南诏立国,起着促成云南各族融合的作用。白蛮的经济文化水平,比汉族以外各族都高。南诏是以白蛮为主体的弱小国家,它受到唐和吐蕃的威胁,必须开发经济,补充人力,才能自立,因此,住在深山穷谷中的落后部落和原始人群,都被它寻找出来,作为国家的组成部分。《南诏德化碑》说"爰有寻传,畴壤沃饶,人物殷凑。……开辟以来,声教所不及;羲皇之后,兵甲所不加。诏(王)欲革之以衣冠,化之以礼义。十一年(七六二年)冬,亲与寮佐,兼总师徒,刊木通道,结舟为梁,耀以威武,喻以文辞,款降者抚慰安居,抵捍者系颈盈贯,矜愚解缚,择胜置城。裸形不讨自来,祁鲜望风而至"。

这段话的实质就是南诏用政治军事力量，打破闭塞状态，使原始居民接受统治，尽管政治是为了剥削，军事是为了征服，按社会趋势来说，终究是有进步意义的。

南诏立国的武力依靠白蛮贵族和自由民，因之经济上有特殊的待遇。南诏采用唐均田制，按户授田。田五亩称一双。高级官授田四十双(二顷)。上等户授田三十双。中户下户各依次减授，当是中等户授田二十双，下等户授田十双。凡受田的户，不分贵贱都亲自耕作，不役使别户。受田户每年纳税米二斗。一年收一次的田不纳税米，收两次的田才纳税。受田户所有丁壮都服兵役，自备武器衣装。八三〇年以前，南诏保境自守，战争较少，自由民赋税和兵役都不感沉重，南诏国家也就得到巩固。

南诏国赋税的来源，主要是剥削种官田的"佃人"。《蛮书》说，南诏修治山田很精好，城镇长官派出官员到当地监守催促，使"佃人"耕作。这种用"佃人"耕作的田，往往接连至三十里。收获完毕，监守官按"佃人"家口数目，发给口粮，其余全部归官。"佃人"除得到口粮以外，一无所有，显然是一种农业奴隶。

南诏耕田用二牛三夫。一夫牵牛，一夫按犁辕，一夫操犁。耕田必须有三个人，又受田户不相役使，这就需要使用奴隶来进行生产。官田是用奴隶的，高级官上等户所受田，也要用奴隶，中等户下等户劳动力不足时，自然也希望获得奴隶。南诏向外攻掠，经常掳获大批人口回国,国内奴隶买卖盛行,有理由说南诏是封建制奴隶制并存、奴隶制占较大比重的国家。大理国停止向外攻掠,奴隶来源减少,应是封建制占较大比重的国家。

南诏文化显示着向汉文化看齐的趋势,也就是逐渐革除白蛮故俗,完全接受较高级的汉文化。阁逻凤认郑回为淳儒,使教子弟读书。郑回所授书自然是儒家经典。异牟寻与唐朝恢复和好,唐西川节度使韦皋允许南诏派遣贵族子弟轮流到成都就学,前后相沿五十年,学成回国的人数至少有好几百。唐宣宗说要节省费用,拒绝收受南诏学生。南诏表示不满,来信说:"一人有庆,方当万国而来朝;四海为家,岂计十人(学生名额)之有费"。此后南诏停止入贡,并骚扰边境,要

南诏德化碑(拓本)

求继续就学。高骈《回云南牒》里说，"传周公之礼乐，习孔子之诗书，片言既知，大恩合报"；牛丛《报（答）坦绰（首相）书》里也说"赐孔子之诗书，颁周公之礼乐，数年之后，蔼有华风。……岂期后嗣，罔效忠诚……遂令凶丑，肆害生灵"。南诏国人深爱汉文化，尽量吸取，在文化交流的一方——唐朝，因南诏攻掠唐境，两国政治上交恶，竟采取谬误措施，停止交流的进行。文化交流，上层人士往往起媒介作用，但主要的意义在于两国民众间得以友好互助。政治交恶，总是出于两国统治者间，与民众无涉。唐君臣损害南诏民众的利益作为对南诏统治者的报复手段，甚至要求报"大恩"，当然不会发生任何效果，内地与云南经济文化上的联系，却长时期被两地统治者割断了。

两宋时，朝廷对大理国仍采取消极态度，大理国对内地却有恢复经济文化上联系的要求。一一一三年（宋徽宗政和三年），大理国请入贡。一一一六年，大理国进奉使李紫琮等来朝，路过鼎州（湖南常德县），到学宫拜宣圣（孔子）像，与诸生相见。李紫琮到京师，贡马及麝香等物，宋封段和誉为大理国王。一一三三年（宋高宗绍兴三年），广西奏称大理国求入贡及卖马。宋高宗说，入贡就是求通商，可勿许，马匹供军用，可给价收买。一一七三年（宋孝宗乾道九年），有大理人李观音得、董六斤黑、张般若师等二十三人来邕州议马匹贸易，给宋官文书，要求购买《文选五臣注》、《五经广注》、

云南大理崇圣寺南诏千寻塔

《春秋后语》、《三史》加注、《都大本草广注》、《五藏论》、《大般若十六会序》及《初学记》、《张孟押韵》、《切韵》、《玉篇》、《集圣历》、《百家书》等书籍，又要浮梁（江西景德镇）瓷器、琉璃碗及紫檀、沉香木、甘草、石决明、井泉石、蜜陀僧、香蛤、海蛤等药物。文书后边有附记说"古文有云，察音者不留声，观行者不识辞，知己之人，幸逢相谒，言音未同，情虑相契。吾闻夫子云，'君子和而不同，小人同而不和'，今两国之人不期而会者，岂不习夫子之言哉。续继短章，伏乞斧伐"。短章中有"言音未会意相和，远隔江山万里多"等句。从李观音得文书里表现，大埋人除方音及人名用三个字与内地人不同，其余无异于内地人。段氏自称祖先本是汉人，段氏立大理国，愈益推行汉文化，是很自然的。大抵南宋时，白蛮文化已经提高到汉族的水平。乌蛮和落后部落，受白蛮文化的影响，也都有不同程度的提高。自一二五三年元灭大理国以后，汉人和白蛮以及文化较高的各蛮部，加速了融合过程，《新唐书·南蛮传》所载以落后习俗为称号的部落，许多不再见于记载，说明这些部落脱离故俗，文化上升到较高水平了。

简 短 的 结 论

云南地区原先居住着被称为蛮族的许多部落。在滇池和洱海周围的居民，被称为白蛮，他们经济文化都比较先进，接近汉族的水平。被称为乌蛮的人，居住在山地，以畜牧为业，文化远不及白蛮。此外，还有许多落后部落，甚至还有原始人群。白蛮乌蛮人口较多，是主要的居民，尤其是白蛮，有资格代表蛮族社会。

战国时，楚威王派遣将军庄蹻率兵进入云南地区。庄蹻因归路断绝，以滇池为中心，建立起地方数千里的滇国，子孙相继为滇王。楚人与当地居民融合，形成为白蛮，是很有可能的。汉武帝灭滇国，置益州郡。此后，历朝增设郡县，汉族人逐渐增加，汉文化影响也随而扩大。内地有变乱，流民逃来避难，或朝廷统治力衰弱（如梁末撤退地方官），汉族人失势，都会融合到白蛮里去。白蛮的生产技术和语言文字与汉族相同或相似，并自称本是华人，足见两族关系非常密切。

居住在洱海周围的白蛮，有六个大部落。部落酋长号称诏，因而有六诏的名称，蒙舍诏地在南方，也称为南诏。唐太宗时，蒙舍酋长张乐进求让位给蒙细奴逻，南诏开始强大起来。细奴逻的父亲舍龙是哀牢山乌蛮，避仇到南诏，耕地谋生，张乐进求让位给流寓的农家子，想见当时阶级的区别并不严格，乌蛮白蛮的界限也并不显著。

吐蕃势力进入洱海地区，征服五诏。南诏始终附唐，因而得到唐的支持。唐玄宗封南诏皮逻阁为云南王，帮助南诏兼并五诏，成立统一洱海地区的南诏国。

唐助南诏统一，是要南诏有力地牵制吐蕃的兵力。南诏统一后，是要扩大领土到滇池地区，建立起大白蛮国。这一计划遭到唐朝的阻挠，唐与南诏发生了矛盾，但南诏对唐仍保持朝贡关系。

天宝年间，唐朝廷已经腐朽不堪，自以为强大无敌，对南诏进行难以容忍的压迫。七五〇年（天宝九载），南诏阁逻凤被迫起兵反唐，依附吐蕃，大大加强了吐蕃侵唐的力量。

阁逻凤兼并滇池地区，迁徙当地白蛮二十余万户到永昌，让居住在东方的乌蛮迁徙到白蛮故地。乌蛮从畜牧改进为农业部落，文化水平逐渐提高，与白蛮文化相接近。蛮族社会发生这个大变化，意义是巨大的。

南诏本身贫弱，介在唐、吐蕃两大国间，必须依附一个大国。附唐利多害少，附吐蕃利少害多，南诏自然愿意附唐。安史乱后，唐困于内战，无意争取南诏来归，南诏附吐蕃四十余年，成为唐西南方的一个敌国。唐德宗时，南诏想摆脱吐蕃的压迫，又由于唐的争取，南诏转附唐朝，成为吐蕃东南方的一个强敌。南诏利用自己的中间地位，附唐后，拒绝唐势力伸入国内，除朝贡外，完全保持政治上的独立。

南诏附唐将近四十年，在唐援助下，大破吐蕃军，国力可称极盛，但衰亡的征兆也在这时候开始。南诏击吐蕃获胜，藩镇权力逐渐增大，王室失去控制力，后来反被强藩控制了。武人得势，乘唐朝衰弱，八三〇年

132

以后，积极进攻唐境，唐损失巨大。南诏出兵攻掠加速了唐朝的崩溃，也加剧了本国内部的分裂。九〇二年，权臣郑买嗣灭蒙氏王朝，南诏国亡。

南诏亡后，国内常起变乱，国号屡改。九三七年，段思平成立大理国，形势才较为稳定。原因是乌蛮三十七部占有滇池地区，白蛮为保全自身，内部争夺多少有些限制。

南诏是封建制奴隶制并存、奴隶制占较大比重的落后国家，尤其是八三〇年以后，掳掠大量唐人，愈益增加了奴隶制成分。但在另一方面，云南境内落后的和非常落后的许多蛮部，都被它搜寻出来，迫使接受统治，在经济和文化上获得不同程度的提高。尽管这种统治带着残暴性，从社会发展的观点看来，却也含有进步意义，不容否认它对蛮族社会的贡献。

白蛮文化基本上就是汉文化，到段氏王朝时，已经无甚区别。一二五三年，元朝灭大理国，云南和内地合并成一体，很大部分白蛮和汉族也融合成一体。

第 七 章

唐五代的文化概况

第一节　佛教各宗派

相传释迦牟尼生在公元前五六五年，死在公元前四八六年，活了约八十年，大致与孔子同时。

当时天竺社会已处在奴隶制衰落时期，大大小小的奴隶主（第二级种姓，称为刹帝利，即田主和武士），割据土地，互相杀掠，不仅最低级种姓首陀罗（贱民、农人）痛苦难堪，就是那些较弱小的邦君城主（第二级种姓，田主王种），在强凌弱、众暴寡的环境中，也担心危亡，惴惴不知所以自保。社会地位最高的婆罗门种姓，以宗教为专职，虔修出世法。修行法多至九十六种，即所谓九十六种"外道"。其中有若干种苦行"外道"，采取自饿、投渊、赴火、自坠、寂默、持鸡狗戒（"鸡戒外道"学鸡，常以一足孤立、"狗戒外道"学狗吃人粪）等修行法，自谓可以得到解脱。苦行在天竺很流行，这正反映天竺社会黑暗无光，苦难深重，有些统治阶级中人也宁愿放弃现有的优越生活，幻想可能修得清静的安乐世界。

释迦牟尼是尼波罗南境一个小城主所谓净饭王的儿子，童年时受婆罗门教育，兼习武艺，二十九岁出家求道。他厌世的原因，佛书都说是因为看到生老病死诸苦相，决心出家求解脱诸苦的方法。除了这些原因，天竺上层社会的黑暗不安，相互杀伐，也应是厌世的一个原因。他出家与苦行外道同修苦行六年，毫无所得，于是在菩提树下独坐冥想，经过若干昼夜，忽然觉得自己已经成就了无上正觉，即所谓成佛。佛的意思就是觉悟，觉悟了人生的究竟，解决了生死的问题，不管这种觉悟的内容是什么，归根只是唯心主义哲学的一种。因为是唯心主义，所以不要任何事实作依据，只要能想到什么，就说出什么，后来僧徒们谎话愈说愈大，愈说愈多，愈说愈奇，佛的神通也愈说愈广大无边，愈不可思议。任何一家宗教奉为最高之神的不过是天主、上帝之类，佛教说天有三十三，中央最尊的天名忉（音刀dāo）利天，忉利天主名帝释，只是佛的一个小徒弟，佛出行时，他得在前面开路。各宗教中说谎话技术最高胆最大的无过于佛教。唐时僧徒法琳作《破邪论》，说，将孔、老二家比佛，那就差得远了。因为孔、老说教，都是效法天，不敢违天，佛说教却是诸天奉行佛教，不敢违佛，显然孔、老不可比佛。佛经里谎话连篇，任何一部佛经决不可用认真的态度对待它，只能当作一种戏论加

135

以唾弃。如果堕入大骗局，主观上想作个虔诚守戒律的佛教徒，客观上却是宣扬戏论蠹国殃民的大害虫。

释迦牟尼在独坐冥想中所获得的无上正觉，就是所谓苦、集、灭、道的四圣谛，或简称四谛。婆罗门教一向坚信神不灭论，以为人的灵魂从无始以来就存在着，按照人一生行为的善恶，死后定要受各种报应。现在一生所受的祸福，即是前一生的业报。苦行外道想在现生种苦因，在来生受福报。释迦牟尼开始也修苦行，后来认为苦因并不能产生福报，别求解脱法，那就是所谓四圣谛。神不灭、因果报应是佛教与婆罗门教的共同基础，唐玄奘说"九十六（外）道，并欲超生，师承有滞，致沦诸有"，这说明佛教与九十六外道目的都是想超脱生死，只是传授各有师承，修行法有些不同。佛教的根本教理是四圣谛，首先肯定人的一生沉溺在苦海中，没有丝毫乐处，即使有乐处，也是极暂时的。对不灭的神（灵魂）说来，由于无明（贪、瞋、痴总称为无明，也称为三毒，贪欲尤为诸苦之根本，称为苦本）的缘故，灵魂或出生为人或为畜生或为饿鬼或入地狱，从无始以来，在生死苦海中流转不息。与短促的一生同样，是没有丝毫乐处的。《中阿含经》说，佛告诸比丘：众生无始生死长夜轮转，不知苦之本际，无有一处不生不死者，亦无有一处无父母兄弟妻子眷属宗亲师长者（畜生饿鬼地狱中也有这种关系）。譬如大雨滴泡一生一灭。照这样说，灵魂本身，永远不会消灭，只要从因果报应中解脱出来，也就是从轮回里跳出来，那就长生永存了。佛教最怕神灭论，神灭论如占优势，持神不灭论的佛教就自然全部崩溃。因为它依靠神不灭论来威吓人也用来诱人信教。

佛教要人厌恶人世，把人生之苦说得无以复加，《正法念经》说人生有十六苦，《五王经》减了一半，还剩有八苦。佛为五王说法云，人生在世，常有无量众苦切身，今粗为汝等略说八苦。八苦中第一是生苦，何谓生苦，说是人死之时，不知精神趣向何道，未得生处，普受中阴之形（此生已完毕，后生未开始，中间阶段所受之形，称为中阴，俱舍宗认为有中阴，成实宗认为无中阴，大乘宗认为有无不定，极善极恶之人无中阴，死后立受果报，其余的人都有中阴。大小乘各说，全是凭空瞎揣，毫无根据，佛教说话，大体如此），到三七日父母和合，便来受胎，一七日如薄酪，二七日如稠酪，三七日如凝酥，四七日如肉团，五七日肉疱成就，巧风入腹吹其身体，六情（眼耳鼻舌身意）开张，在母腹中生藏之下熟藏之上，母啖一杯热食，灌其身体如入镬汤，母饮一杯冷水，亦如寒冰切身，母饱之时，迫迮身体痛不可言，母饥之时，腹中了了，亦如倒悬，受苦无量。至其满月欲生之时，头向产门，剧如两石峡山，欲生之时，母危父怖，生堕草上，身体细软，草触其身如履刀剑，忽然失声大呼。此是苦否？诸人咸言，此是大苦。不管释迦牟尼是否说了这番话，谁也不能相信这是认真的说话，因为从来没有人能够回忆起处母胎时的苦乐，佛岂能独知，把母胎描写成地狱，无非想说明人生一开始就不离苦趣。佛为教人厌弃身世，《四分律》中记这样一段故事：说是佛在婆求园教诸比丘修不净观，诸比丘修习既久，极端厌恶生活，难受得象毒蛇缠在颈上，有些比丘发愿求死，或用刀自杀，或服毒药，或互相杀害，有一比丘向名叫鹿杖梵志的婆罗门外道请求说，请你杀死我，我送给你衣钵，外道即举刀杀死比丘。有人称赞外道说，很好很好，你得大福了！既度脱沙门，又得到他们的财物。外道接连杀死请求杀身的六十个比丘。半个月后，佛升座为众人讲戒律，不见了许多听众，问阿难，才知道修不净观发生流弊，改令诸比丘修特胜观。所谓特胜观，就是数息观，数呼吸次数，借以停止心想散乱。佛亲自任教师，由于教法错误，六七十人因此惨死，被称为无限神通的佛并不知道眼前已经发生的事情，阿难等大弟子熟视无睹，不看作流弊，佛不问就不说。如果几个月不升座，大概学生要死去大半，佛教设教的根本目的在于灭绝，特别强调苦谛，以便信徒们乐于接受灭谛。修不净观虽然发生流弊，但与教义并无乖背，只要改修个什么观，就算纠正错误，枉死的六七十人是受骗者，也是虔诚的宗教信仰者。凡是虔诚的信仰者，一定是受骗者，受骗的浅深与信仰的浅深是一致的。宗教信仰者受骗既深，为了妄想获得善报，可以死而无悔或至死不悟。

第二是集谛，所谓集，就是推究致苦的原因。以为业是苦的正因，烦恼是苦的助因。业有身业、语业、意业三种，烦恼有贪、瞋、痴、慢、疑、见六种，见又分己身见（有我见）、边执见（执一边）、邪见（否认因果）、见取见（自以为是）、戒禁取见（以戒禁为生死解脱之真因）、五见加贪瞋等共十种，都是烦恼之根本。由业与烦恼产生出无数苦果，如果断绝业与烦恼，苦果自然随而断绝，修行者也就无障无缚，从轮回中解脱出来，达到清凉安住之地位，这叫做灭谛。

佛教修行，以涅槃为终极目的。所谓涅槃，译义为灭、灭度、寂灭、圆寂、不生、无为、安乐、解脱等等，实际只是死的化名（化名多至六七十个）。佛教思想是最脆弱、最怯懦的人的思想，它把人生看作全部大苦，编造出生苦老苦病苦等所谓八苦，生苦全出于空想，病苦老苦正反映天竺文化的落后，它不敢从改进医术，与病、老作斗争方面着想（在这一点上，道教固然妖妄，但还企图和自然作斗争），却在自然现象前面，消极悲观，表示屈服，完全不敢有对抗的想法，专心在死字上做功夫，希望死后解脱轮回之苦，永远无为和安乐。爱无为的是懒惰人，爱安乐的是贪私人，佛教基础建立在统治阶级的懒惰贪欲自私等卑劣心理上面，统治阶级始终不会改变这种心理，佛教也就总是有所依靠。人之所以是人，而不是寄生虫，因为能够进行生产斗争和阶级斗争，推动社会不断前进，佛教极端贱视劳动生产，并专替统治阶级消除民众的阶级斗争,大批僧众不耕而食,不织而衣,不营造而居大寺庙,实在是一群蠹国病民的寄生动物。《易经·系辞》说,"天地之大德曰生",佛教以涅槃为无上妙境,等于说"天地之大德曰死"(佛教认身体为"毒器",死是解脱)。天竺幼年僧人(沙弥)写信,署名处自称求寂某某,即求死人某某。这真是极端偏僻的怪思想。《系辞》又说"富有之谓大业,日新之谓盛德,生生之谓易(变化)",社会富有日新,并且生生不息,才是发展的气象,佛教提倡不事生产,等待涅槃,其后果正如唐傅奕所说"入家破家,入国破国",也可以说入族灭族,佛教思想与汉族人传统的文化思想正正相反。但是佛教从西汉末传入中国以后,影响一直在扩大,隋唐两朝发达到最高度。主要原因不外是它有一整套叫做因果报应的骗术,利用当时创造了巨大财富的被剥削阶级仍然贫苦无告,和统治阶级为了巩固其统治地位、需要麻痹人民的反抗意志,而他们自己又有懒惰、贪欲、自私等心理,骗术获得广泛的销路。

第四是道谛。所谓道,就是达到涅槃的道,佛说"心不着欲乐境,又不以不正思维苦身(例如修不净观发生流弊),离此苦乐两端而行中道乃得解脱"。中道的意思是教人不要爱死,也不要怕死,要死时就死,任其自然。佛学是研究死的学问,佛经中讲这种死道理的话多得很,全是空谈,全无事实根据,言语支离,措辞琐碎。反正没有人需要什么死道理,这一部分讲死道理的佛经被消灭，是毫不足惜的。

释迦牟尼在菩提树下忽然觉悟的所谓无上正觉，主要就是这个四谛。苦灭（苦灭二字可概括全部佛学）二谛，尤为重要，人生极苦，涅槃最乐，是佛教的中心思想，释迦在世时给徒众们讲的无非是这些道理。四谛的根本出发点是贪欲，认为一人已得的生命和享受，都是无常不能长保，已得的不能长保，固然是苦，未得的不能取得当然更苦。因为无论出家和在家人都有贪欲，都希望寿命能延长，享受能增进，脱离轮回，实际就是本人得永久保持自己的灵魂，不会因转生为别一人或转生为畜生而迷失本性，虽不如道教神仙仍有酒色之乐，但处在涅槃中的灵魂安静永生。据说，得个阿罗汉果，便不再受生死果报，并有受人天供养的权利，很多人出家做僧徒，目的就在贪得这个权利。富贵人在家纵情享受，只要分出一部分赃物施给佛寺，赃物就叫做净财，得极大的福报。佛经悬有赏格：《上品大戒经校量功德品》云"施佛塔庙，得千倍报；布施沙门，得百倍报"。至于赃物从迫害千百穷人得来，僧徒是不管的。《智慧本愿本戒上品经》悬出骇人的高价，可谓贪贪相骗，贪鄙已极。照这个经说"施散佛僧中食塔寺一钱以上，皆二万四千倍报。功多（施钱多）报多，世世贤明，玩好不绝，七祖（本身以前的七辈祖宗）皆得入无量佛国。"报酬如此优厚，未免骗得使人不敢置信，贪人却看到报酬高，不惜分出一部分赃物来交换。凡是佛教

141

大行的结果，一定贪风大盛，政治极坏，民众极苦。统治阶级做尽坏事，只要向佛忏悔布施，都可以得到佛的保佑，精神上觉得有恃无恐，做坏事愈益肆无忌惮。佛教对被压迫阶级说来，确实是莫大的祸害。

四谛以外，还有几条重要训条：第一是忍辱无争。第二是慈悲平等。佛经强调忍辱，教人忍受各种凌辱迫害，以及饥饿穷苦，心中不生怨恨，释迦自称前世曾作忍辱仙，修忍辱法，毫无怨恨地让国王支解自己的身体。这不是要被压迫阶级忍受任何苦痛象绵羊那样让统治阶级宰割么？多么荒谬恶毒的说教！无争与忍辱相似，也是要被压迫者忍辱，不与压迫者争斗。在具体行事中，如果有人妨碍佛教徒的寄生虫生活时，佛教徒以护法保教为名，完全不顾忍辱无争的训条，争斗异常猛烈。举个例来看，唐初傅奕反对佛教，说"佛之经教，妄说罪福，军民逃役，剃发隐中，不事二亲，专行十恶。……请胡佛邪教，退还天竺，凡是沙门，放归桑梓，令逃课之党，普乐输租，避役之曹，恒忻效力。勿度小秃，长揖国家"（僧徒不拜帝王）。僧徒法琳出头力争，说傅奕叫佛为胡鬼，僧徒为秃丁，此辱不可忍。他怒骂傅奕说"邪见竖子，无角畜生，凤结豺心，又怀虿（音chài）毒，无丝发之善，负山岳之差，长恶不悛，老而弥笃，乃以生盲之虑，忖度圣尊，何异尺鷃之笑大鹏，井蛙不信沧海，可谓阐提（下愚）逆种，地狱罪人"。傅奕的议论有益于国计民生，却触犯了寄生动物的利益，什么"无角畜生"、"阐提逆种"等凶恶语句,任情放出来,一丝一毫的忍辱无争都忘掉了。可见佛教训条专为骗民众而设,并不约束佛教徒本身。所谓慈悲平等,同样是一套骗术。佛经叙述地狱中的各种暴虐刑罚,说明佛教思想极端凶残极端野蛮。如果思想不是那样惨毒,不可能设想出这许多惨刑来。天竺当时还大量保存着奴隶制度,地狱中种种惨刑,在天竺现实社会里是有事实根据的。慈悲往往表现为禁屠宰、禁渔猎、修放生池等,对动物表示慈悲,至于屠夫渔人猎户的生计,是不在意中的。因为这些人死后都得入地狱受罚。佛教所谓大慈大悲,实际只是让猛兽害虫生长无阻,自由害人。佛教看农民是地狱的候补人,一切被压迫被虐待的穷苦人,都是前生作业,现世受报的罪人,所以对劳苦群众不会发生丝毫同情心。举佛教对首陀罗的态度,可以看出佛教只有残忍并无慈悲。首陀罗是所谓贱种,专业农耕。耕地必伤虫蚁,因伤生过多,首陀罗死后必堕地狱受恶报。僧家田地租给首陀罗耕作,僧家六分抽一(粮食),或三分抽一(蔬菜),其余诸事一概不闻,如此,杀生之罪全由首陀罗负责,僧众吃租米,是依法食用,不生其罪(见唐僧义净《南海寄归内法传》)。让首陀罗入地狱,自己坐食租米,替首陀罗分一点罪过是决不可以的,这就是佛教的所谓慈悲。说到平等,承认首陀罗也有佛性,这似乎含有一些平等意义,但又说一切有情(动物)都有佛性,等于承认畜生与首陀罗平等,因为首陀罗杀生害命，死后当入地狱，变畜生还是较好的出路。佛教重商人，贱视劳动生产者，戒律禁止耕地和养蚕，以为未来生中，当受苦无极。又贱视妇女，肯定不得成佛，要成佛先得转男身。僧律二百五十条，尼律加倍有五百条。僧受戒时，律师叫他洗浴，暗中察看是否是黄门（无男根的人），黄门是不能和男人平等的。佛教如此贱视农人和女人，还有什么平等可说。

释迦牟尼在世时，以四谛、忍辱无争、慈悲平等等训条宣扬佛教，收得不少徒众。他住在摩揭陀国首府王舍城的竹林精舍传道，王舍城中归佛出家的人渐多，寡妇孤儿渐增，从事生产的人渐少。由释迦牟尼领头，一群僧人按时向各家讨饭吃，王舍城出现一大批寄生动物，当地居民对佛大为不满。释迦的儿子和旧妻都出家学道，他的父亲净饭王在家修道，国家衰乱，为附近小国室罗伐悉底国的毗卢择迦王所灭。室罗伐悉底国太子名逝多，建祇园精舍，使释迦牟尼率徒众居住。灭国之仇，佛既出家，可以解释为不复留意，但《仁王护国经》说，"佛告波斯匿王，一切国土安立，万姓快乐，皆由般若波罗蜜"（信奉佛法），不论大小国土中，如有灾难，"一切国王为是难故，讲读般若，七难即灭，七福即生，万姓安乐，帝王欢喜。若未来世国王护持三宝（佛、法、僧）者，我使五大力菩萨往护其国，一名金刚吼菩萨，手持千宝相轮（轮是一种武器），二名龙王吼菩萨，手持金轮灯，三名无畏十力吼菩萨，手持金刚杵，四名雷电吼

144

菩萨，五名无量力吼菩萨。"释迦牟尼对自己奉教的老父，亡国时毫无拯救的方法，反接受室罗伐悉底国太子的祇园精舍，受太子的保护，所谓未来世国王有难，他会使什么大力菩萨拿着武器去保护，这不是扯谎是什么！全部佛经都是诸如此类的扯谎，信奉它可以得亡国之祸，净饭王就是因信佛亡国的。室罗伐悉底国后来也是因信佛亡国的。

佛教强调因果报应，用以解释阶级的不平等、富贵贫贱相差悬殊的原因，对统治阶级非常有利，因而获得统治者的保护和推广。加以谎话连篇，无处不是谎话大话，胁人以地狱无穷尽之苦，诱人以富贵千万倍之报，被压迫人民不免受骗，而特别有贪心的人，更不免堕入术中，受骗至死而不能自拔，成为虔诚的不是存心骗人而实际是骗子的佛教徒。佛在世时，已有上千的信徒，因为佛所说诸法全是唯心主义的空谈，根本无事实可寻，佛死后，以大迦叶为首的五百徒众，诵出各人所闻，规定为佛说，以富娄耶为首的五百徒众，也定自己所闻诸法为佛说，佛徒开始有宗派分裂的趋势。在天竺割据盛行的社会里，佛教闹宗派分裂是很自然的事，因信徒中闹宗派，佛徒渐分为上座（流为小乘部）大众（流为大乘部）两部，所谓上座，指名位都高，固守旧说的一群人，所谓大众，指名位都低，想修改旧说的一群人。大约佛死后百余年，上座大众两部大决裂，大众部首领名大天，据《婆沙论》所记，大天是商人的儿子，商人远出经商，久不归来，大天长大，与母通奸。后来商人回家，大天设计杀父，与母同逃到波吒厘子，遇见曾经供养过的罗汉，恐被告发，又设计杀罗汉。后来母又与别人私通，大天发怒杀母。大天自知有罪，听说佛教有灭罪法，投鸡园寺出家受戒。照《出家功德经》说"度一人出家，胜起宝塔至于梵天"（极高的塔），大概大天的禽兽行为，一出家就算免罪了。《婆沙论》又写了大天对徒众所说若干新见解，其中一条是"但有智人能说诸法亦得造经，汝等若欲作者可随意作"。固执旧法的长老们听了这些大胆的创议，群起诃责，认为"汝言非佛教"，双方进行一场大争论，大天得多数人拥护，终于获胜。佛教中所谓大乘派，很可能是经大天提倡，逐渐发展起来，压倒小乘派。实际上小乘经比较接近释迦牟尼说教的原意，大乘经多是外道思想与佛教思想融合而成，马鸣、龙树等造大乘经论的佛学大师，原来都是著名的外道，他们托佛名义造大乘经，又造论作解释，既有能力造论，当然也能造经，作伪说谎本是天竺佛教徒的惯技，小乘派人说大乘经都是外道所造，这个说法是有一定理由的。

　　大天通母杀父，是不是真是那样的一个禽兽，未可全信。《婆沙论》出小乘人之手，据说在天竺，小乘人不同大乘人饮同一条河的水，双方有不共戴天之仇，造最恶毒的谣言来中伤大天，本是意中事。佛教徒不论天竺人或中国人，都爱造男女阴私事，企图使对方禽兽化，

146

用心极为卑劣。例如傅奕反佛，《广弘明集》给傅奕造谣说，傅奕贫贱，先作道士，投僧借贷，僧不肯借，心怀愤恨。唐初来长安，投道士王𡷈（音亏kuī）。王𡷈怜其饥寒，留居私宅，待以上宾之礼。三几天内，傅奕便霸占王𡷈妻，公然不避人目。王𡷈兄子为僧，见到私情，告诉王𡷈。王𡷈不信，说，傅奕贫士，我收留在宅，敢做这等事么？王𡷈回家一看，果然如此，忍气退归道观。傅奕霸占王妻，王𡷈为什么忍气相让，显然出于僧徒捏造。唐武宗灭佛，僧徒也造类似的谣言。日本僧圆仁《入唐求法巡礼行记》说，唐武宗毒死唐宪宗后郭氏，又唐穆宗后萧氏貌美，唐武宗想取为妃妾，萧氏不从，被唐武宗射死。郭萧二后死在唐宣宗时，《新唐书》、《旧唐书》都说唐武宗对郭萧二后敬重有礼。这些恶话圆仁未必自造，当是从唐僧徒中听来。僧徒只知道兴佛教，能使寄生动物生活舒适的人就是好人，施舍的钱，都称为“净财”，任何暴君和民贼都加以赞扬，反之，一概造谣辱骂。这种造谣恶习，都从佛经里学得，因为佛经就是惯于造谣说谎。

谎话不可能有确实的是非，也不可能有统一的理解，传教僧徒又各闹宗派，企图独立称雄，一颂一偈解释不同，便分立门户。因之上座部逐渐分裂成二十部，大众部分裂成十部。上座部主要派别是说一切有部。此部承认客观实物的存在，认为三世实有，法体恒有，不过，我是空的，所以此部亦名我空法有宗。此宗持说知、断、修、证等四事，即应知世界存在全是苦恼，应断绝苦恼的业因与烦恼缘，应证得断绝诸苦因所显的涅槃，应修到达涅槃的道。这里所说知断修证，实即苦集灭道四谛的异名。公元前三世纪中，有阿育王信奉佛教，供养僧徒，外道穷乏，剃须发改服装，混入僧众，但仍各持原来的外道主张，佛教因而大乱，阿育王集名僧一千人结集，承认若干说法为佛说，大乘佛教由此渐兴。小乘教说一切有，大乘教徒造佛说《般若》等经，主张一切空来反对一切有。

小乘佛教还保持释迦牟尼的遗教，只要断绝苦因，入涅槃境，就算达到目的。大乘佛教是外道与佛教的混合体，大话诳话比小乘佛教增加无数倍，自称本身解脱是小事，要度尽一切有情（所有动物），使皆成佛，自己才由菩萨位进入佛位。比如所谓地藏菩萨，据《地藏本愿功德经》说，地藏菩萨是释迦既灭以后，弥勒未生以前（中间相隔五十七亿六百万年），众生赖以救苦的大悲菩萨，他自誓必尽度六道（地狱、饿鬼、畜生、阿修罗、人间、天上）众生，始愿成佛。他现身于人天地狱之中，以救苦难。这个大话真是说得可谓大矣。所有大乘教徒都说这样的大话，藐视小乘只求自利，最高不过得阿罗汉果。自己是以利他为宗旨的，可得菩萨果以至得佛果。所以大乘教对社会危害性更大，他们为了想做佛菩萨，诱骗尽量多的人出家当寄生动物，如果他们真得大行其道的话，那就不只是入家破家，入国破国，而且还要灭绝人类（要度脱一切众生）。略有头脑的人，是不会相信所谓大乘教的。当然，也不会相信所谓小乘教。

中国书籍自六经以至诸子百家，从来没有人敢说佛书那样的大话和谎话。庄子著书，号称谬悠荒唐，但比起佛书来，相差却远得不可以道里计。中国士人有信书的陋习，以为写在书上的话，都是不可不信的重要话。又从来不曾接触过佛经这种无边无际的大话，和毫无责任感的谎话。正当东汉政治黑暗，广大人民求生不得，而今文经学盛行，统治阶级精神界异常空虚的时候，佛教乘机传入，它那骇人听闻的大话和谎话，逐渐俘虏了许多人，特别是贪欲无厌的统治阶级中人。如东汉初年楚王刘英，信奉佛教，东汉末年汉桓帝在宫中立浮图祠，他们都是企图佞佛得福报，刘英为谋反夺帝位，佞佛的目的更是显然。

佛书描写佛的大威力，确是大到无比，据说，他行则金莲捧足，坐则宝座承躯，出则帝释居前，入则梵王（婆罗门所奉最高之神）在后，左有密迹（力士），右有金刚，声闻菩萨充侍臣，八部万神任翊卫，讲《涅槃》（经名）则地震动，说《般若》（经名）则天雨花……如此等等大谎话，如果误信它万分之一，就会变成佛教的俘虏，精神昏迷，不敢有丝毫怀疑。东汉乞胡（西方来的僧徒）中，大概混有狗戒外道，当时道教徒攻击佛教徒，说他们食粪饮小便，一般总以为道教徒造谣诬攻，断不可信，事实却是佛教徒确实食粪饮小便，直到唐武则天时，经义净揭露，才证明东汉道教徒并非诬攻。义净《南海寄归内法传·除其弊药条》说"自有方处，鄙俗久行，病发即服大便小便，疾起便用猪粪猫粪，或塪盛瓮储，号曰龙汤，虽加美名，秽恶斯极。"用粪便当药的，自然是普通僧众，统治寺庙的大僧用秽物施给病僧，口头上对虫蚁也要慈悲，实际行为是不管病僧死活。所以义净又说："呜呼！不肯施佳药，逐省用龙汤，虽复小利在心，宁知大亏圣教"！外表装出大慈大悲，内心实在残忍异常，这就是所谓"圣教"。中国僧徒接受天竺鄙俗，数百年来，相沿吃龙汤，无人敢怀疑，足见中国僧徒，精神上已成天竺僧徒的奴仆，只要天竺传来什么经论，一概坚信奉行，惟恐因怀疑佛法堕入地狱。例如《佛说盂兰（意为倒悬）盆经》，说弟子大目犍连用天眼通看到自己的亡母生在饿鬼中，目连悲哀，即以钵盛饭，往饷其母。母得钵饭，送饭到口边，化成火炭，不得入口。目连大叫，悲号涕泣，请佛指教。佛说，你母罪根深结（据说，只是犯了不舍给游僧饭吃的所谓罪），谁也无法救她。只有依靠十方众僧威神之力，乃得解脱，我现在说出救济的方法：每年僧自恣日（七月十五日），人人都该尽力准备最好的饭和最好的果品盛盆器中，供养十方众僧。又施送香油锭烛床铺卧具，如是，父母六亲眷属，立即解脱诸苦。若父母现在者，福乐百年，前七世的父母，都可以升天往生安乐处。目连照法施食，目连母即日得脱饿鬼之苦。造这一卷经的意思是明显的，所谓饿鬼，并不是目连的亡母，而是不劳而食的十方众僧。僧自恣日是众僧互相指责的一日，受指责的僧徒有一顿好饭好果吃，又得香油卧具等物，可以减少受指责的苦痛，僧徒谋自己的利益可称周到。佛经中很多是僧徒为自私自利而造作的，也有为宗派斗争而造作的，传到中国来，上面写明佛说，再没有人敢非议它，转展相欺，宗教气氛就靠相欺得以维持。

天竺佛教小乘大乘两大派和大小乘内部各派别斗争极为剧烈，按照惯例，辩论胜利者有权迫令失败者骑上驴背，用粪瓶浇头顶，在大众前公开声称完全降伏，这样才允许失败者永远当奴隶。双方辩论，往往以自杀为条件。所谓慈悲、平等，对失败者是丝毫不存在的。中国无此种恶习，无条件地尊重天竺僧徒，因之天竺僧徒（包括西域僧徒）带着本宗派的经典纷纷来中国传播。天竺所有宗派都转运到中国来。但因当时中国的社会条件和天竺不同，有的能流行，有的不能流行。

下面略述在中国的小乘大乘各宗派。

（一）小乘各宗派

姚秦时，鸠摩罗什译天竺人世亲所著属于小乘有宗的《俱舍论》，又译诃梨跋摩所著属于小乘空宗的《成实论》。《俱舍》《成实》两论经罗什传授，在南朝一度颇为发达，各成为一个宗派。不过，小乘声名不及大乘显赫，修行者宁愿学大乘得菩萨果，不愿学小乘得阿罗汉果，两宗因此门徒冷落，到唐朝时归于消灭。

（二）大乘各宗派

（1）三论宗

佛徒称混入大乘教的外道为方广道人。这种人谈空，把一切诸法谈成龟毛兔角，什么罪福报应都空无所有了。这对佛教是个根本危机，失去罪福报应这个骗人法宝，那里还有人信奉佛教。天竺人龙树为挽救由于谈空太过（所谓空病）而造成的危机，著《中论》及《十二门论》。龙树弟子提婆著《百论》。依据三论讲说的宗派称为三论宗。中国三论宗开始于鸠摩罗什。罗什以后，师徒相传，历久不绝。三论宗以二谛、八不中道为教门。所谓二谛，一是俗谛（亦称世谛），二是真谛（亦称第一义谛），俗谛认为有因果君臣父子忠义之道，真谛认为一切法毕竟空寂。虽说俗"有"真"空"，但"有"是假有，非实有，"空"是假空，非实空。远离"有""空"二边，折衷二边称为中道。三论宗大师法朗教诲徒众，要"言以不住为端，心以无得为主"。无得即无所得，无所得即中道，破一切有所得见，以无所得为本宗宗旨。中论举八不为例来显中道，所谓八不，即不生不灭，不常不断，不一不异，不来不出。凡事物都有两个面，这种不这不那的公式，不能说明任何事物，只是一些诡辩或者说是作一些文字的游戏。八不有"五句""三中"作解释。譬如就生灭来说，第一句，实生实灭，此认生灭为实，谓之单俗。第二句，不生不灭，此执不生不灭为实，谓之单真。单俗单真都是偏见，不合中道。第三句，假生假灭，谓之世谛中道。第四句，假不生假不灭，谓之真谛中道。第五句，非生灭非不生灭，谓之二谛合明中道。照这些说法，生灭都是假现象，不可执于偏见。所谓三中道，都是含糊模棱的话头，目的是谈"空"而不废"有"，以保存罪福报应的骗术。

隋时三论宗名僧吉藏著《三论玄义》二卷，讲三论一百余遍，临死时制《死不怖论》一篇，词云"略举十门，以为自慰。夫含齿带发，无不爱生而畏死者，不体之故也。夫死由生来，宜畏于生，吾若不生，何由有死。见其初生，即知终死，宜应泣生，不应怖死"。题目是不怖死，实际是十分怕死。

（2）净土宗

释迦牟尼讲四谛，以灭谛为修道的归宿，灭即死，佛书称死为涅槃，有所谓小乘涅槃，大乘涅槃，有所谓有余涅槃、无余涅槃，异说纷纷，谁（包括释迦本人）也说不清楚涅槃究竟是什么境界。有一个叫做龙树的人，假托佛说，造《无量寿经》、《阿弥陀经》及《观无量寿经》等书，把净土境界说得很具体，谁肯念佛，便可往生净土享安养之福。

净土宗是讲成佛最容易的一个法门，也是骗人最多害人最重的一个宗派。早在东晋，庐山僧人慧远搜罗名士僧徒一百二十余人，在东林寺结社念佛，号白莲社。慧远劝诱陶潜入社，陶潜拒不受欺，饮酒诗云，"积善云有报，夷叔在西山，善恶苟不应，何事立空言"。拟古诗云："不畏道里长，但畏人我欺，万一不合意，永为世笑嗤"。陶潜是儒家，兼有道家思想，临终时作挽歌诗和自祭文，从容自在，比畏死的佛徒，不知高超多少倍，万卷佛书，何曾抵得陶潜三首挽诗和一篇自祭文。慧远让步允许饮酒，还是骗不得陶潜入社，足见不受报应之类的欺骗，便有排斥佛教的勇气。周武帝看穿佛教的荒唐，说佛经"言多虚大，语好浮奢，罪则喜推过去，无福则指未来"。陶潜看出佛书都是些欺人的空言，在当时确是卓识之士。

净土宗很象褓姆拿画饼哄一两岁婴儿，利用人们的愚昧和贪欲，进行最大胆的欺骗。天竺僧人世亲著《净土论》，北魏僧人昙鸾作注释，改书名为《往生论》。昙鸾再传弟子善导，唐太宗时人，提倡念佛，从此净土宗大发达。善导每天念佛，非力竭不停止，冬天严寒，也得念出汗来。他到处宣扬净土法门，前后三十余年，拥有大量信徒。信徒中有些人诵弥陀经多至十万或五十万卷，念佛一天念一万声或十万声，据说，很多人因得念佛三昧往生净土。善导弟子怀感问善导，念佛是否真有效？善导说，你只要专心念佛，自然会有证明。怀感问，你见过佛么？善导答，佛说的话，要绝对信奉，不可有疑。中国僧徒对天竺佛书深信不疑，有如病僧服龙汤，受了害还至死不悟。

净土宗提出快速成佛法，说念阿弥陀佛一口，灭八十亿劫生死之罪，得八十亿微妙功德。照一般佛教说，从凡夫修到初地菩萨位，要经一大阿僧祇劫。一大阿僧祇劫据说是万万为亿，万亿为兆，一个阿僧祇是一千万万……（共八个万字）兆劫（世界成坏一次为一劫），修成菩萨可谓烦难之极。净土宗却说只要一念阿弥陀佛，迟则七日，快则一日，速生净土，即是八地以上菩萨。据说，大乘菩萨分十地（级），念佛一声，即成八级以上菩萨，可谓快速之极。足见速成是戏论，缓成也是戏论，归根说来，全部佛教都是戏论。

净土宗称人类世界为秽土，说阿弥陀佛世界，名为极乐，由彼界中，诸有情类，无有一切身心忧苦，唯有无量清净喜乐（佛说阿弥陀经）。《无量寿庄严清净平等觉经》描写极乐世界的情形说：生在极乐世界的人，形貌端严，福德无量，智慧明了，神通自在；受用种种，一切丰足；宫殿、服饰、香花、幡盖、庄严之具，随意所需，悉皆如念。若欲食时，百味盈满，虽有此食，实无食者。但见色闻香，以意为食。身心柔软，无所味着，事已化去，时至复现。复有众宝妙衣、冠带、璎珞，无量光明，百千妙色，悉皆具足，自然在身。所居舍宅，称其形色……楼观栏楯，堂宇房阁，广狭方圆，或大或小，或在虚空，或在平地。清净安稳，微妙快乐。应念现前，无不具足。这种说法，正迎合极端贪鄙懒惰的人的心愿。这种人丝毫没有劳动，懒到美食可免咀嚼之劳，美衣可无披戴之劳，无论衣食住宅，想到就有，假如在一块地上，一大堆洋洋得意的懒虫聚集在那里，这地方可憎厌之极，有什么乐值得欣慕。

净土宗害人最重的原因，在于提倡大修功德，营造塔庙，使剥削阶级加重对劳动人民的敲剥。《无量寿庄严清净平等觉经》说，愿生净土的人有三辈，一是上辈，凡出家沙门，一心专念阿弥陀佛，修诸功德，愿生彼国。这辈人临死时，阿弥陀佛率领大众亲来迎接，生彼国中，得不退转，乃至成佛。二是中辈，虽不能出家作沙门，但能大修功德，奉持斋戒，起立塔像，饭食沙门，悬缯燃灯，散花烧香，这辈人临死时，阿弥陀佛化身去迎接，与真身来接差不多。三是下辈，不能作诸功德（当然是穷苦人），但能一心专念阿弥陀佛，不生疑惑，临死时，梦中见佛，也得往生。

在人世上统治阶级享受优越生活，被压迫阶级遭受苦痛，净土宗经书证明这都是合理的。《无量寿经》说，"世间诸众生类，欲为众恶，不知为善，后受殃罚，故有穷乞、孤独、聋盲、喑哑、痴恶、尪狂，皆因前世不信道德，不肯为善。其有尊贵、豪富、贤明、长者（财主）、智勇、才达，皆由宿世慈孝修善积德所致。世间有此目前现事。寿终之后，入其幽冥，转生受身，改形易道，故有泥犁（地狱名）、禽兽、蜎飞蠕动之属，譬如世法牢狱，剧苦极刑，魂神命精，随罪趣向。所受寿命，或长或短，相从共生，更相报偿，殃恶未尽，终不得离，辗转其中，累劫难出，难得解脱，痛不可言。天地之间，自然有是，虽

156

不即时暴应，善恶会当归之"。

净土与真言是佛教各宗派中最恶劣的两个。别的宗派都用支离烦琐、使人厌倦的道理宣扬佛教，对一般民众影响有限，因为谁也不耐烦去听那一套。净土宗提倡念佛，方法极为简便，地狱和极乐世界的对比又极明显，这一派僧徒专劝人信报应，修功德，佛教的毒害，因净土宗发达，才真正广泛传播到民间，凡是已经消失和现在还留存的巨大佛教遗迹，大致与净土宗有关系，那种耗损民财的罪恶，巨大遗迹就是物证。

净土宗的快速成佛法，和其他宗派在根本理论上有很大出入。怀感作《释净土群疑论》，很勉强地作了答辩。群疑之中有这样的一个疑问：《金刚般若经》言，如来者无所从来，亦无所去，故名如来。《维摩经》言，我观如来，前际不来，后际不去，今即不住，……准此大乘诸圣教说，佛本不来，亦无有去，何以《观无量寿经》说有化佛来迎，随化佛往，有来有去，与前经相违？怀感无法狡辩，只好承认实无有佛从彼西方而来至此授手迎接，亦无有佛引彼众生往生净土，但众生念佛，与佛有缘，自心变现阿弥陀佛来迎行者随佛往。谎话全部揭穿了，所谓自心变现原来就是中迷信毒甚深的人，临死时神经昏乱，似乎觉得有佛来迎，并非实有。净土宗最怕禅宗，因为禅宗主张自内求佛，不假外佛，反对建造塔庙等所谓功德，以为但令心净，此间即是，何处别有西方净土。禅宗揭穿净土宗的骗局，净土宗也揭穿禅宗的骗局，慧日（唐中宗时僧）著《略诸经论念佛法门往生净土集》攻击禅宗，说"不持斋戒，但养现身，讵修来报。口虽说空，行在有中，以法训人即言万事皆空，及至自身，一切皆有"。这些话颇能击中禅宗的要害，但禅宗也彻底暴露了净土宗的骗术，两个都出售快速成佛法，都是可笑的骗子。禅宗骂祖杀佛，否定天竺传来的各宗派相当勇猛。到后来自身也要被否定，禅宗恍然大悟，逐渐与律宗净土宗真言宗相结合。自此以后，各宗派不再独立存在，都归并入禅宗。禅宗成为汇合各宗派的中国式佛教。

净土教徒造了许多记载报应的书，这种书名是不值得一提的。从这些造书人的思想看来，佛教的罪恶主要是对恶人起助恶作用。譬如某书记唐僧雄俊，生时无恶不作，唐代宗大历年间，阎罗王判他入地狱。雄俊大声反对说：我如果入地狱，三世诸佛都是说谎。阎罗说：佛不曾说谎。雄俊说：《观无量寿经》说，下品下生，犯五逆罪（杀父、杀母、杀罗汉、伤害佛身出血、挑拨僧众不和）的人，临死时念佛十声，还得往生，我虽犯了罪，但并不犯五逆，说到念佛，不知有多少声。说完，即乘台往生西方。这是鼓励人作任何罪恶事，有净土提供最安全的逋逃薮，这除了助恶还有什么别的意义！又如说隋洪法师一生修净土业，临死时，见兜率天（弥勒菩萨的净土）童男童女来迎。法师说，我要西方，不愿生天上，拒绝兜率天使。令徒众帮着念佛，不久，告人说，西方佛来迎了。又如唐僧怀玉，每天念弥陀佛五万遍，诵经积至三百万卷，有一天忽见西方无数圣众来迎，中有一人手擎银台（中品），给怀玉看。怀玉说，我本望金台（上品），为什么拿银台来？说完，一切都消失了。后来，阿弥陀佛与观音、势至二菩萨果然用金台迎怀玉去西方。这种计较兜率与西方，金台与银台，虽然全是谣言，贪鄙思想却暴露得够恶心了。这些佛教徒焚修，思想本质不外乎以贪鄙之心计较利害。

极乐世界吸引力很大，不仅吸引了净土教人，而且也吸引其他宗派的人，如天台宗创始人智顗，法相宗创始人玄奘（愿生弥勒净土）以及禅宗中某些人都向往净土，希望死后得生西方，净土影响之广泛，即此可见。

有西方净土、有天上净土（弥勒净土），此外，还有东方净土，这个净土名叫净琉璃，佛号药师琉璃光如来。东方净土与西方条件相同，并无高低优劣之分。这好比掮客招揽生意，你要西就有西，你要东就有东，反正把买卖拉到手就算成功。佛教骗人如蜘蛛张网，西也张，东也张，上也张，只等你落网，这同蜘蛛要吃所有落网的虫一样贪婪。

（3）律宗

佛经说，戒为平地，众善由生。三世佛道，借戒方住。佛教修行方法，不外戒定慧三种。戒如捉贼（烦恼），定如缚贼，慧如杀贼，因此学佛首先要守戒律。最重要的戒有五，即不杀、不盗、不邪淫、不妄语、不饮酒。

说奉持这五戒，可以转生人天胜处，离鬼（饿鬼）畜诸苦。五戒中单就第一戒不杀生命来说，流弊非常严重，所有害虫可以无限生长，让它们戕害人命和农作物，人却不可以对抗捕治。同样，要消灭统治阶级，必须经过战争，才能诛戮罪魁。遵守不杀的戒条，等于说，被压迫阶级不许起兵反抗压迫者。第二戒条不盗，实际只禁小偷盗，大偷盗可修大功德，不受戒律的限制。不邪淫指妻妾以外的淫乱，富贵人不缺少妻妾，不犯戒并非难能。第五戒不饮酒，富贵人有称为世间第一上味的醍醐，不一定要饮酒。五戒以外，其余诸戒，都是琐碎烦杂，惑世欺众的一些手法。饱食终日，无所事事的僧徒，有些人奉持戒律，自以为持戒精苦，是种大福田，可获大利益，威仪严肃，结果是受骗到死，一无所得。

佛教传入中国，戒律也逐渐传来，鸠摩罗什译《十诵律》，佛陀耶舍译《四分律》，佛陀跋多罗译《僧祇律》。唐初终南山白泉寺僧道宣著述甚富，着重提倡《四分律》，律学成为专门学问，因此成立律宗，又称南山宗。道宣博学，著书甚多，有《续高僧传》、《后集续高僧传》、《广弘明集》、《古今佛道论衡》等书，在僧徒中享有高名，投门弟子多至千百人，影响及于全国。四分本是小乘律，在大乘盛行的唐朝，小乘律取得大乘的地位，称为权大乘。道宣《续高僧传·明律总论》说，世人对戒律有四迷，一是以为持戒烦累形神，小道可捐。二是以为戒律受持，极为烦碎。三是大兴土木，专求功德，不顾物命，心无慈恻，说是为福行罪，功过相补。四是律文纷杂，并无正断，律师任意解释，轻重随心。四迷都说明僧徒不守戒律。因为戒律烦累形神，律宗强调地狱冥罚来威胁僧徒守戒，逼迫中国人学天竺人的怪僻生活，以为圣（佛）意如此，不敢不从，完全失去中国人的生活惯例，甘心作天竺僧徒的奴仆。道宣以后，义净亲至天竺，考察西方当时所行戒律，作传四十条寄归，书名《南海寄归内法传》。义净归国后，广译一切有部律共十八部，企图使中国僧众行动全盘天竺化，甚至上厕所也要学天竺烦琐可笑的仪式，可称十足的奴仆思想。

（4）法相宗

法相宗创始人玄奘与禅宗南宗创始人慧能是中国佛教徒中两个著名的人物。他们的功绩玄奘是战胜五天竺大小乘所有的论敌，慧能是战胜佛教各宗派，变天竺式的佛教为中国式的佛教。

玄奘幼年贫穷，十一岁便出家。他十分勤学，亲到各地方听名僧讲学。六二七年（贞观元年）到长安，跟名僧精探《俱舍》、《摄论》、《涅槃》等经论，大小乘无不通达，但还不能融贯。这时天竺僧波颇蜜多罗来中国，说那烂陀寺戒贤法师讲授《瑜伽师地论》，可以总括三乘（大中小三乘）学说。玄奘发心去天竺学《瑜伽》，六二九年成行。玄奘经历西域十六国，沿路访名僧学法，前后四年，才到北天竺摩揭陀国那烂陀寺。投戒贤法师，受《瑜伽师地论》，同时旁及大小乘《毗昙》各论，又向胜军居士学习唯识，天竺佛学的要义，被玄奘全部吸取了。他著《会宗论》，疏通《瑜伽》、《中观》两家的争论；又应戒日王的请求，折伏小乘论师的破大乘论，著《制恶见论》。戒日王招集五天竺沙门、婆罗门一切异道数万人，设无遮大会于曲女城，揭示玄奘所著二论，允许会众提异议。大会开了十八天，没有一人敢出头诘难，大小乘人一致推崇，大乘人称为"大乘天"，小乘人称为"解脱天"。玄奘战胜五天竺佛学者，取得无上荣誉，标志着中国佛学已经超越天竺。玄奘并不因战胜论敌，发生傲惰心，但他已经看出所谓毕竟无姓（无佛性不可能成佛的人，与众生皆能成佛说矛盾）说不能在中国取信，想回国后不提这种说法，戒贤严厉责备了他，以为边方（指中国）人懂得什么！岂可随便为他们增减义理。玄奘也就墨守师说，回国后依然传播讲不通的说法。《瑜伽师地论》据说是北天竺僧人无着夜里升天听弥勒菩萨讲演，白天给大众转述，显然是无着托名弥勒造作这部论。无着又造《显扬圣教论》、《摄大乘论》、《阿毗达磨集论》，无着弟世亲造《二十唯识论》。无着公然作假，玄奘学习这些论，深信不疑，临死时坚决祈求往生弥勒净土，足见玄奘佛学虽高，但崇拜天竺僧徒的奴仆思想也是够深的。

玄奘搜集六百五十七部梵文佛书，启程回国。六四五年（贞观十九年）到达长安。唐太宗允许他专心译经，前后译出《瑜伽师地论》一百卷，《大般若经》六百卷。玄奘从事翻译凡十九年，译出七十五部，一千三百三十五卷，在四大译家（鸠摩罗什、真谛、玄奘、不空）中，玄奘译书最多，译文最精。向来译经程序，起初是依梵文语法译成汉文，其次是改成汉语法，其三是笔人修整文句，中间增减，多失原意。玄奘精通汉梵文，又深探佛学，译经出语成章，笔人随写，即可披玩。他创五种不翻的规则，一、秘密故，二、含多义故，三、此方所无故，四、顺于古例故，五、为生善故，例如般若一词，译作知慧，便觉轻浅，不如译音，使闻者觉有深义。大抵佛经翻译事业，至玄奘已登上极峰，再没有佛经译家能超过他。六六四年（麟德元年），玄奘积劳病死。死前一日，便模仿释迦死时形状，默念弥勒，祈求往生。令傍人称念南无弥勒如来应正等觉，愿与含识速奉慈颜。门人们问见到什么？玄奘答，勿问，妨我正念。第二天半夜，门人问和尚决定得生否？答言，决定得生。说完便气绝。佛教修行的目的是在涅槃，即无挂无碍，安安静静地死去，玄奘迫切祈求往生虚幻的净土，死得并不安静。宗教是这样狡猾的怪物，人中了它的毒，自己成为被愚弄者，同时又是愚弄者，自己愚弄自己，一直到死还不知谁愚弄谁。宗教都是利用人的贪欲，进行威胁利诱，求生净土享受极乐，就是一种贪欲。

法相宗以阐明"万法唯识"、"心外无法"为宗旨，亦名唯识宗。依唯识论所说，以为宇宙万有，都不过是由心识之动摇所现出之影像。内界外界，物质非物质，无一非唯识所变。而所谓能变识，有八种，即眼识、耳识、鼻识、舌识、身识、意识、末那识、阿赖耶识。原来佛教书籍都是凭空架说，违反事实，强辞夺理，穿凿附会，巧立多种名目，支离蔓衍，烦碎缴绕，使人厌恶的戏论，唯识宗更为琐碎，更是一种不值得认真对待的戏论。例如说烦恼（根本烦恼），分为贪、瞋、痴等六种，又有所谓随烦恼（从根本烦恼附带产生），分为忿、恨、恼等二十种，形式上似乎分析入微，实际只是牵扯一些现象，巧立名目，如果造论人要再加二十种四十种，也是可以的。所谓八识，也是一堆杂烂货，眼、耳、鼻、舌、身（触）是感觉的器官，是认识的唯一源泉。唯识论称这五种感觉作用为前五识。另外又加一个叫做意识的第六识，说是杂乱无章的感觉，必待心的综合作用加以综合，才能成为知识，这叫做意识。它还说不清楚心外无法（事物）的无理之理，再加一个叫做末那识的第七识。末那识意为自我本体的显现，站在自我本体后面的那种自我本体，叫做第八识，即阿赖耶识。末那与阿赖耶互相为因。阿赖耶识中藏有无量种子，以为一切识是由各自的种子为因，才得生起。一切物的现象，唯识论者说是心上的一种境相，是和心同起的。凡此境相，必自有物的种子为因，才得生起。物和识各有自己的种子，由这些种子生起各自的果。拿阿赖耶识来统摄一切法，何曾起总括三乘学说的作用。这种烦琐的哲学分析，和我国"得意忘言"的思维习惯不合，而且它所讨

164

论的这些问题，大家认为早解决了，兴趣已经不大。法相宗在唐朝数传以后，即归消沉。

玄奘从天竺搬回唯识学，在当时是一种新奇的学问，玄奘门下大徒弟多想独占这一份产业，玄奘活着的时候，争夺已很激烈。玄奘大徒弟窥基，俗姓尉迟，出身将门，从玄奘学梵文和佛理，学业最为出色。玄奘译唯识论，使窥基与神昉（音访 fǎng）、嘉尚、普光四人助译，窥基要求辞退神昉等，由窥基一人助译。玄奘曲从其请，为窥基讲解唯识。玄奘门人新罗僧圆测，赂看门人，潜入讲室偷听。玄奘讲毕，圆测在西明寺集众僧开讲唯识论，窥基落后一步，很不满意。玄奘安慰他说，圆测虽讲唯识，却不懂因明（论理学），我传授因明给你。窥基又要求专给自己讲《瑜伽论》，圆测又赂看门人，潜入偷听，听毕又抢先开讲。玄奘宣布五姓宗法（声闻、缘觉、菩萨、不定四个种姓有佛性，一个叫做无种姓，没有佛性，毕竟不能成佛），只许窥基一人流通，五种姓说成为窥基独得的秘传。窥基造疏一百多种，号称百本疏主。窥基坚持这个秘传，晚年讲《法华经》，与天台宗发生冲突。可能是天台宗人造谣，给他三车和尚的外号，说他出门带着三车，一车放佛经，一车自坐，一车放荤腥和妇女。窥基每天对弥勒像诵菩萨戒一遍，愿生兜率净土，三车恶名，显然是论敌有意诬陷。圆测与窥基争名，玄奘密授一些秘诀来贴补窥基，这和世俗兄弟争夺财产，父母给爱子私添一些财物，没有什么不同，足见大乘佛教尽管口头说舍己济人是菩萨行，遇到具体的名利，是决不肯退让的。

（5）密宗

释迦临死时，告弟子们说："汝等弗谓失师主，我逝以后，所说法、律是汝等师也"。其后上座部佛教徒墨守师说，反对变通，小乘有部实际是释迦真传。佛教得国王信奉供养，外道剃须发改服装，混入佛教徒中，托佛说造《般若》等经，以一切皆空来反对小乘有部，自称为大乘，斥佛教真传为小乘，大乘诸经破一切执着，似乎见解比小乘高一等，实际是大乘破小乘，也就是外道破佛教，用空观揭穿小乘佛教的谎话。诸大乘经都说一切诸法毕竟空寂，又说诸佛国土亦复皆空，《金刚般若经》说："若以色见我，以声音求我，是人行邪道，不能见如来"。又说，"离一切诸相，即名为佛"。又说，"如来者无所从来，亦无所去，故名如来"。《维摩经》说，"我观如来，前际不来，后际不去，今际不住"。这样说来，一切所谓佛和佛国，都是假的，根本不存在。佛经有这样的说法："云何名恶知识？云何名善知识？佛告舍利弗言，若有比丘，教余比丘，汝当念佛念法念僧念戒念施念灭，如是等唯观涅槃安稳寂灭，唯爱毕竟清静，如是教者，名为邪教，名恶知识，是人名为诽谤于我助于外道"。这段佛说显然是斥小乘教为邪教，小乘僧徒为恶知识。大乘空宗流行，佛教真传的小乘为了自救，天竺僧诃梨跋摩折衷大小乘造《成实论》，主张人法

166

两空，是为小乘空宗。龙树也为了挽救大乘教，造《中论》，主张非有非空的中道，举俗谛以承认不可否认的客观实在，举真谛（第一义谛）以维持大乘的空观，归根还是谈空，不过说话含糊，诡辩更为灵活一些，算是挽救了危机。无着和他的兄弟世亲（原是小乘大师）继起，造《瑜伽师地论》和《唯识论》，创大乘有宗。自谓离诸妄执，有则说有，无则说无，如理如量，而非戏论。这些有、空、非有非空（中）有（大乘有宗）诸说的变迁，都是由于外道思想不断渗入佛教，使释迦所传原来的佛教，面目愈变愈非，不过，总还属于显教，对佛教说来，都还不算是左道旁门。自从佛教演变出密教，佛教堕落成为以妖法惑世欺众的巫术，佛教走入绝境了。

　　大造佛经的龙树自称在南天竺铁塔中，遇见金刚萨埵（即普贤菩萨），面授《大日经》。铁塔中藏有《金刚顶经》，梵本有十万偈（音纪jì），略本四千偈，广本则有无量百千俱胝（千万为一俱胝）微尘数偈，显然，所谓十万偈本四千偈本都是龙树的作品。龙树原是非常博学的婆罗门教徒（外道），幼年时，读完婆罗门经典全部，后来又通天文地理医药等百艺，出家前品行不端，丑声大布，出家后，数月间读完小乘经典，又读大乘经典，感到佛理还未尽发明，需要补充。他造论造经，一身兼显密二教的唱导者，被称为大乘佛教的祖师。大乘教由他的努力而得到发扬，也由他的创造密教而下降为巫教一类的邪术。

密教尊奉最高的神，名叫大日如来，又称摩诃（大）毗卢遮那（日）佛，据说，大日与释迦为同一佛，大日是法身，释迦是应身，密教所奉的神很多与婆罗门教的神同名，大日如来很可能是事火外道的尊神，不过，既自称是佛教，自然要拉释迦的关系，什么法身应身，无非是些无稽之谈。

密宗法门有金刚界、胎藏界两部，即智差别、理平等二门。就中说智差别（金刚顶部）的经典为《金刚顶经》，说理平等（胎藏部）的经典为《大日经》。密宗自称显教是释迦对一般凡夫说的法，密教是法身（大日）佛对自己的眷属说秘奥大法，都是秘密真言，所以密宗也称真言宗。修法的时候，要筑起坛来，这个坛叫做曼荼罗。在胎藏界曼荼罗里，以大日如来为中心，共供奉佛菩萨四百十六尊；金刚界曼荼罗里也以大日如来为中心，共供奉佛菩萨等神一千四百六十一尊。曼荼罗里编造大批神名，如金刚名号有金刚牙、金刚拳、金刚嬉戏、金刚歌、金刚舞、金刚钩、金刚索、金刚锁、金刚铃等。佛教神名，除了释迦牟尼及迦叶、阿难等曾有其人外，其余大批名号如阿弥陀（无量寿）、文殊、普贤、弥勒、观音等同金刚牙、金刚拳一样，全是凭虚编造。

密教因为依佛的真实言（《大日经》及《金刚顶经》）而修行，可以即身成佛（现身成佛），与显教难易悬殊，显教要经过三大阿僧祇劫才能成佛，密教即身成佛，十分快速，它和净土教都是在佛教没落的情况下，吸收婆罗门外道的说法，推行快速成佛法，借以招揽信徒，维持本教的存在。密教修行，自诵咒以至供养、设坛等种种仪式都有一定规范，不得任意妄为。这些规范，必需经阿阇黎（阇音shé 传法师）传授。阿阇黎给受法人在曼荼罗内举行灌顶仪式，才算正式入教。灌顶就是用清水灌受法人头顶，说是洗去无始以来，固着于身于心的无明烦恼之垢秽，引出本来生得的自性清净心，然后授以真言宗的秘印（手势）、秘明（咒语）。如果以秘印秘明授予未入坛的人，必招护教金刚神的忿怒，阿阇黎与受法人都将暴死。这是天竺外道中最落后最黑暗的一种，它采取秘密结合的方式，当是教中有不可公开的阴私事。天竺外道无奇不有，落后黑暗的社会产生这种落后黑暗的宗教，是不足为奇的。密教传入中国，在文化交流中流来了一股比其他各宗派更秽浊的脏水。

最初来中国传教的外国僧徒，一般兼习密教，利用人们的愚昧和迷信，施展一些法术，骗取愚人的信仰，对传教很有利。东汉译经中，已有《安宅神咒经》、《五龙咒毒经》、《取血气神咒经》、《咒贼咒法经》、《七佛安宅神咒经》等咒，都是密宗的经典。不过，密宗正式传入，是在唐玄宗时。七一六年，中天竺人善无畏携带梵本经吐蕃来到长安。次年，开始译《大毗卢遮那经》（《大日经》），一行禅师助译，一行成为继承善无畏的胎藏界阿阇黎。习密宗的人大抵要熟悉魔术，擅长说谎，石勒石虎时的佛图澄，自称年已四百余岁，能听铃声知吉凶，就是一例。善无畏死时自称年九十九岁，说他的本师达摩掬多，年八百岁。都是凭空胡说。七一九年，南天竺僧金刚智听说中国佛法兴盛，从海道来广州，奉敕入长安，后又入洛阳。金刚智所住的寺庙，必建大曼荼罗灌顶道场，招收门徒。七一九年大旱，四五个月不下雨，诏金刚智结坛祈雨，行法七天，果得大雨。这是《高僧传》本传的话，凡是宗教书籍，不管它说什么，都必需首先对它采取不信任态度。按《旧唐书·玄宗纪》，开元七年七月，"制以亢阳日久，上亲录囚徒，多所原免"。并无诏金刚智祈雨及得雨的记载，《高僧传》所谓求得大雨，无非是僧徒说谎的惯技。金刚智自称用曼荼罗法，可以拘禁鬼魅，使鬼魅附童男童女身上，去病去妖都很容易，显然与道士同样妖邪。日人小柳司气太论道教与真言密教之关系，指出密教经中剽窃模仿道教的证据多条，说明不空到天竺求经，仿照道教的骗术，拿到中国来变成新鲜货，偷来偷去，无非是妖邪合流。金刚智译出《金刚顶经》等数种，传授弟子天竺人不空。二人相继为金刚界阿阇黎。金刚智死时，命不空去五天竺广求密教经典。不空从海路到师子国（斯里兰卡）搜求密藏，遍游五天竺境，七四六年回长安。据本传说，为玄宗行灌顶仪式，又奉诏祈雨有速效，赐绢二百匹。七四九年，诏许不空归天竺本国。不空至广州，有敕令留在中国。旱是常有的天灾，如果密宗祈求屡次见效，唐玄宗即使偏信道教，也不会轻易放不空回本国，足见不空能求雨但未必能得雨，因之可放可留无足轻重。不空大被宠信，是在肃、代两个昏君的时候。安史作乱，唐肃宗逃到灵武，不空遣密使奉表问安，肃宗也密遣使者向不空求秘密法。唐肃宗穷极无聊，不空得以卖空买空。七五七年，唐肃宗令沙门一百人入行宫，以不空及新罗僧无漏为首，朝晚诵经，祈求佛佑。郭子仪等力战，并以重酬招回纥兵为助，才收回京师，唐肃宗以为不空有功，不空也乘机居功。七五八年，不空入宫建道场，为唐肃宗受转轮王（圣王）位，七宝灌顶，受菩萨戒，一个昏君，一个妖僧，不顾国家大乱，民生涂炭，还弄什么转轮王互相欺骗，实是可恶之至。唐代宗比唐肃宗更昏，不空所作的罪恶也更大。唐代宗用奸臣元载、王缙（大诗人王维的弟弟）、杜鸿渐为相。三人都佞佛，王缙尤甚，不吃荤血，与杜鸿渐接连造寺庙，算是修功德。王缙舍住宅为宝应寺，每有节度使、观察使入朝，必延请到宝应寺参观，并请布施，利用宰相地位讹诈财物，地方官当然要应付。王缙又纵令弟妹女尼广纳贿赂，行同商贩，在这种敛财法下面，不知多少贫苦人遭受祸害。这个昏君曾问三相：佛说报应，究竟有没有？三人回答说：我国家运祚久长，不是有积福，如何能如此。福业已定，虽然偶有小灾，终不能为害。所以安史作乱，都被他们自己的儿子杀死，仆固怀恩反叛，半路上病死，回纥吐蕃大举侵入，不战自退，这都不是靠人力，怎能说没有报应。昏君深信这一派妖言，从此更信佛法。经常招僧徒入宫吃斋，有战事则令僧徒讲诵《护国仁王经》(不空译《严密》、《仁王》二经)，战事结束，就算僧徒立了功劳。七六七年，为给亡母章敬太后造冥福，在长安东门造章敬寺，总四十八院，四千一百三十余间，建筑宏伟，穷壮极丽，费钱亿万。当时进士高郢上书规谏说，"古之明王积善以致福，不费财以求福；修德以消祸，不劳人以禳祸。今兴造急促，昼夜不息，力不逮者随以榜笞，愁痛之声盈于道路，以此望福，臣恐不然。"统治阶级造福，就是劳动人民遭殃。《资治通鉴》说："胡僧不空，官至卿监，尊为国公，出入禁闼，势移权贵，京畿良田美利，多归僧寺。"不空为代表的僧寺，攘夺田产，浪费民财，与昏君奸官同样是大民贼。

七七〇年夏季，唐代宗诏不空往五台山修功德，不空造金阁寺，铸铜为瓦，涂金瓦上，照耀山谷，费钱巨亿。朝廷发给中书省符牒，令五台山僧数十人分行郡县，聚徒讲说，以求货利。工程进行得很快，秋天，不空自五台回京师，唐代宗用优礼迎入城。次年，唐代宗生日，不空呈进所译密教经典七十七部，一百二十余卷。不空又请造文殊阁，唐代宗舍内库钱约三千万，贵妃、韩王、华阳公主等人都出钱助工。不空先已接受特进试鸿胪卿的官职，并得大广智三藏法号，文殊阁造成后，又赐给开府仪同三司名号，封肃国公，食邑三千户，死后赠司空，赐谥为大辩广正智三藏。一个妖僧凭骗术得到三公地位，并封公爵，表示唐代宗的昏愚和佛教的腐朽，都达到了高峰。

不空临死有遗书一首，处分本人财产，鄙吝的心情，与守财奴挣得一份家私，死时仔细分给妻妾子孙，惟恐有外人染指，没有什么不同。遗书中说，"其车牛、鄠县浽南庄并新买地及御宿川贴得稻地、街南菜园，吾并舍留当院文殊阁下道场转念师僧，永充粮用香油炭火等供养，并不得出院破用，外人一切不得遮拦及有侵夺。……汝等若依吾语是吾法子，若违吾命即非法缘，汝等须依吾此处分，恐后无凭，仍请三纲直岁徒众等著名为记。"财物田园一入僧人手中，到死也不肯分散给外人。佛教强调布施，说可以破悭吝，免饿鬼苦，其实僧徒最悭吝，富贵如不空，只知要别人布施给他，他却决不让外人来分润一些。

胎藏界阿阇黎善无畏传授一行和玄超，玄超传授惠果。金刚界阿阇黎金刚智传授不空，不空传惠果。惠果一人合并传授胎藏金刚两部。惠果有弟子十二人传阿阇黎灌顶位。弟子中有日本僧空海，新罗僧悟真等人。惠果传义操，义操传义真，义真所传全是日本僧，中国僧徒不再有著名的阿阇黎。

密教是巫术，从经名看来，如《咒时气病经》、《咒小儿经》、《咒牙痛经》、《咒眼痛经》、《疗痔病经》等，这种所谓经咒一经试验，立刻要败露，密教很快为人唾弃，是自然的结果。大抵密教之所以获得流行，必须有易于行骗的客观环境。唐肃宗代宗时，朝廷势力实际上强于割据反叛势力，但统治者对自己的统治能够继续维持已经丧失信心，不空诵《护国仁王经》，在两个昏君看来，确是大有功效，而广大人民久罹兵灾，对统治者失望，却又渴望迅速平定叛乱，不免向超现实力量求助，密教因之兴盛莫比。但用神咒治疗痔病，情形却完全不同，一个痔疮比全部密教的力量大得多，任何大阿阇黎尽管诵经念咒，拿出全副本领，对着依旧发作的痔疮，实在无可奈何，只好自认失败。宋《高僧传·金刚智传》说，金刚智捉鬼去病，非常灵验，近世的密宗，用咒术治病捉鬼，少有效验，被世人轻视，原因是施术者专为个人谋身口之利的缘故。这是给密宗解嘲，也说明密宗的消灭必不可免。

下面略述《苏悉地羯罗经》所载密教作法的情形，妖邪气比道士更足，佛教变化到密教的形式，可谓已经流入绝境，除了消灭，再没有别的路可走。作法的基本方式叫做阿毗遮噜迦。作法时，先供养大忿怒金刚和他的眷属，作法的人，用水洒湿赤衣或青衣着身上。如作极忿怒事，用自己的血洒衣使湿，以右脚踏左脚上，面向南，一目向左斜，一目向右斜（怒目不齐），睛眉间起皱纹，紧咬牙齿，作大声音。一天分三次，取黑土涂坛（曼荼罗），或用驴粪，或驼、羊、猪、狗粪，或烧死尸灰。给坛神献赤色香花，或献青色臭花，或献诸谷麦豆之糠。于黑土地穿三角炉，一角向外，三角中间各长二十指，深十指，以烧尸灰涂之。炉底放烧尸灰或用诸糠，或用炭。又用毒药诸粪芥子及盐作成仇人形，一片片割下来烧掉。或用左足踏仇人形心上，割取碎片焚烧，或用杖鞭打，或用皂荚刺遍打仇人形全身。说作阿毗遮噜迦的作用是，仇人自相分裂，或迁移到别处，或亲人相憎恨，或仇人得重病，或眷属离散，或变成顽愚。这是多么野蛮愚蠢的一种表现，密宗和道教中的妖道都反映中国和天竺社会里有这样最黑暗的一部分人。密宗又有治偷窃的法术。当发现东西被偷的时候，作法僧发起瞋怒，按照阿毗遮噜迦法，作护摩烧法，于地上穿三角炉，用己身血，或用苦楝木，或用烧尸残柴，放在炉中燃烧，火烧起以后，用烧尸灰和己身血继续焚烧。又用毒药、己身血、芥子油及赤芥子作成偷者形，作法僧坐形上，用左手（佛教徒以左手为贱）片片割折偷者形。如偷者恐怖，亲自送还偷窃的东西，便应叫他无畏，给他作扇底迦法（息灾法），否则偷者必死。偷物有大小轻重，这里不加分别，企图用妖术使偷物人身死，密教的妖邪残忍，只能在落后黑暗的社会里流行，在较进步的社会里是不能存在的。《陀罗尼集经》载许多用咒法，例如得钱财法说，如欲得钱财，可于七日之中，日日取古淄草茎长六指、一千八段，一一火烧并念陀罗尼咒，即得钱财。又法，如欲求别人的心爱物，可取白菖蒲念陀罗尼咒一千八遍，系在自己的臂上，向别人乞求即得。如果念咒不效，一定是有障碍。可于初八日或十五日，牛粪涂地，设饮食花果，烧安息香，取白线一条,念陀罗尼咒,一遍打一结,如是作四十九结,所有障碍鬼神都被缚住,所求就顺利了。一派妖言,使人望见密宗僧人,不觉心中作恶。

以上三论、净土、律、法相、密五宗,都是从天竺依样搬来,中国僧徒俯首奉行,不敢有只字怀疑,只要说是从西域天竺来的佛所说经和菩萨所造论,就象奴仆谄事主人,主人说什么就奉行什么,惟恐有损福报,甚至落入地狱。照义净的观察,中国医药比天竺先进得多,可是黄龙汤治病,(胡三省注《通鉴·陈纪》四引陶弘景曰:"今近城寺别塞空罂口,纳粪仓中,久年得汁,甚黑而苦,名曰黄龙汤"。)相沿几百年,没有人敢表示反对,迷信的威力无比,即此可见。除禅宗南宗某些僧人以外,所有各宗派称为大德的僧徒,精神上全是天竺僧的俘虏和奴仆,全是假出世的贪夫和痴人。佛教徒以东晋至隋唐出了许多名僧欣欣自得,实际是出了许多天竺奴仆和贪痴人,这些人丧失了民族自尊心,以生在中国不生在天竺为憾,无耻地自称是释迦的儿子,密宗甚至说僧人是从佛口里生出来的。因此僧徒自称为释子或佛子,自东晋道安开始以释为姓,僧徒俨然以特殊贵族(释种)自居,以为理应受优厚的供养。僧人怀信著《释门自镜录》,序文说:"我九岁出家,现在已过六十岁了。我能够住大房子,逍遥自在,衣服被褥,都轻软安适,生活闲逸,天还没有大亮,精馔已经陈列在前,到了午时,多种食品摆满桌上。不知耕获的劳苦,不管烹

176

调的烦难，身体长到六尺，寿命可望百年。谁给我这样的福气呢？当然是靠我释迦佛的愿力呵！我估计过去五十年中饮食用米至少有三百石，冬夏衣服，疾病用药，至少费二十余万钱，至于高门深屋，碧阶丹楹，车马仆隶供使用，机案床褥都精美，所费更算不清。此外，由于愚想和邪见，胡乱花用，所费更是难算。这些钱财，都是别人所生产，却让我享用，同那些辛勤劳动的人，岂可用相同的标准比较苦乐。可见大慈（佛）的教太好了，大悲（菩萨）的力太深了。何况佛以我为子而庇护之，鬼神以我为师而尊奉之，帝王虽贵，不敢以臣礼要求我，即此可知僧人的高贵，父母虽尊，不敢以子礼要求我，即此可知僧人的尊崇。再看四海之内，谁家不是我的仓库，何人不是我的子弟，只要我提钵入室，人家收藏着的膳食立即摆出请用，携杖登路，人家松懈的态度立即变得肃然起敬。古人有一饭之恩必报的说法，何况我们僧人，从头到脚都是靠如来的养活，从生到死都是靠如来的保护。假如我们不遇佛法，不遇出家，还不是要早晚犯霜露，晨昏勤耕种，衣不盖形，食不充口，受种种逼迫，供别人奴役。那有资格扬眉大殿之上，曳杖闲庭之中，跣足清谈，袒胸谐谑，居不愁寒暑，食可择甘旨，使唤童仆，要水要茶。"僧徒过着这种高级地主阶级生活，即寄生动物生活，还狂妄地自尊自贵，毫无愧耻的意思，一味感恩释父给他们设立满足寄生动物贪欲的佛教。所以僧徒决不肯放松寄生动物生活

177

的利益，也决不敢改动释父所立的教规，否则寄生动物的利益就动摇了。这些教规都是通过天竺僧或西域僧传来的，因此，宁愿当外国僧的奴仆，誓死对抗反佛的各种势力。他们真是那样热爱释父么？看来是可疑的。实际热爱的主要是寄生动物生活，其次是来生的福报。归根是贪婪无厌。《真言要决》是揭露佛徒罪恶的一本著作，其中有云，"群队扬声唤佛，何曾有微觉之情；相率大唱善哉，讵怀片善之志，忽忽争头逐食，喻于猎狗寻膻，扰扰竞觅施财，剧于飞蛾赴火。不辨菽麦之状，亦复说法化人，当身现是被囚，焉能为人解缚。但知劝他布施，不悟己是悭贪，仍号我是沙门，施者应当获福，莫省己之长短，破戒违律之愆。奸非谄曲恣伪，犹称如来释种，破灭正法，非是外人。"这都是事实。佛徒是技术最巧的骗子，是形迹隐蔽的毒虫，徒众奉佛教必然变成骗子和毒虫，也就必然要誓死拥护佛教，重利诱骗之下，谁也不愿放弃寄生动物生活再去辛勤劳动。利诱之外，佛教又有一套威胁的方法。方法之一，叫做唱导，专有一种僧人以唱导为业。《高僧传·唱导篇总论》说，"唱导者盖以宣唱法理开导众心也"。僧寺每日初更时候，绕佛行礼，环境寂静，僧人专心，默不作声。这时候导师擎香炉登高座，慷慨发言，谈无常则使人恐惧发抖，讲地狱则使人怕得哭泣，泪流满面，说昔因则使人似乎眼见前生恶业，算报应则使人预知后一生的果报。谈快乐则使人心胸畅悦，叙哀感则使人流泪心酸。在这种情况下，一堂僧徒无不心情惶惶，五体投地，个个唱佛号，哀求垂慈悲。等到后半夜，导师又讲时光易逝，胜会难留，使人感到紧迫，满怀恋慕。佛寺对僧徒夜间进行恐怖教育，夜夜如此，因果报应说深入意识中，自然成为神经病者，着迷既深，不能复醒。宗教确是毒害人类精神界的鸦片烟，高僧则是受毒更深，因为被灌注了毒性更大的吗啡。佛寺先诱人出家，使生活寄生动物化，然后施以恐怖教育，使毒汁融入脑髓，所谓大德开士，竭力宣扬毒气的人，就是受毒害最深的宗教奴仆，要求他们摆脱外来传教僧徒的桎梏，是不可能的。这些外来僧徒在外国，都钻研过多年佛经，也就是吸食过毒性极大的有瘾人，他们只能要求俘虏和奴仆永远吸毒象他们一样，决不肯放任俘虏和奴仆跳出罗网，做一个独立生活的人。

佛经是在长时期内由外道、佛教徒杂凑起来的著作，各经所说的道理，可以绝对相反，例如有些反对有，主张空；有些却毁空赞有。有些主张弃小乘学大乘；有些却主张先学小乘后学大乘。有些反对有所得心，说宁犯五逆罪，不生有所得心；有些却说宁可起我见如须弥山，不起空见如芥子许。又如《法华经》说，不得亲近小乘三藏学者，《十轮经》却说，无力饮池河，讵能吞大海，不习小乘法，何能学大乘。如是等诸大乘经，诃有诃空，赞大赞小，无有定说。同是大乘经论，如《涅槃经》等说，一切众生皆有佛性；《解深密经》等说，有一类人不具佛性，终无成佛之期。同称佛所说，相差如此悬殊。给它弥缝的说法是因为听佛讲话的对象不同，故佛说也不同，有的说佛"随缘化物，难可思议"。所谓难可思议，就是承认佛经自相矛盾，无法讲通。向来外国僧徒和他们的奴仆，按照本宗派的讲法讲去，不管通与不通。南北朝末期，中国僧徒开始自创宗派，意图贯通异说，虽未能解脱宗派积习，但不甘心作外国僧徒的奴仆，开动自己的头脑，升格为释迦（实际是龙树）的奴仆，总还算是前进了一步。中国僧徒自创的宗派有如下的两个：

（6）天台宗

中国僧徒沾染天竺僧鄙习，门户之见极深，各执所据，矛盾杂出，真是"混奴婢而乱放，各识家而竞入"，宗派厘然，各自归宗，不会误入别门，所谓"得其小（小乘）者忘其大（大乘），执其偏者遗其圆"，就是佛教闹宗派的实情。北齐僧人慧文读龙树《中论》，其中有这样莫名其妙的话，它说"因缘所生法，我说即是空，亦名为假名，亦名中道义"。慧文恍然大悟，以为一切事物无非因缘所生，而此因缘有不定有，空不定空，空有不二，名为中道。佛教大别不外主有主空两大派，既然说是空有不二，宗派争斗也就认为不必要了。慧文依龙树即空即假即中的说法，创立所谓心观（一心三观），天台宗的萌芽由此开始。

慧文传弟子慧思。慧思取大小乘中定（禅定）慧

（义学）等法创立学说，意在定慧双修，因定发慧。北方僧徒不重义门，唯重坐禅，南方僧徒学风却正相反。慧思自以为贯通南北，实际却导致南北僧徒的反对。在北齐，为僧众所恶，五四八年，被僧众毒害，几乎死去。慧思避往南方，五五四年，被僧众下毒，死去又救活。隔了一年，很多僧徒又要害死他，他立誓要造《金字般若经》，广为众生讲说。第二年，众僧徒阻断檀越（施主）给慧思送饭，前后五十日，慧思令弟子出去乞食，得延生命。要杀害慧思的僧徒，当然都是有地位的名僧，他们为了自己的名利，甚至用杀害的手段来消灭论敌，什么慈悲无争不杀等训条证明全是为骗人而设，僧徒本人是不受限制的。

智颛是慧思弟子，是天台宗的创始人。他出身士族，父亲做梁朝益阳侯，梁元帝亡国，亲属离散，智颛深厌家狱（僧徒称人世为苦海、火宅、家狱），要求出家，由军阀王琳介绍为僧。陈朝时，投慧思门下，代慧思讲经，成为慧思的法嗣。他原来的社会地位很高，当了和尚，陈朝大臣很多是他的学徒，再没有人敢谋害他。在僧徒中他的声望愈来愈高，居住天台山，陈宣帝割始丰县租税给智颛作养徒的费用。隋灭陈，隋文帝下诏问候，晋王杨广迎智颛为师。智颛尊杨广为总持，杨广尊智颛为智者。政治上的声势，使他成为富贵和尚。他造寺三十六所，曾说，我造的寺，栖霞、灵岩、天台、玉泉，乃天下四绝也。他又造大藏十五处，旃檀、金、铜、画像八十万躯，著书三十余卷，亲度僧一万四千人。他是天台宗派的创业人，也是耗损民财的大蠹虫。他的弟子灌顶记录师说凡百有余卷，有了书，天台宗有所依据了。天台宗以调和各派为宗旨，所谓一心三观，圆融三谛，就是调和的一种说法。至于什么是三观三谛，无非是些戏论。譬如它说，一空一切空，假中皆空；一假一切假，空中皆假；一中一切中，空假皆中。这叫做三一无碍。大乘教否认外界事物的存在，硬说都是空幻，它举例说，明镜之光明即空，镜像即假，镜体即中，这都是莫明其妙的诡说，佛教却以为是至理妙言。谁误信这些精神反常的话头，谁就变成反常的神经病者。三观三谛以外，又有所谓五时八教的判教。佛经托名释迦"金口"所说，可是彼此矛盾，谁也不能贯通，有些僧徒用判教的方法，企图自圆其说，还企图抬高本宗派所奉的经是无上圣典，结果又是矛盾百出，愈判愈糊涂，天台宗的五时八教，总算勉强说成了一套。五时是释迦说教五十年，按照徒众接受的水平，分为五个时期。一为华严时，据说，释迦成道后，三七日间，为徒众讲《华严大经》，徒众根基浅薄，完全不能接受，改讲浅近易懂的教义。二为鹿野时（前后十二年），释迦居住在鹿野苑，说三藏教《阿含经》，即小乘教义。三为方等时（八年），劝徒众向往大乘，说《维摩》、《楞伽》、《金光明》等经，要小乘人耻小慕大，弹偏斥小。四般若时（二十二年）说《摩诃（大）般若》、《金刚般若》等经，以空慧水（诸法皆空）淘汰洗涤大小各别的情执。五法华涅槃时（八年）释迦以为徒众机缘已熟，可以听微妙不可思议的妙法，说《妙法莲华经》（简称《法华经》）。临死时，一日一夜说《涅槃经》，与《法华》同是最高的妙理。天台宗所依据的经典，主要是《法华经》，《法华》列在第五时，显然是想抬高本宗派的地位。八教是化仪四教与化法四教的总称。化仪有顿、渐、秘密、不定四种，化法有藏（小乘）、通、别、圆四种。《法华》《涅槃》在八教之上，乃是非顿、非渐、非秘密、非不定之教，是圆满完全之教。说来说去，无非是宗派陋习的表现。

天台宗提倡止观，说是入涅槃之要门，止即是定，观即是慧，定慧双修，可以见佛性，入涅槃。修止的方法是把心系在鼻端或脐间（脐下一寸名丹田）等处，使粗乱的心静止下来。如果心不能静，则用观的方法。观有两种：一种是对治观，如用不净观治淫欲，慈心观治瞋恚等。二是正观，观诸法无相，并是因缘所生，因缘无性，即是实相，先了所观之境一切皆空，能观之心自然不起。归根说来，是要人静坐息心，无思无虑，入半睡眠状态（入定），但又不是完全熟睡（这叫痴定），心中仍有观慧，即仍在做梦。试举智顗遗嘱里所说老和尚转世的伙夫为例来看：某寺伙夫窃听说法，烧火时看火烧薪柴，心里想到生命无常，比火烧柴还快，蹲踞灶前，寂然入定，火灭锅冷，管事僧怕众僧挨饿，禀告上座。上座说，这是好事，不要触动他，等他自起。伙夫入定数日，才醒过来，到上座处说经过情形，愈说愈深奥。上座说，你刚才说的我都懂得，现在说的我不懂了，不必再说下去。上座问他颇知宿命么？伙夫说知道一些。上座问，你犯什么罪做贱人，又有什么福能速悟。伙夫答，我前世是此寺老辈僧的师父，年少辈的祖师，现在僧众所学，都是我前世讲给他们的教训。那时候有一客人来，我取寺中菜少许款待客人，没有偿还，死后因此受罚，来给众人执贱役。也因过去修行多年，所以觉悟较易。宿命罪福，其事如此。这是智顗说的话，他懂得什么是定，足见一般入定就是做梦的睡眠。做梦兼扯大谎，就是这个伙夫的入定。

智顗应该说是精通大乘佛法的人，他讲即空即假即中的教义，自然头头是道，俨然成套。可是他对财产的重视，丝毫也不看作空假。他受到帝王的尊崇，获得大量布施，造三十六所寺，就是他的财产，他在遗嘱里谆谆告诫后人，必须爱护寺产，不可自私。他举例说，一个老和尚某次有私客，取少许寺菜款待客人，忘记赔补，死后被罚作贱人，在本寺中当伙夫（说明佛教思想的极端自私，处理事情的极端偏激）。又说他的同学照禅师，是慧思门下第一个学生，曾用寺盐一撮，以为数量极微，不以为意，后来忽然神经失常，看见三年内共欠寺盐数十斛（说明僧寺的重利盘剥），急得赶快卖掉所有衣物，偿还寺盐。他又举本人为例，凡出门行动，骑寺驴都按价偿还。这和张家庄李家庄的张太公李太公，积得一份产业，临死嘱咐子孙，千万保存遗产的心情并无区别。智颉出家，因为"深厌家狱"，他为寺产而计较利害，不是出了家狱又入寺狱了么？口头上尽管谈空反有，实际行为总是执有反空，高僧与凡夫在财物爱好上观点是一致的，并无道俗之分。

（7）华严宗

《华严经》是龙树所造，龙树自称入龙宫读《华严经》，遂传于世，天竺僧人造谣说谎的胆量极大，龙树就是这种人的代表。东晋时译出六十卷，南北朝时很多人讲华严，传说北魏人刘谦之作《华严论》六百卷，此外作疏的人还不少。武则天时，又译梵本得八十卷。唐德宗时又译梵本得四十卷。可见华严一向是被人重视的经典。与智颉同时的终南山僧杜顺，开创华严宗，著《华严法界观门》，是为华严宗的观法。弟子智俨，著《搜玄记》五卷，阐明本宗观法。智俨弟子法藏著书多种，俨然被认为华严宗大师，武则天命法藏开讲《华严经》，很得则天宠信。法藏参与政治活动，因而得到三品官的奖赏，死后赠鸿胪卿。他为唐中宗唐睿宗两个昏君授菩萨戒，得皇帝门师的地位，王公贵族都对他恭顺，声势极盛。唐中宗给他造五所大华严寺，华严宗与天台宗一样，依靠政治势力的资助才发达起来。他的三传弟子澄观，为唐德宗门师，被尊为教授和尚，诏授镇国大师称号，任天下大僧录。唐宪宗给他金印，赐僧统清凉国师之号，主持全国佛教。唐穆宗唐敬宗相继封澄观为大照国师。唐文宗加封为大统国师。华严宗有这样一个阔和尚，宗派自然发达，到了最高峰。澄观活了一百多岁，临死召集大弟子们传授秘诀说，你们"……勿迷陷邪心，勿固牢斗争（无争）……对镜（见物）无心，逢缘不动，你们就对得起我了。"意思是要弟子们勿固执一边，与人斗争，把事物看作虚幻不真，是非无动于心。《华严经》是一部大经，他讲得纯熟，著作丰富，又与人无争，不牵涉人间是非，得到帝王公卿的尊崇，秘诀就是如此。澄观有门徒一千，弟子宗密独得其秘传，宗密本是禅宗南宗僧人惟忠的学生，投拜澄观门下，被认为唯一的高徒。这时候皇帝已是唐武宗。唐武宗灭佛，华严宗一蹶不振，不再有大规模的传授，足见它的发达，主要是靠政治上活动。

华严宗是依《华严经》谈法界缘起、事事无碍，以此为宗旨的宗派。杜顺提出三种观法，一是真空观，二为理事无碍观，三为周徧含容观，总意是在调和各宗派，企图贯通佛经诸矛盾，标榜事事无碍，以圆教自居，它和天台宗都看出天竺佛教思想的极端偏僻性，所以判各宗派为偏教。但佛教自释迦举四谛创教，怖生乐死，思想十分反常，偏僻已成定型，无可补救，大乘教主张一切皆空，万法唯心，否认客观事物的实有，这又是何等偏僻荒谬的思想。龙树提倡非空非有的中道，非空非有即非这非那，究竟是什么东西，实际还是一个空。所谓中道，仍是偏道。天台、华严两宗都想立圆教来救

186

偏教，天台宗定慧双修（坐禅与读书求知识并重），圆融三谛（即空即假即中），只能救偏中之偏，无救于根本之偏。华严宗讲理事无碍和事事无碍。所谓理事无碍，理即真如（真理），事即万事万物。事物生灭变化，都不离真如，故真如即万法（事物），万法即真如，真如与万法，无碍融通。譬如水与波互相融通，无碍一体，是名理事无碍法界。剥削阶级与被剥削阶级同是人，但有利于剥削阶级的理恰恰有害于被剥削阶级，怎能以水波一体为喻互相融通？自然界事物各有它们的特殊规律，怎能互相融通？所谓事事无碍，以为万法中之一一事事物物即真如，即事事物物皆真如法性，虽一微尘，亦悉具足真如之理性，故事事互不相碍，一即多，多即一，举一则一切随之，主伴具足，重重无尽，恰如波波，互相融即，一体一性，无障无碍。是名事事无碍法界。这里把事物和真如（理性）都看作完全抽象的东西，可是事物都各有自己具体的特殊的规律，不能无条件地相即相融。华严宗有以为诸佛与众生交彻，净土与秽土熔融，法法皆彼此互相，相即相入，无碍熔融。尽管它有这一套讲法，但不能与其他宗派无碍融通，甚至对自称圆教的天台宗，华严宗也并不和它熔融无碍。佛教不论是偏是圆，总无非是脑里空想，口上空谈，毫无实际意义，根本是为统治阶级忠实服务的一套骗人把戏。

这里摘引《华严一乘教义分齐章》中一小段作例，说明它讲的道理是十足的诡辩和遁辞：问真如是有耶？

答不也，随缘故。问真如是无耶？答不也，不变故。问亦有亦无耶？答不也，无二性故。问非有非无耶？答不也，具德故。又问有耶？答不也，不变故。问无耶？答不也，随缘故。又问有耶？答不也，离所谓故。又问有耶？答不也，空真如故。问无耶？答不也，不空真如故。问亦有亦无耶？答不也，离相违故。问非有非无耶？答不也，离戏论故。又问有耶？答不也，离妄念故。问无耶？答不也，圣智行处故。这真是可憎的诡辩，问答了一大堆，真如的有无始终不明，这一堆问答全是废料，全是空头把戏。

天台华严两宗，都自称圆教，不同于天竺传来各宗派的偏教。但是，佛教本身就是矛盾百出，无法自圆其说的大杂拌，这两个圆教要自圆其说，不得不求助于莫知其意的诡辩和支离烦琐的义疏，愈说愈不圆，与偏教比较，未见其圆，只见其不离于偏。所以推翻佛和一切经论的禅宗南宗一出现，偏教与圆教同样走上被人遗弃的一条道路。

佛教（各宗派包括下节所说的禅宗）是唯心主义的哲学，当然，根本是谬误的。不过，它也接触到某些真理，它那种极端片面的思想方法，又总是把这些真理推到极端偏僻的方面去，做出荒唐的论断。譬如说，因果律在自然界和社会中是存在的，佛教却说成因果报应，妄谈罪福，诱人昏迷，佛教的骗术，基本上就是因果报应。又如世界上事物都是在变化，古希腊哲学家已经看到万物存在，同时又不存在，因为万物是在流动和不断变化，是在产生和消灭；世界是由彼此斗争的对立面组成的。佛教对此有一定认识，却说成生命无常，产生极端厌世的思想，愿求无生法，以住涅槃（死）为至乐，真是偏僻出奇的怪想。佛教也看出斗争的存在，却强调无争，认为争是烦恼的根源，必须无争才能得道。又如世界上一切现象都以条件、地方以及时间为转移，一有执着，便不合事物运动的实际。佛教也有一定的认识，强调无著、破执，说是要"言以不住为端，心以无得为主"，破人我执、法执的结果是一切皆空，否认所有客观实在的事物。又如分析是认识事物的必要方法，佛教却利用分析法作为否认物质存在的手段。它用极其烦琐细碎的分类法，将所谓我与宇宙，如剥蕉叶，一一剥落，妄图说明实物只是色、受、想、行、识五蕴暂时的偶然的积聚而已，并无实我，亦无实宇宙。又如世界上任何一个现象，都不是彼此隔离孤立的，而是互相联系着，互相依赖着，互相制约着。佛教对这些规律也有一定认识，却说成缘起（亦曰缘生），以为一切事物都由无明（愚、痴、惑）而生，《缘起圣道经》有这样一段怪论，说："无明灭故，行即随灭；由行灭故，识亦随灭；由识灭故，名色随灭；……由有灭故，生亦随灭；由生灭故，老死愁叹忧苦扰恼皆亦随灭，如是永灭纯大苦聚"。龙树《中论》说偈云"因缘所生法，我说即是空"。佛教以寂灭为终极目的，即使偶有所见，结论都引到谬误上去。佛是一种宗教,既是宗教就永远与真理背道而驰,只能做蠹国殃民的事,这里摘引晚唐文士杜牧所作《杭州新造南亭子记》,借以说明佛教罪恶的一斑。杜牧说:"佛经说人死后,阴府就收死人的灵魂,考校他一生的行为加以罪福。受罪的刑狱皆极怪险,非人世所有。凡是生平曾经发生过的一些错误,都将入狱受罪。尤其怪险的是狱广大有千百万亿里,遍地大火焚烧,狱中人一日间凡千万次死去活来,接连亿万世无有间断,名为无间地狱或阿鼻地狱。"地狱刑罚的无比残虐,正反映佛教思想的极端恶毒和天竺社会阶级压迫制度的极端野蛮。统治阶级稍微采用一点阴间刑法,就成极大的暴君民贼,被统治阶级就无法活下去。杜牧又说:"佛寺夹殿上和走廊上,都画地狱情状,人初次看到,无不毛骨悚然,心神骇惧。佛经又说,我国(天竺)有阿阇世王,杀父篡位,依法当入无间狱,但阿阇世能求事佛,后生为天人,况其他罪!只要能事佛,就可免罪得福。世人误信谬说,做尽坏事以后,自知有罪,就捐出一些财物,奉佛以求救。过了若干时日,说,我罪不小,富贵如所求,足见佛能灭吾罪又能赐我福。有罪罪灭,无福福生,人之常情无非是避祸求福,现在权归于佛,买福卖罪,似乎拿着文契,当面交易。有些穷人穷到幼子啼号,不能给一饼,偶有百钱,却必召一僧吃斋,希望得佛助,有一天获福。这样下去,全国到处是寺是僧,不足为怪了。造寺惟恐不大不壮不高不多不珍奇瑰怪,无有人力可及而不为者。"唐文宗曾对宰相说，古时三人共食一农人，今加兵佛，一农人乃为五人所食，其中吾民尤困于佛。文宗本想废佛，因佛教势力强大（僧徒与宦官勾结），不能发动。唐武宗继位，发怒说，使我民穷困的是佛。下诏废佛，先拆去山野招提和兰若（私立的僧居）四万所（李德裕《贺废毁诸寺德音表》作四万六千六百余所），还俗僧几达十万人。会昌五年（八四五年），规定西京留四寺，留僧十人（当是每一寺留十人），东京留二寺，天下所有节度观察所治州三十四处得留一寺，留僧照西京例。其他刺史所在州不得有寺。派遣御史四人巡行天下，督促实行。御史乘驿马还没有出关，天下寺连屋基都已经挖掉，足证佛寺恶贯满盈，民众对佛寺憎恶已极。凡废寺（朝廷赐名号的僧居）四千六百余所，僧尼还俗二十六万五百人（李《表》作还俗僧尼并奴婢共约四十一万余人），释放奴婢十五万人，良人被奴役的比僧尼加倍，约五十余万人（例如禅宗南宗始祖慧能投寺出家，被派为舂米行者）。没收良田数千万顷（杜牧及《会昌拆寺制》均作数千万顷，李《表》作数千顷，疑是数十万顷）。奴婢每人给田百亩，编入农籍，其余被霸占的民财，一概没收充公。一个寺里管事僧（统治僧）不过数人。以不空遗嘱为例，有资格在遗嘱上署名的只有直岁、典座、都维那、寺主、上座连不空本人共六名，假如一寺统治者六人，四千六百寺共二万七千六百人，这部分人占有奴婢十五万人，一个统治僧平均有奴婢五六人，再加被奴

陕西西安唐慈恩寺大雁塔

役的良人（农奴）五十余万人，一个统治僧占有奴婢和农奴在二十人以上。显然，佛寺是行施大骗局的机关，所有奴婢（例如梁武帝投佛寺为奴，算是功德）、行者（农奴）财产都是骗来或霸占来的。它又是大批寄生动物（统治僧）的养育场，这个养育场保存并发展着奴隶制度和封建农奴制度。从天竺移植过来的落后制度，在中国借宗教迷信的力量，大大发达起来了。

第二节　禅宗——适合中国士大夫口味的佛教

佛教是设计极巧的一套大骗术，东汉以前，中国从来不曾出现过这样狡诈的大骗子，中国思想界无论在理论上经验上都缺乏有效的反对势力。自从佛教传来以后，它的神不灭说、因果报应说、以及有关天上人间，唯我独尊的无数神话，把人们催眠成昏迷状态，理智丧尽，贪欲炽盛，厌弃现世，或者贪得无厌，一心求来世更大的福报。上层僧徒过着安富尊荣的寄生动物生活，是剥削阶级里从外国搬来的一个新剥削阶层。唐德宗时杨炎奏称，"凡富人多丁，率为官为僧"，官与僧同是富家子弟的两条出路，这种僧自然是上层僧徒，有些可以得到大富大贵的地位。孙樵《复佛寺奏》说，"若群髡（音坤 kūn 僧徒）者所饱必稻粱，所衣必锦縠，居则邃宇，出则肥马，是则中户不十，不足以活一髡，武皇帝（唐武宗）元年（八四一年），籍天下群髡凡十七万夫，以十家给一髡，是编民百七十万困于群髡矣。"会昌五年唐武宗灭佛，还俗僧尼二十六万人，本年全国户口帐为四百九十五万余户，按十户养一僧计算，是全国受僧害的民户在半数以上。辛替否《谏（唐中宗）兴佛寺奏》里说，"十分天下之财而佛有七八"，并非夸大之语。佛教无疑是社会的大祸害。

自东晋到唐初禅宗南宗兴起以前，中国没有一个力量能够战胜佛教。反对佛教大抵有三个力量。一是朝廷与佛教发生利害冲突，因而用政治手段废除佛教。二是道教与佛教争夺宗教上的地位。三是儒家礼教排斥异端。佛教增多一个僧徒，即朝廷损失一个丁男的赋役，凡是多少有一些政治头脑的帝王和一般士大夫，总要感到佛教是侵夺人口的无底巨壑，还有一种威胁，即佛教从思想上俘虏中国人作佛奴：生活、礼仪、思想完全与天竺佛徒同化，甚至自称为佛子释种，不认自己是中国人。寺院有自己的法律（僧律），有自己的武装（僧兵），有自己的统治者与被统治者，不受国家律令的约束，一个寺院等于一个独立或半独立的佛国或佛刹（土）。佛国愈多，对当时政治统一的威胁愈大。朝廷废除佛教，拆毁寺院，是有理由的，佛教徒进行各种方式的敌对活动，总是突破朝廷的一切措施，求得自己发达的机会，以所谓空寂无争为教义的佛教，反抗朝廷

194

敦煌壁画中的劳动群众与僧徒

的斗争是很坚决的，因为僧徒要保持寄生动物的生活，必然全力护卫自己的佛国。

佛道两教，向来佛教居首位。唐太宗自称是老子李耳的后裔，六三七年（贞观十一年）下敕规定道先佛后，佛徒大不满意，纷纷到阙下上表反对道士位在僧尼之上。唐太宗使人宣旨说，法令久已施行，不伏者当受杖责。老年僧徒怕受杖，相顾退避。一个壮年僧徒声言不伏此理，结果挨了一顿棒，习惯于寄生生活的僧徒，一顿棒就活不成，这个壮年僧徒病死了。唐朝廷要尊祖，先道后佛，本无不可，佛徒法琳面对唐太宗说，陛下之李出鲜卑拓跋达阇，与陇西之李无关，劝唐太宗自认是阴山贵种的子孙，不要承认老聃的李姓，因老聃是牧母所生。这是多么卑劣的思想。僧徒都无耻地自以为是释迦贵种，不能屈居道后，誓死要力争首位，这是甘心做天竺僧奴仆的心理，给奴仆吃一顿棒是应该的。唐高祖时，太史令傅奕上书主张减少寺塔，废僧尼，指出佛教流弊十一条。佛徒法琳作《破邪论》《辩正论》，狂骂傅奕，为佛教辩护，呶呶不休。表现的态度，不是一般的奴仆而是盛气凌人的豪奴恶仆，以法琳为代表的僧徒，中国人的气味已经消失得不留丝毫了。唐太宗对待这个豪奴恶仆很合理，敕法琳说，你著的《辩正论·信毁交报篇》里说，有念观音者，刀不能伤，现在给你七天去念观音，到期试刀，看是否不伤。法琳的两论都是用大量谣言谎话构成的虚头把戏，最怕的是实验，这一下真难倒了法琳，他在狱中迫切哀求佛菩萨显灵保佑，当然哀求不出什么来。七日期满，法琳苦思救命之计，忽然想得一计，当敕使来问刑期已到，你念观音有灵否？法琳答，七日以来，我不念观音，只念陛下。唐太宗使人问，诏书令你念观音，为什么不念，却说只念陛下。法琳答，陛下功德巍巍，照经典说，陛下就是观音，所以只念陛下。法琳说了一大套谄谀奉迎的话，豪奴的骄气黯然消失。唐太宗免法琳死罪，流放到远州僧寺，法琳在路上病死。佛奴仗佛势，令他拿出佛的实据来，所有奴仆的虚骄气，自然不打自消。对付佛教以及对付一切宗教的最好方法，就是不听空言，要求实据。

凡是天竺传来的宗派，都自以为圣法如此，丝毫不容变通，属于本宗派的中国僧徒，也盲目顺从，甘心作天竺僧徒的奴仆，大僧如玄奘义净等人，都不免有奴仆相，更不用说其他僧徒了。陈隋间中国佛徒成立半自立的宗派：天台与华严两宗，都标榜圆教，斥其他宗派为偏教。这两个所谓圆教，一方面企图调和佛教各宗派，另方面也企图与中国的反对派别谋调和，天台宗与道教接近，华严宗与儒学接近，两个所谓圆教的产生，自然是道儒与佛教长期斗争的结果。天台宗有修习止观坐禅除病法，与道教相似。智颛《修习止观坐禅法要杂说》："脐下一寸名忧陀那，此云丹田，若能止心守此不散，经久即多有所治"。又说，"用六种气治病者，即是观能治病。何等六种气？一吹；二呼；三嘻；四呵；五嘘；六呬。颂曰：心配属呵肾属吹，脾呼肺呬圣皆知，肝藏热来嘘字至，三焦垂处但言嘻。"又说"十二种息（呼吸）能治众患，一上息；二下息；三满息；四焦息；五增长息；六灭坏息；七暖息；八冷息；九冲息；十持息；十一和息；十二补息"。守丹田属于止，六气十二息属于观，归根不外止观二法。天台宗也谈不死之药，湛然《止观辅行传弘决杂录》说，"太阳之草名曰黄精，食可长生；太阴之精名曰钩吻，入口则死。金丹者圆法也，初发心时成佛大仙，准龙树法飞金为丹，故曰金丹"。道士炼丹，佛徒也谈炼丹，佛徒坐禅调息，道士也谈静坐炼气，在这些方面佛道圆通了。

儒家礼教向来是统治阶级维持政权的基本工具，任何佞佛的帝王，礼法刑政总得依据儒家，凡明经进士两科出身的官吏，多半算是儒家中人，他们谋富贵的主要途径——仕途，不愁僧徒来夺取，因之儒佛间的冲突比佛道两教间要和缓些。不过，儒佛双方在意识形态上，存在着根本的矛盾，特别是对父母的关系有极大距离。儒家认为孝是"至德要道，百行之首"；是"德之本也，教之所由生也"。"孝始于事亲，中于事君，终于立身"（《孝经》）。儒家谈孝道，深入人心，谁敢倡异议，必然要受到谴责。佛教却别有说法，佛书说，"识体（灵魂）轮回，六趣（地狱、饿鬼、畜生、阿修罗、人间、天上）无非父母，生死变易，三界（一欲界——上为六欲天，中为人世，下为地狱。二色界——在六欲天之上的天。

三无色界——在色界之上的天，守五戒的人转生人间，行十善的人死后生天上为天人）孰辨怨亲"。又说，"无明覆慧眼，来往生死中，往来多所作，更互为父子，怨（仇人）数为知识（朋友），知识数为怨。是以沙门均庶类于天属，等禽气（一切动物）于己亲，行普正之心，等普亲之意"。照这种怪说，禽兽虫蚁可能是自己的七世父母，现在的父母，可能来世是自己的子孙，佛教的怪谬思想，儒家和受儒学影响的人是绝对不能容忍的。佛徒自知弱点所在，不得不向儒家让步。强调《智度论》所说，净饭王死，佛亲自执绳床一脚，舁尸体到火葬场，表示一切众生应该报生养之恩。法琳《辨正论》对道教怒目狂骂，对儒家也多有微辞，独表扬释迦舁父尸是孝子，说"孝敬表仪，兹亦备矣"，唯恐受不孝的责备。唐后期华严宗兼禅宗僧人宗密作《佛说盂兰盆经疏》，序里说"始于混沌，塞乎天地，通人神，贯贵贱，儒释皆宗之，其唯孝道矣"。这些话虽出于佛徒之口，可以说与儒生无甚区别。不过佛徒行孝的方法与儒不同。宗密说，"应孝子之恳诚，救二亲之苦厄，酬昊天恩德，其唯盂兰盆之教焉。"归根还是荒唐的因果报应。宗密作《华严原人论》，承认释迦、孔、老都是至圣，与法琳说释迦是大圣，孔、老是小圣，说法也不同。佛徒不敢用天竺怪说反对孝道，儒生才有调和的借口。柳宗元《送僧浚归淮南序》说，"金仙氏（佛）之道盖本于孝敬而后积以众德，归于空无"。又《送如海弟子浩初序》说"浮图诚有不可斥者,往往与《易》、《论语》合……不与孔子异道"。又说"吾之所取者与《易》、《论语》合。……退之(韩愈)所罪者其迹也。曰髡而缁,无夫妇父子,不为耕农蚕桑,若是,虽吾亦不乐也"。又《送文畅序》说"上人之往也,将统合儒释"。又《送元暠序》说"释之书有大报恩七篇,咸言由孝而极其业,世之荡诞慢讪者,虽为其道而好违其书,于元暠师吾见其不违且与儒合也"。柳宗元主张调和儒释,调和的根据是孝敬和与《易》、《论语》合。与儒合的佛徒不是那些照天竺原样搬来的各宗派而是中国化的佛教。

朝廷反佛的力量,表面上打击力很重,但接着便是佛教更大的发达。王通得出这个经验,在《中说》里说,"程元曰,三教何如?子曰,政恶多门久矣。曰,废之何如?子曰,非尔所及也。真君(北魏太武帝)、建德(北周武帝)之事,适足推波助澜,纵风止燎耳"。反佛以后,反而佛教大盛,这是什么原因呢?首先因为佛教兴盛的社会基础,即阶级压迫并没有什么改变,而统治者之间又充满着矛盾和斗争。隋文帝给智颛诏书里说,"往者周武毁弃佛法,朕曾发心立愿,必许护持。及受命于天,遂即兴复"。一个皇帝反佛,另一个谋篡夺的野心家,对佛许下弥天大愿,求佛保佑。又灭佛的皇帝,一般是不久即死,因为灭佛多信道,信道必吃长生药,吃药必死,野心家得以减少篡夺的阻力。及篡夺成功,以为佛真有灵,不吝重价还愿,反佛以后,佛教大兴,原因在此。

　　拥护佛教的力量比反对佛教的力量大, 封建时代要消除这个蠹国殃民的宗教几乎是不可能的。北周武帝灭佛就是一个例证。周武帝灭北齐, 召集齐境大僧五百余人到宫中, 宣布废佛教, 令僧徒还俗, 并允许僧众辩论。一个名叫慧远的僧徒, 与周武帝往返辩驳, 最后理屈辞穷, 拿出所谓阿鼻地狱这个法宝来恐吓论敌。周武帝灭佛坚决, 回答说, 只要百姓得乐, 我也愿意受地狱之苦。僧徒的法宝失效, 只好俯首服从法令。又一个僧徒任道琳上表要求辩论, 周武帝召到御座前, 令任道琳尽量提出兴佛教的理由, 周武帝一一据理驳回。任道琳理屈, 愿同义学僧(有学问的僧人)十人入通道观学道教。佛教是统治者的一种工具, 当统治者根据当时需要, 觉得放弃这种工具更为有利时, 便失去骗人的力量。阿鼻地狱这个吓人法宝, 有理智的人听来无非是一种玩笑, 根本不值一听, 在僧徒听到法宝失效, 却似天崩地拆, 真是一切皆空了, 还有什么别的可说。佛教的道理与地狱都被周武帝驳倒, 因此佛教徒都觉得佛经所说佛死后一千五百年佛法将灭的预言得到证明, 末日已到, 大部分僧徒遵令还俗, 也有个别僧徒为佛教办后事。例如三阶教的创立, 及刻石板经, 都是佛教作灭亡的准备。原来早在北魏孝文帝时期, 魏国政治已趋向衰朽, 社会腐败势力(佛教是其中之一)愈益上升, 最后招致大乱以至亡国。北齐政权主要依靠内徙鲜卑的支持，基础薄弱，尤其需要佛教的助力。北魏孝文帝以后，朝廷及鲜卑贵族，一向求助于佛教，任其无限制地发达起来。北齐更大力推行佛教，僧徒增至二三百万人，北齐因此亡国（当然还有其他亡国原因，崇佛却是主要原因）。智𫖮给晋王杨广书里说，"从前北齐某帝，见负炭兵形容憔悴，愍其辛苦，放令出家，唯一人愿去。齐主叹曰，人皆有妻子之爱，谁肯孤房独宿，瞪视四壁，自弃在山林"。这是富贵人的说法，事实上贫贱人出家，仍受寺院上层僧徒的统治。这种统治是来自天竺奴隶制的，非常惨酷。只要看普通僧徒生病，寺院不给予治疗，却给饮龙汤，促使速死，寺院的残酷可见一斑。三阶教经书里说，"我教法中，恶法渐兴，实非沙门，自称沙门，破戒比丘，处处充满，为利养故，不修道德，身被法服，经理俗务，市肆贩卖，涉路往来，或复营农，贮积粜籴，或复商贾求利，或作种种工巧之业。托附俗官，为动弦管，并共棋博，或行媒媾，令彼欢喜。或假他势力，侵削道俗，所得财物，分与俗官。"这里说的种种谋利之事，经营农工商各业，被剥削被奴役的对象，首先自然是寺院内下层的普通僧徒。当时天竺奴隶制式样的寺院剥削比鲜卑更凶残，所以负炭兵宁愿辛苦憔悴，不愿出家作僧徒，什么孤房独宿，瞪视四壁，下层僧徒所受痛苦，何尝只是这些。佛教内部极端腐朽，早已是打倒的对象，北魏流行的假经如《小法灭尽经》，《佛说法灭尽经》，《五浊恶世经》，都是宣布佛教罪恶，末日已到的流行书籍。外部又有儒与道教的攻击，周武帝灭佛收效极速，因为他代表着社会的反佛趋势。但是，周武帝死后佛教又大发达起来。剥削阶级需要宗教，佛教尤其适合剥削者的爱好，因此，灭佛以后必有各种护法者出现，让佛教再兴。不消灭社会的剥削制度，佛教和其他宗教只能暂时受挫，要它们根本消灭是不可能的。

三阶教创始人名叫信行，在周武帝灭佛后，采取佛经中最野蛮最欺诈的部分，摘录成一本书名叫《三阶集录》，书凡二十六卷，又采录《三阶佛法》四卷。所谓三阶，就是分人为贤、愚、中庸三等（阶），用普通佛法教化他们。这叫做"只合行普，不合行别"（别是各宗派各有所尊奉）。三阶教徒以苦行忍辱为宗旨，每天只吃一顿乞求来的饭，吃寺院的饭算是不合法。在路上行走，见人不论男女一概礼拜，竭力提倡布施，《决罪福经》说，"大福皆用货财，乃得成耳。夫布施者，今现在世有十倍报，后世受时有亿倍报，不可计数。我常但说万倍报者，略少说耳。恐人不信，少说。"《示所犯者瑜伽法镜经》说"成佛皆因旷劫行檀布施，济救穷贫困厄众生，十方诸佛亦从布施而得成佛"。三阶教徒以身作则，死后置尸体在尸陀林（弃尸体的荒林），供鸟兽食，叫做以身布施，求无上道。愚人惊异，以为信行得了什么道，相率信奉三阶教。隋初，仆射高颎邀请信行到京都，聚徒众愈多，立五个寺来容纳徒众。三阶教创立无尽藏，积聚钱帛，分为三份，一份供天下修缮寺塔之用，一份施给天下一切老病贫穷悲田（穷人）乞人，一份供自由使用。三阶教反对净土宗提倡的念佛三昧，主张不念阿弥陀佛，只念地藏菩萨。又不许入寺，不许吃僧食，说一切佛像是泥龛，不须恭敬，一切众生是真佛，所以要恭敬。北方通行净土宗，贵族官吏刻剥民财，盛造佛寺，上层僧徒享受极其优厚，三阶教主张一切出家人，悉行少欲知足之行，俱不供养舍利，不礼塔庙，连一拜舍利塔庙也不许。

　　劳动群众一方面不免受佛教诱骗，但主要的是仇恨佛教。五一五年，北魏冀州沙门法庆聚众起兵，专毁寺庙，斩僧尼，法庆利用民愤来发动战事，足见佛教早为广大民众所唾弃。三阶教的一些主张，是想在民愤大爆发以前和以后，有所和缓和补救。无尽藏积聚钱物，准备补修被拆毁的寺庙。劳苦群众是铲除社会上一切秽恶的实在力量，三阶教人说一切众生是真佛身，合安在好妙处，自身（僧徒）既在好房舍，佛（众生）在下恶处，岂成平等？这是三阶教人说些空话来欺骗劳苦群众。净土宗盛修佛像，三阶教说是泥龛。佛徒自称应该享受，理由是佛犹如国王，僧犹如王子堪受国王的福荫，堪受如来的荫庇。又佛犹如父母，念佛人犹如儿女合得父母饭食衣服床榻卧具，这无非是僧徒给自己作无耻的辩护。三阶教看出僧徒必有一天受到惩罚，为逃避惩罚，因此说不得坐僧床，不得吃僧食，借以自

204

别于一般僧徒。佛徒称说现在住持好处所，来生得生好国土，得证菩提，所以僧应该住持寺，也应该入寺舍好处。三阶教说僧徒不该住寺，甚至不许入寺。三阶教说菩萨不亲近国王王子大臣官长，这也是矫一般佛徒奔走权门借势害民的弊病。总之，三阶教的教义，在佛教看来是反常，是异端。这种异端能够产生并盛行，说明有些佛徒自知恶贯满盈，不可避免地要被消灭。

隋文帝大兴佛教，当然不能容忍这种专办后事的教派，开皇二十年，下令禁止。可是，佛徒不敢相信本教可以久存，还是尊信三阶教，分本寺房屋，让三阶教徒居住。唐高祖唐太宗都崇道抑佛，愚顽的智实受杖，法琳在狱中念观音不灵，佛徒愈觉末日不远。一个佛徒说，自从周武灭法，佛菩萨都回到西方去了，就是说佛菩萨都骗不了人了。迷信的人为了护法，尽量布施，无尽藏接受钱帛金玉，数量多到无法计算。施舍人往往车载钱帛，交给无尽藏僧人，不告姓名而去。武则天兴佛教，屡次禁止三阶教，没收无尽藏钱帛。唐玄宗开元元年，下令灭三阶教，所有钱帛分给京城诸寺。开元十三年，令诸寺收回分给三阶教的房屋，众僧不得别住，《三阶集录》不得编入佛书目录，如纲维（寺主等掌权人）放任三阶教徒私自传教诱人，发觉后勒令纲维还俗。尽管唐玄宗再三严禁，三阶教还是互相勾结，朋援繁多，在佛教极盛的唐朝，佛徒做贼心虚，总感觉末日的将到。这种对佛教施加压力的来源，可以说是汉族传统文化通过儒家学派的复兴，渐次夺回精神界被天竺文化占去的阵地。

佛教办的另一件后事，是隋炀帝大业年间，僧徒静琬在房山的石经山开始刻石板经，藏石窟中，准备佛法完全消灭后，依靠这些石板保存佛教。静琬前后刻经三十年，石板藏满七窟。他死后，他的弟子们相继刻石。辽、金、元、明各代，还有人当作修功德，继续补刻。窟中所藏和埋在地下的石板共有八千块以上。隋文帝大兴佛教以后，静琬还不敢有佛教不灭的信心，加紧刻石以备法灭，可见鲜卑统治结束，外来宗教失去依恃，周武帝灭佛，声称"朕非五胡，心无敬事，既非正教，所以废之"。对佛教无异宣布死刑。法琳要唐太宗自认是鲜卑人，也是企图胡人事胡神，而这一企图恰恰犯了唐太宗的忌讳。汉人建立的朝廷，必须承认儒学是正教，要维持封建统治，从经验里也证明儒比佛、道是较好的工具。儒学有两个要点，一是辨别华夷，二是强调忠孝。这两点，佛教在答辩上想说出理由是极困难的。封建统治者在国为君，在家为父，臣子服从君父，是维持封建秩序的根本所在。儒家学派坚执这两点，所以任何佞佛的帝王，例如梁武帝，也不能彻底废儒。形式上儒的地位比佛道低，实际是相反，儒拥有较大的潜在力。

佛教各宗派，都偏奉一经以立法门，如天台宗奉《法华经》，华严宗奉《华严经》。佛经出发点无非是苦空二字，所说不能不是一偏之见。宗派的成立，表示执持偏见，顽固不化。各宗派的大师，都想解释所尊奉的经典，求其通达。原来佛经以文辞琐碎烦杂、义旨暗昧难明为其特征，中国僧徒继承两汉今文经学的章句之学，解释佛经，愈讲愈难通，愈难通愈讲，恶性循环，经疏愈积愈臃肿，学徒愈学愈迷惑。义净《南海寄归内法传》有一段话，说佛学流弊，他说，"讲说撰录之家，遂乃章钞繁杂……上流之伍，苍鬓乃成，中下之徒，白首宁就。律本自然落漠，读疏遂至终身，师弟相承，用为成则。论章段则科而更科，述结罪则句而还句。……又凡是制作之家，意在令人易解，岂得故为密语，而更作解嘲"。义净所说隋唐佛学，很象两汉今文经学。两汉今文章句之学，流弊也是极其烦琐，"幼童而守一艺，白首而后能言"，结果是"通人恶烦，羞学章句"。尽管朝廷在上提倡，今文经学总不免趋于衰亡。魏晋玄学兴起，攻击儒经，两汉四百年作为利禄之途的大量章句，一字不留地消灭了。任何一种学术，如果出现烦琐的解释，说明这种学术已无新的境界可辟，随之而来的只能是衰落或灭亡。隋唐佛徒作了大量烦琐的义疏，表示佛学达到极盛的境界，同时也表示接近衰亡。代烦琐学派而兴起的总是简易的学派，禅宗就是佛教里比较简易的学派。特别是禅宗南宗，尤为简易，离开文句，抛弃经典，也能一旦贯通，得大师称号。恪守佛教烦苛的戒律，死抱白首宁就的义疏的僧徒，苦于前途渺茫，忽见禅宗南宗,正如魏晋某些士人放弃章句改谈玄学一样,从烦琐的戒律和义疏中解脱出来,自觉境界一新,精神得到自由。所以禅宗南宗一出,佛教各宗派为之风靡,许多僧徒愿意接近南宗以求精神界的出路。

魏晋玄学谈无,佛教大乘谈空,无与空是可以合流的。玄学是唯心主义哲学,佛教是发展得更高度的唯心主义哲学,当然又可以合流。玄学家发挥庄周的消极厌世思想,与佛教苦空完全一致。魏晋玄学家以旷达放荡纯任自然为风尚,蔑视礼法,这和禅宗都是统治阶级里面的放荡派。玄学家是高级士族,社会地位稳固,敢于肆无忌惮。禅宗僧徒没有这样的地位,必须依靠佛教的名义才能实行放荡,所以,禅宗是披天竺式袈裟的魏晋玄学,释迦其表,老、庄(主要是庄周的思想)其实。禅宗思想,是魏晋玄学的再现,至少是受玄学的甚深影响。玄学与禅宗在思想上都是反动的,但玄学冲击儒家的奴仆礼法之士,禅宗冲击天竺佛教奴仆各宗派的死守者,在这个意义上,它们又都起着一些积极的作用,值得赞扬。佛教认为人在前生都是有大小不等的罪过,这实际是性恶论,和儒家正统派人皆可以为尧舜的性善论正相矛盾,禅宗南宗改为性善论,以为狗子也有佛性,人人可以成佛,在人性的基本问题上与儒家一致了。按照轮回说,佛教认为当前的禽兽虫蚁,前生可能是自己的父母,当前的父母,后生可能是自己的子孙,所以孝父母是无意义的事。与儒家孝悌为人之本的伦理学说如水火之不能相容。自从佛徒制造出不少讲孝的佛经，强调孝是成佛的根本，而且实行三年之丧，在唐朝，儒佛对孝的分歧，至少形式上得到一致。禅宗南宗废弃天竺传来的戒律和经典，更增加了儒佛求得一致的可能。中国封建时代的士大夫，思想来源不外道儒两家的学说，既然道家（不是道教）、儒家与佛教（主要是禅宗南宗）思想上基本取得一致，那末，经过改造（宣传孝道）的佛教特别是禅宗南宗成为适合中国士大夫口味的佛教，也就不容置疑了。攻佛最坚决的韩愈，在潮州（广东潮安县）与大颠禅师往来，认为"颇聪明识道理"。所谓道理，当然是儒家的道理，佛徒谈儒道，自然是颇为聪明。这些，正好说明禅宗南宗是适合中国士大夫口味的佛教。唐朝佛教中国化，即佛教玄学化，这是化的第一步。禅宗僧徒所作语录，除去佛徒必须的门面话，思想与儒学几乎少有区别（特别是两宋禅僧如此），佛教儒学化，是化的第二步。禅宗兴而其他各宗派都基本上消灭。禅宗获胜的原因，主要是自立宗旨，不依傍他人，放弃天竺佛教传来的奴仆面目，装上中国士大夫常见的普通相貌。这样，外来宗教在中国封建社会里，得到统治阶级的容纳，作为统治的辅助工具之一，与儒、道并存。

禅，梵语禅那，意为坐禅或静虑。僧徒一般都得坐禅，天台宗所倡的止观，也就是禅的一种。自从鸠摩罗什译出《禅法要解》等书，禅学始成专业。罗什弟子竺道生，用玄学解释佛理，已含有唐朝禅宗思想的要旨。佛教在南朝重义学（讲义理），在北朝重禅学（坐禅），因之，禅宗得在北方建立起基础来。

南天竺人菩提达磨，自称是天竺禅宗的第二十八祖，梁武帝时，从海道来到中国。达磨不合南朝重义学的学风，转到北方传播他的禅学。达磨的禅学是"直指人心，见性成佛，不立文字"。所谓见性成佛，意思是觉悟到自心本来清净，原无烦恼，无漏智性，本自具足，此心即佛，毕竟无异，如此修证，是最上乘禅。达磨教人首先是安心，安心的方法是修壁观，要人心安静象墙壁那样坚定不移。其次是发行，即一报冤行（逢苦不忧），二随缘行（得乐不喜），三无所求行（有求皆苦，无求即乐），四称法行（法指空无之理，称法而行，即无心而行）。达磨说法虽说离言说相，离文字相，但仍以《楞伽经》为依据，所谓安心发行，都是逐步深入的修行法，所以达磨所传的法，实际就是渐修法。《楞伽师资记》说达磨所说有《达磨论》一卷，又有《释楞伽经要义》一卷，亦名《达磨论》。达磨和天竺其他僧徒一样，跑到中国来，企图成立他的楞伽宗。他故意做出一套神秘的姿态，自称他的禅学是教外别传，从释迦牟尼起，历代师弟以心传心，不立语言文字，到他已经二十八代了。他带了一件棉布袈裟来，说是历代传法的凭证。这些都是无从查考的妄说，不少奴仆却被他俘获了。其中有一个"博通群书，尤善老庄"，名叫慧可的僧徒，达磨认为堪

210

充法嗣，要他表示为法舍身命的决心。慧可自己斩断一臂以表诚恳（一说被盗斩去一臂，这个盗可能是争夺法嗣的同学），达磨才把那件袈裟付给慧可。如果真有这件事，可见禅宗开始时，也带有天竺秘密传授的邪气。到了第三传僧璨（隋时人），作《信心铭》一篇，含有明显的玄学思想，它的总结是"至道无难，唯嫌简择"，与庄子《齐物论》的说法相通。禅学与玄学进一步地结合起来了。第五传弘忍，住黄梅县（湖北黄梅县）双峰山，门徒多至千人以上。据说，他的本领是"缄口于是非之场，融心于色空之境"，这和庄周思想更接近了。弘忍门徒中，神秀早为上座并为教授师，一日，弘忍宣称要选择法嗣，令门人各书所见，写成一个偈，让弘忍挑选。门人都推崇神秀，不敢作偈。神秀夜间在壁上写了一个偈："身是菩提树，心如明镜台，时时勤拂拭，莫使有尘埃"。弘忍见偈，唤神秀来，说你作此偈，只到门前，还未入门。你回去思考，再作一个来，如入得门，我付法衣给你。神秀回房苦思数日，作不得新偈。一个舂米行者（未剃发，在寺服役的人）慧能，不识文字，请人代写一个偈，说："菩提本无树，明镜亦无台，佛性常清静，何处有尘埃"？又作一偈说："心是菩提树，身为明镜台，明镜本清静，何处染尘埃"？从空无的观点看来，慧能的空无观比神秀较为彻底，因此，弘忍选定慧能为嗣法人，秘密给他讲《金刚经》，教他带着袈裟急速逃回新州（广东新兴县）原籍。一件袈裟从神秀手边突然失去，当然不肯忍让。从此，禅宗分南北两宗，慧能在岭南传顿教，被称为南宗，神秀在北方传渐教，被称为北宗。南北两宗都自称禅的正宗，因慧能传得袈裟，徒众又盛，门徒之一的神会，冒险到北方争夺正宗地位，最后南宗的正宗地位得到公认。实际上渐教是禅宗的正宗，达磨以下五代，都不曾提顿悟得法之说，神秀所写那个偈，弘忍本已承认它的嗣法资格，不料突然出现慧能两偈，比神秀说得深切，弘忍临时改选慧能为法嗣，授与传法袈裟，并给他秘密讲授《金刚般若经》。禅宗顿教，慧能是创始人。他的始祖实际是庄周，达磨不算是始祖。达磨依据的是《楞伽经》，弘忍弟子玄赜撰《楞伽入法志》，玄赜弟子净觉撰《楞伽师资记》，推南朝宋时中天竺人求那跋陀罗为第一代，达磨为第二代，弘忍门下神秀、玄赜、慧安三人为第七代，这七代人都奉《楞伽经》作立论的依据，以后排挤北宗出禅宗正统，纯是宗派斗争南宗获胜的结果。南宗所提倡的所谓顿悟，也无非是僧徒故作神奇，借以骗人的一种手法，其实慧能何曾有顿悟，他的父亲卢行瑫，唐初被贬官，流窜到新州为百姓，生慧能后三年死去，母寡居，慧能稍长，卖柴养母。不待言，这种穷苦绝望的生活，使他产生厌弃世间另求出路的想望。他偶在市上听店铺里有人诵《金刚般若经》，慧能问那里学来此经。诵经人答，弘忍禅师劝人读此经，说即得见性成佛。慧能认为找到出路，在当时普遍崇信佛教的环境里，只要留心，听些佛教教义，是不难的。唐高宗咸亨年间，他听女尼刘氏读《涅槃经》，已能讲解经义，后来又到乐昌县，依附智远禅师，谈论禅理，智远承认他理解非凡，劝到弘忍处求印证去。慧能第一次答弘忍问，表示"唯求作佛"，足见他为作佛探索了好多年。在弘忍处作舂米工役，王维《能禅师碑铭》说他听弘忍讲法，默然受教。因为他不识文字，一般人却总以为知识必须从文字书本中求得，感到慧能突然作偈，非顿悟不可，其实慧能早就对刘氏尼说过，"诸佛理论，若取文字，非佛意也"。穷苦生活迫得他求作佛，经过多年听受和思考，揣摩一切皆空的所谓佛意。如果他作偈叫做顿悟的话，那也只能说由渐悟积而成顿，并非无端忽然能作偈。佛教徒专爱造谣骗人，哄然相传，似乎真有所谓见性成佛的顿门，慧能一派徒众也俨然以顿门自负，这就使得人人可以自称为佛，天竺各宗派所虚构的高不可攀的佛，变成举目可见的平常人，这对破坏佛教起着重大的作用。南宗的信仰者，敢于说佛不在外，在我心中，我即是佛。《金刚般若经》说，"凡所有相，皆是虚妄，离一切相，即名诸佛"。南宗人想成佛，尽力扫相，佛即是诸相之一，扫相必然要扫佛，如果说南宗在历史上有所贡献，就在扫佛这一点上。

慧能的弟子们记录师说，成《坛经》一卷。《坛经》是南宗传法的经典，它教人"一时端坐，但无动无静，无生无灭，无去无来，无是无非，无住无往，坦然寂静，即是大道"。人练成这样有呼吸的死尸，就算得了大道。但是人接触事物，不可免地要表示赞成或反对，禅宗却以无是无非为大道，以一切善恶都无思量，心体堪寂，应用自在为心要。《坛经》记慧能临死传授秘诀给十大弟子，说"吾灭度后，汝各为一方头，吾教汝说法不失本宗。若有人问法，出语尽双，皆取对法，来去相因，究竟二法尽除，更无去处"。所谓对法共有三十六对，其中外境用无情对有五，即天与地对，日与月对，暗与明对，水与火对，阴与阳对。语言法相对有十二，如有为无为对，有色无色对，有相无相对，有漏无漏对，色与空对，动与静对，老与少对，大与小对，长与短对，高与下对等。自性起用对有十九，如邪与正对，痴与慧对，愚与智对，乱与定对，直与曲对，实与虚对，险与平对，烦恼与菩提对，进与退对，生与灭对，体与用对等。照慧能说，此三十六对法，体用通一切经，出入即离两边，这是慧能的心得所在，意思是教弟子说话要顾及两方面，不偏在一边。他举明暗为例，说，暗不自暗，以明故暗，暗不自暗，以明变暗，以暗现明，来去相因。说到暗的时候，也要说到明，有明故有暗，离明即离暗。说的方法是无暗亦无明。三十六对都用一样的公式，无这边也无那边，一切皆空，不落边际，所谓二法尽除，更无去处，就是说得含糊，听得含糊，使人在含糊里似乎觉得有什么道理，因而落入其唯心主义的圈套。净土宗斥禅宗说，"口虽说空，行在有中。以法训人，即言万事皆空，及至自身，一切皆有"。宗教本来全是骗人的把戏，禅宗用空骗人，净土宗以修功德骗人，同是行骗，禅宗还能揭露净土宗的骗术，比其他宗派终究是有些贡献。

禅宗以为"迷即佛众生，悟即众生佛。心险佛众生，平等众生佛。我心自有佛，自佛是真佛，自（己）若无佛心，向何处求佛"。这是慧能所说的"见真佛解脱颂"。所谓见真佛，就是众生心有觉悟即成佛，心有迷惑佛即成众生，因为众生皆有佛性，都可以成佛，成不成的关键在悟或迷。禅宗认佛在心内，不在心外，心外的佛全是假佛。依据这样的说法，凡是造寺、布施、供养、念佛，都不算功德，都无成佛可能，西方并无净土，三毒（即贪、瞋、痴）即是地狱，虚妄即是鬼神。慧能甚至否认修行必须出家，也不要戒定慧，他说，"若欲修行，在家亦得，不必在寺"。这些说法，都对佛教大不利，特别是对净土宗不利。净土宗僧徒非常狼狈，慧日撰《念佛法门往生净土集》，攻击禅宗说，"于佛法生异见者，或有出家在家男女四众，惧生死苦，厌恶俗尘，展转相传，教人看净，昼是恣情睡眠，夜乃暂时系念。见世空寂，都无一物。将为究竟言，一切诸法，犹如龟毛，亦如兔角，本无有体，谁当生灭。无善可修，无恶可断，心所取相以及经佛，尽当远离，但令内心安住空中，知世虚妄，万法都无，虽是凡夫，能如是解，此即是佛，何劳勤苦，远觅世尊。亦不借念佛诵经为出离因。除此之外，诸余行门，悉皆虚妄。写经造像建立塔庙，恭敬礼拜,孝养父母,奉事师长等,是生死因,非解脱因。何以故？见善可修,见恶可断,涅槃可欣,生死可厌,誓断生死,誓证菩提,悉皆动念,心有所得,着相修习,虚妄分别,是有为法,是生死法,虽复勤修,不免流浪"。佛徒都过着寄生动物的生活,也就是懒虫生活,不过形式上有一套琐碎的戒律和礼拜诵经等所谓勤苦修行来掩饰懒虫的原形,禅宗把这些形式全放弃了,只剩下单纯的懒虫生活, 这和魏晋玄学家的放荡形骸实质上并无区别。禅宗在行动上和言论上都起了破坏佛教的作用,慧日说禅宗是外道,言论甚于猛火,焚烧佛法。这种能烧佛法的猛火,在佛教流毒很广泛的唐朝时期,是有利益的猛火。

南宗宗旨, 不外净心、自悟四字。净心即心绝妄念,不染尘劳,自悟即一切皆空,无有烦恼,能净能悟,顿时成佛。修行方法可谓极简便。又说,只有大智人,最上乘利根人能接受顿法。这些说法, 使得怀才自负狂妄骄纵的士人,名利熏心所求不能满足的贪夫,仕途失意满心烦忧和富贵内热需要饮冰的官僚, 生活优裕自称隐逸的地主, 这些人都愿意借谈禅来医治自己的心病,南宗自慧能以后,迅速发达,徒党众多,压倒一切宗派,就是因为适合这些人的需要。

用成堆成堆的谣言谎话装扮起来的如来佛, 要揭穿他的空虚无稽,天竺大乘谈空各宗,都只谈到适可而止,不敢公然说佛无法无,因为佛法皆无,所谓三宝之一的僧只好同归于无，饥寒而死。龙树真（谛）空、俗（谛）有的调和论，正是大乘谈空的代表。在中国，以玄学（庄周思想）为本质的禅宗南宗，谈空的程度远远超越天竺各宗派，彻底破坏了三宝中的佛、法二宝，同时，用我即是佛的说法保护了僧宝的存在。在这一点上，南宗比龙树更巧妙了。南宗创始人慧能不识文字，他不受佛教经论的拘束，采取佛教各经论中合用的句子，摆脱烦琐的旧解释，凭己意作出新解，大大丰富了南宗的话头。例如《坛经》解释四乘说："见闻读诵是小乘，悟法解义是中乘，依法修行是大乘，万法尽通，万法俱备，一切无杂，且离法相，作无所得，是最上乘"。自然，所谓最上乘是指南宗的禅法。最上乘离一切法相，即心是佛，心外无佛，也就是说我即是佛，一切法相（包括佛在内）都该抛弃。他的继承人更加发扬这种思想，如宣鉴（慧能六世法孙，唐末八六五年死）教门徒不要求佛和祖（达磨等），说："我这里佛也无，祖也无，达磨是老臊胡，十地菩萨是担屎汉，等妙二觉（等觉妙觉为二觉，即佛）是破戒凡夫，菩提涅槃是系驴橛，十二分教（十二部大经）是鬼神簿，拭疮疣纸，初心十地（菩萨）是守古塚鬼，自救得也无。佛是老胡屎橛"。又说："仁者莫求佛，佛是大杀人贼，赚多少人入淫魔坑。莫求文殊普贤，是田库奴。可惜一个堂堂丈夫儿，吃他毒药了"。照佛经说，谤佛谤法都要入地狱受大苦，宣鉴看穿地狱佛祖佛经菩萨等等，只是一套骗局，全部佛教都被骂倒，与魏晋间嵇康阮籍骂倒儒学六经同有摧陷廓清的功绩。宣鉴骂拜师学佛人也很透彻，他说："到处向老秃奴口里，爱他涕唾吃，便道我是入三昧，修蕴积行，长养圣胎，要成佛果。如斯等等，我看似毒箭入心"。又说，"他（大师）是丈夫，我何尝不是，我比谁也不差，为什么整天就他诸方老秃奴口嘴，接涕唾吃了，无惭无愧，苦哉苦哉"。南宗的长处，是把自己看作与佛平等的人，从奴仆地位站立起来。他说，"老胡（释迦）经三大阿僧祇劫，即今何在，活了八十年便死去，与你有什么分别，你们不要发疯受骗"。另一个禅师名叫义玄（慧能六世法孙，八六六年死）也是攻佛的一个勇将。义玄创临济宗，标出彻底反佛的宗旨。他说，"求佛求法，看经看教，皆是造业。你若求佛，即被佛魔摄你，你若求祖，即被祖魔缚你，你若有求皆苦，不如无事。"又说，"欲得如法见解，但莫受人惑，向里向外，逢着便杀，逢佛杀佛，逢祖杀祖，逢罗汉杀罗汉，逢父母杀父母，逢亲眷杀亲眷，始得解脱，不与物拘，透脱自在……夫大善知识始敢毁佛毁祖，是非天下，排斥三藏教"。天然禅师（慧能四世法孙，八二四年死）冬天取木佛像焚烧取暖，说木头该烧。五代时禅僧义存说："三世诸佛是草里汉，十经五论是系驴橛，八十卷《华严经》是草部头，博饭食言语，十二分教是虾蟆口里事"。这些说法，都说明南宗确实看穿了天竺传来的一套骗局，要创造中国式的佛教，即排斥天竺统治阶级理想化的腐朽生

218

活(寄生虫生活)，改变为中国统治阶级喜爱的腐朽生活(还是寄生虫生活)，这些腐朽生活的集中表现就是佛。天竺的佛被赋予天上天下唯我独尊的至高权力，反映天竺统治阶级的无限贪欲。南宗创造的佛，性质不异于庄周书中所称的真人至人那种人物，反映一部分统治阶级(士大夫)在唐后期衰乱之世避灾祸享厚福的自私思想。希运(慧能五世法孙，八五七年死)提倡无心的禅法，说"但能无心，便是究竟"。他解释无心说，"无心者无一切心也。如如(真理)之体，内如木石，不动不摇，外如虚空，不塞不碍，无能所，无方所，无相貌，无得失"。怀海(慧能四世法孙，八一四年死)讲《大乘八道顿悟法要》说，"放舍身心，全令自在，心如木石，口无所辩，心无所行，心地若空，慧日自现"。南宗教人要无心，但仍强调要有自己的眼睛。怀海说，"须具自眼，莫依他人作眼，须具两只眼，照破两头事，莫只带一只眼，向一边行。要向无佛处，坐大道场自己作佛"。这里说的无心，只是口无所辩，避免是非的一种表现，内心却是并非无心，所谓具两只眼照破两头事，说出观察事物不受片面牵掣的方法。所谓兀兀如愚，如聋如哑，心如木石相似，目的是要人"内无一物，外无所求"(佛也不求，求佛菩提皆属贪欲)，做个自由自在的人，也就是这样才算作佛。从谂(慧能五世法孙，八九七年死)答人问，如何是七佛师？答云："要眠即眠，要起即起"。宣鉴也说，"诸子，莫向别处求觉(求佛)，乃至达磨小碧眼胡僧，到此来，也只是教你莫造作，着衣吃饭，屙屎送尿，更无生死可怖，亦无涅槃可得，无菩提可证，只是寻常一个无事人。"义玄主张逢佛杀佛，逢祖杀祖，无非是想杀出一个自由自在的我来。自由自在的我只是一个屙屎送尿，着衣吃饭，困来即卧的无事人，这个无事人当然是不劳而食的剥削者。怀海作诗说"放出沩（音为wéi）山水牯牛，无人坚执鼻绳头，绿杨芳草春风岸，高卧横眠得自由"。又作诗云："幸为福田衣（袈裟）下僧，乾坤赢得一闲人，有缘即住无缘去，一任清风送白云"。这种自由自在纯任自然的舒适生活，与装模作样修苦行欺人的天竺佛教徒面目大异，同样是寄生动物，南宗比起天竺僧徒的虚伪作法，似乎较为率真一些。为了自由自在，有些禅师如慧寂（慧能六世法孙，八九一年死）不持戒，不坐禅；又如惟俨（慧能四世法孙，八三四年死）受戒后，声称"大丈夫当离法自净，岂能屑屑事细行于衣巾中耶"！有些禅师否认整个佛学，如惟俨答李翱问如何是戒定慧，说：贫道这里无此闲家具。佛学不外戒定慧三部分，惟俨看作都是无用之物，因此，他不许门人看经。门人问他自己为什么看经。他说，我只图遮眼，若是你们，牛皮也须看透。李翱为朗州刺史，向惟俨请教益。惟俨用手指上下，问，懂得么？李翱说不懂。惟俨说，"云在青天水在瓶"。李翱欣然礼谢，作诗云，"炼得身形似鹤形，千株松下两函经，我来问道无余说，云在青天水在瓶"。云动水静，一任自然，不必看经行戒，这就是南宗的道。佛教徒死后，按天竺法火葬，并取碎骨称为舍利，南宗禅师自慧能起，多用全身葬法，漆紵涂尸体，安放龛中，此后禅师很多不按天竺法火葬。希运问门人们说，你见虚空曾有骨否？诸佛心同太虚，觅什么骨！从谂临死嘱门人们不可净淘舍利，说身是幻，何来舍利！佛徒说得神奇莫测的宝物，被南宗揭穿，一钱不值了。

南宗破坏天竺僧徒所传的佛教相当彻底，从千百万字的经论到一字轮王咒，从净土到地狱，从佛到饿鬼，从生前修行到死后舍利，全部骗局都被"一切诸法皆由心造，但学无心，诸缘顿息"这几句话一吹而散。南宗发挥了高度的主观能动性，与天竺式的佛教勇敢地进行斗争，一切外在的佛和佛法，全被推倒，贡献是巨大的，但它斗争的目的，只是要用内在的佛（我）代替外在的佛。我即是佛的说法被人认可了，立刻成为受人供养礼拜的地主或尊官。这些我即是佛的佛（得法者或法嗣），都是徒弄口舌的清谈家或攀附名公卿的帮闲清客，挥麈尾，谈公案，魏晋玄风居然又见于唐后期。

为什么魏晋亡国遗风以南宗谈禅的形式重复出现？这是因为唐后期，政权已被宦官执掌，士大夫间朋党争斗异常激烈，一般士人看不出自己的前途，南宗给他们指点出似乎很美妙的一个出路，即成佛或成自由自在的享福人。这和产生魏晋清谈家的社会原因是类似的。有一个名叫李节的小官僚在《送潭州道林疏言禅师太原取经诗》序里说：以儒为业的人，总喜欢排斥佛教，这种见解很粗浅。佛教本是衰乱之世的产物，人生在衰乱之世，找不到任何可乐的事情，如果没有佛教，精神将何所寄托！议者只知道佛教因衰乱之世而生，不知衰乱之世需要佛教的解救，尤其不想佛教救世助化的大作用，却憎恨它雕镂营造的小花费，这是知其然而不知其所以然的见解。李节说出佛教的鸦片作用，由于他自己是个鸦片瘾者，所以赞美毒品有救世助化的大作用。南宗的禅法是中国自制的毒品，在口味上比天竺来的各宗派更适合中国士大夫的要求，因此大大发达起来。

禅宗自称是释迦教外别传的心法，所谓心法，是师弟子间在十分玄虚难以捉摸的某种动作或言语上相互默契，就算以心印心，师弟子心心不异，师心是佛心，弟子的心也是佛心了。相传释迦在灵山会上，拈花示众，众人都不懂得，只有大迦叶破颜微笑，表示会心，释迦承认佛心传给了大迦叶。这种十分渺茫无稽的说法，成为禅宗传法的根本规则。南宗自慧能死后，十个大弟子分头传教，求作佛的人有很大的增加，求作佛的方法，也愈益离奇。谈公案就是重要的一种方法。公案都是含意隐晦，无人能确实懂得的事情或话头，如果弟子思索得一个公案的答案，说给师听，得师同意（称为印可），那就表示得道了。一个著名禅师门下常有弟子五百人乃至一千人以上，这些人从禅师口里取得成佛的印可。因此禅门师弟子间互斗心机（机锋）异常尖锐，弟子提出谜语式的问题，师不能理解，便输给弟子，所佩"最上乘离文字之心印"不得不让出。禅师当然不肯轻易印可，故意做出怪动作或怪话头，使弟子不能理解甘认失败，这些动作和话头成为新的公案，流传在丛林（禅寺）间，愈积愈多，禅学转化为公案学。黄檗禅师希运说，"既是丈夫汉，应看个公案"。禅宗不主张读佛经，看公案意思就是读禅经，公案中谈得最热闹的一个问题是"如何是祖师（达磨）西来意"？见于记录的答案多至二百三十余则。这些答案是各式各样的。例如有僧问慧能的法孙道一，说：请师（道一）直指某甲（达磨）西来意。道一答，今天我疲倦了，不能对你说，你去问智藏罢。僧问智藏。智藏说，为什么不问和尚（道一）？僧说，和尚教来问你。智藏答，我今天头痛，不能对你说，你问海兄（怀海）去。僧问海兄。海兄说，我不会这个。僧回到道一那里说明情由。道一说："藏头白，海头黑"。又如一个名叫龙牙的僧人问翠微："如何是祖师西来意"？翠微答，给我拿过禅板来。龙牙拿禅板给他，他接过便打。龙牙说，打尽管打，究竟什么是西来意？龙牙又问义玄，义玄说，给我拿过蒲团来。龙牙拿蒲团给他，他接着便打。龙牙说，打尽管打，究竟什么是西来意？又有一僧举同一问题问九峰，九峰答，一寸龟毛重九斤。又有一僧问从谂：如何是祖师西来意？从谂答："板齿生毛"。这个所谓西来意的问题，根本是毫无意义的问题，谁要是作正面答复，谁就说死话，不配作禅师。所以这些怪诞的答案，禅宗中人却以为是合理的答案。还有一些问题，禅师无法作答，只能说些怪话来逃避。如某僧问从谂，万法归一，一归何处？从谂答：我在青州作一领布衫重七斤。有僧问省念和尚，如何是佛心？答，镇州萝卜重三斤。禅学是斗机锋的一种技术，慧能所作《坛经》，列举三十六对，教人"出语尽双，皆取对法，来去相因，究竟二法尽除，更无去处"，意思是说话要超出两边，避免落在一边。佛所说诸法，也不过是一边之谈，禅家既不肯着边，那只能设想有"大道不称，大辩不言"的境界，这种境界不可言传，只可意会，禅宗叫做第一义或第一句。凡对第一义有所拟说，就不免有所肯定，也就不免执着一边，这种着边的话头，都叫做粗言，也叫做死语，又叫做戏论之粪。希运说，"佛出世来，执除粪器，蠲除戏论之粪，只教你除却从来学心见心，除得净即不堕戏论，亦云搬粪出"。禅门中人，有时用棒痛打，有时大声吆喝，有时用谜语问答，如果在打喝谜语中忽有领会，说话合师意，便算获得印证，达到顿悟的妙境。归根说来，禅门中人看公案，是要学习如何发问，如何作答，务必说得不着两边使问答双方都毫无所得。无所得即是禅学所追求的悟境。慧海（道一的门人）所作《顿悟入道要门论》说，"求解脱唯有顿悟一门。顿者顿除妄念，悟者悟无所得。"

禅宗自达磨创始，以谈空说无为专业，到六世慧能以后，禅宗大盛，压倒其他宗派，谈空说无的技术更高超了。存在于客观世界的一切事物，都被硬说是虚幻妄见，只有自己的心才是一切的根源。这种十分荒谬反动的思想，禅宗大师一生努力宣扬和传授千百徒众的禅学，不外是这种谬见，因之，禅宗虽然曾起过破坏佛教各宗派的作用，但本身就是谬见的产物，与佛教各宗派同样没有存在的价值。禅宗为求自己的生存，自唐至两宋教义趋于世俗化，僧徒关系俨然家族化，唐末五代出现了不少剃发出家的文士，下至两宋，许多禅僧说话类似儒生。同时，攻击佛教各宗派的勇气自动收起，不设佛像的禅寺，又恢复净土宗式的营造雕刻，陈设佛像及各宗派的菩萨，又采取密宗的某些方术，替人念咒超度，攻佛者不得不改为拥佛者，借以维持佛教的利益。口虽说空，行在有中，禅宗就在这个矛盾中不复能自振，只靠痴愚人的迷信，维持他们的寄生虫生活。

一切皆空的后果，必然否定佛和佛法，在天竺，龙树曾标真（谛）空、俗（谛）有的说法，借以保存佛教。禅宗南宗主张空无尤为激烈，但实际生活却不是证明一切皆空，而是它的反面一切皆有。禅宗普遍表现的行为，可举出几个特例，看出他们争名夺利，奔走钻营，并不比庸俗人看空一些。

（一）争取当大师的儿子（法嗣）。禅宗自达磨起，袈裟只传一人，得衣人即作为传法之子。第四世道信，传衣给弟子弘忍，后来又得一个弟子名叫慧融，道信允许他自立一宗。慧融所立宗称为牛头宗。慧融算是第一祖。弘忍有十个大弟子，以神秀为上首，当传衣时忽得慧能。弘忍秘密付给袈裟后，慧能逃回岭南，隐伏在猎户中多年。猎人以杀生为业，又多在山林中出没，避敌人的追踪，最为得计。日久敌人不再寻找，才敢出头传教。慧能出头传教，也是经过仔细试探，当时广州制旨寺，有一个印宗法师讲经，他拥有僧俗听众三千余人，慧能混在听众中。一日，僧徒辩论幡动的意义，一僧说，幡是无情物（非生物），它因风而动。一僧说，风幡都是无情，如何得动？一僧说，因缘和合，所以动。一僧说，幡不动，风自动耳。慧能大声停止诸人辩论说，你们说这个动，那个动，都不过是你们自己心动罢了。印宗法师在屋外偷听，大惊。第二天找到慧能，询知是禅宗的传衣人，即拜慧能为师。慧能得印宗法师等人的拥护，才敢公开宣扬他的南宗宗旨，与神秀的北宗对立。禅宗大师的门下一般总有一千上下的弟子，他们出家从师，都想被选为法嗣。被选中的人自然是一生安富尊荣，受用不尽，有些禅师生为帝师，死有谥号，俨然是一个大官。落选的广大僧徒，却是一生报废，毫无前途。因此，禅门中师弟子间同学间，互斗心机非常激烈，仕途中争夺名位，丑恶无限，禅门丑事，至少与仕途一样多。赵州真际禅师从谂(音审shěn)，幼年因穷苦出家当沙弥，从师行脚，到南泉普愿禅师处参拜。普愿在方丈睡眠，见从谂来参拜，问，你从那里来？

从谂答，从瑞像院来。普愿问，还见瑞像么？从谂答，瑞像到不见，却见卧如来。普愿被他面谀，喜欢得坐起来，问，你是有主沙弥，还是无主沙弥？从谂说，有主沙弥。那个是你主？从谂答，孟春天气还冷，伏惟和尚尊体起居万福。意思是说你是我的主。普愿唤管事僧来，教特别待遇这个沙弥。普愿是慧能的法曾孙，是道一的法嗣，地位极高，从谂说几句中听的话，钻入普愿这家高门，后来成为普愿的法子，在禅师中很著名。又如天然禅师，原来是儒生，往长安应试，旅店中遇一禅客。禅客问到那里去？天然答，选官去。禅客说，选官不如选佛。天然问，选佛应该到那里去？禅客说，如今江西马大师（道一）出世，是选佛的场所，你可即往。所谓选佛，即被选为法子，当法子比当官不知要好多少倍，天然懂得这个，便前往江西见道一，初见时以手托头额（要求落发），道一看了很久，知道这不是好惹的学生，说，南岳石头（希迁，也是慧能的法孙）是你的老师，你去罢。天然到南岳，初见希迁，同样以手托头额，希迁说，到槽厂去。天然遵命入行者房，当烧饭工，前后凡三年。有一天，希迁令铲佛殿前草，天然用盆盛水洗头，在希迁面前跪下，希迁会意，便许他剃发。剃罢，给他说戒法，天然掩耳跑走，走到江西再见道一，未曾行参拜礼，便入僧堂内骑僧颈而坐。僧众大惊，奔告道一，道一亲来察看，说我子天然。天然立即下地礼拜，说谢师赐法号。天然得到希迁的剃发，道一的赐号，丛林中已有地位,他又出去游方,增高声望。他在慧林寺烧木佛取暖,在洛阳天津桥横卧,挡住留守郑某的车轮,郑某问挡车缘故,答称无事僧。郑某大加赏异,赠送衣粮,天然在东京大得声誉。天然用仕途奔竞的方法来选佛,做出各种怪行,使希迁、道一望而生畏,不得不满足他的要求,师弟子间斗心机逞计谋,何曾有些万事皆空的意味。从谂擅利口,天然工心计,禅门大师大抵属于这两类人,忠厚木讷的学徒,被大师看作钝根,决不会有作法嗣的希望。因为禅师都是些工心计的人,还用编家谱的方式来表示自己是某大师的儿子,例如弘忍的弟子玄赜有弟子名净觉,作《楞伽师资记》,以南朝宋时求那跋陀罗为禅宗第一世,达磨为二世,神秀、玄赜、慧安三人为第七世,以普寂、敬贤、义福、惠福四人为第八世。记中又载弘忍临死时嘱咐玄赜的密语,抬高玄赜与神秀并列,净觉又自称受了玄赜的传授。这篇短记充满着僧徒卑污无耻的心理表现。第一,它根本不提传袈裟的慧能,第二,弘忍有十个大弟子,它只提神秀等三人,这三人曾作武则天唐中宗唐睿宗的国师,声势赫赫,被认为第七世,其他七人都被排除,第三,净觉写玄赜,又写自己,表示自己也得道获果,他写《师资记》,目的显然在于争取当玄赜的法子。与北宗神秀一派争禅宗正统地位的南宗,因慧能传得袈裟,自然以正(嫡)嗣自居,指斥北宗为傍支,南北二宗争斗的目的,南是要以正(嫡)灭傍(庶),北是要以庶灭嫡。同俗家妻妾之子争夺财产完全一样。

神秀原是弘忍门下的上座弟子，张说所作《神秀碑铭》里说，"大师（弘忍）叹曰，东山之法，尽在秀矣，命之洗足，引之并坐"。足见慧能传衣以前，神秀已是弘忍的继承人。武则天迎他入宫中，奉为国师，后来唐中宗唐睿宗两个昏君，也奉他为国师。他的弟子普寂，得唐中宗崇敬，王公大臣都来礼拜，普寂利用权势，推神秀为七祖（达磨算二祖），北宗大行于北方。传说北宗俗弟子到岭南做官，曾磨去南宗传法碑文，企图湮没嫡庶的关系。自称为慧能嫡传的神会，冒生命危险，来到洛阳，住荷泽寺，宣扬顿门，排斥渐教，遭北宗仇视，神会三次被谋杀，都得幸免。唐玄宗天宝年间，普寂俗弟子御史卢奕，诬奏神会聚众，形迹可疑。唐玄宗流放神会到弋阳郡（河南潢川），又移武当郡（湖北均县），第二年敕移至襄州（湖北襄阳），又移至荆州（湖北江陵），使神会经常迁移，没有安居传教的机会，这是北宗排斥南宗的阴谋，表示北宗政治上有势力。安禄山陷两京，神会为唐朝廷设戒坛度僧，收香水钱助军费。唐肃宗以为有功，召入宫中供养，又为造禅宇于荷泽寺中，神会得朝廷的助力，顿门大盛，北宗从此衰落不振。唐德宗立神会为禅宗第七祖，一场正傍争斗，到此才告结束。

（二）争夺袈裟，无异强盗谋财害命。达磨一件木棉布袈裟，把禅宗的真面目暴露得非常可憎。禅宗"烦恼即菩提，无二无别"的著名公式，改作"禅师即强盗，无二无别"，是很合实际的。弘忍秘密授衣给慧能，三天后才宣告佛法已向南去了。当时就有军官出家的惠明星夜追赶，在大庾岭上追及慧能。慧能献出所传衣钵。惠明是普通僧人，自知地位还不合取得这些法物，告诉慧能说，我不是为衣钵，我是想知道和尚（弘忍）传授的密言。慧能如实转告，惠明满意，教慧能急去急去，后面大有人来追逐。第二天，果有数百人赶到岭上。惠明说，我先在此，不见那人来，询问岭南来的人，也不见那人。想来还没有到此。诸人被骗，回原路细查，慧能才得逃归岭南，隐在山林中避难凡十六年。指使数百人追赶的人自然是有得衣资格的神秀等大弟子。武则天拜神秀为国师，神秀推荐慧能，武则天派专使往迎慧能，慧能知道有危险，托病不去。武则天开口要传法袈裟，慧能只好献出。武则天将袈裟转给智诜禅师（弘忍十弟子之一），另送给慧能袈裟一件及绢五百匹，作为报酬。慧能换得袈裟以后，仍旧当作达磨袈裟，表示正统所在。智诜得袈裟，怕被劫杀，也是深藏若虚，临死才秘密传授给继承人。慧能依照弘忍旧例，允许弟子十人各自立门户，收徒传教，但停止传衣，对弟子们说，我为了保存这件袈裟，三次有刺客来取吾命，吾命如悬丝，恐后代受衣人因此短命，不传此衣，汝等依然能弘盛我法。慧能死后，尸体全身胶漆，并用铁裹头颈，开元末年，有刺客来取头，刀斩数下，寺僧闻铁声惊觉，刺客扮孝子形状奔逃出寺。当时神会在洛阳，攻击北宗，北宗

230

怨恨，派刺客去取慧能头颅。南北两宗只是在成佛的方法上说有顿渐之别，成佛的最初步戒律是不杀不偷，以教人作佛的禅师却是杀偷兼备，甚至要杀死人的头。不管禅宗大师们口头上说得多么空，多么净，在争夺名利时，终究是禅师即强盗，无二无别。

（三）戒律荡然，从新收拾。禅宗所想做的佛，实际是自由自在，无拘无束，无忧无虑，享受闲福的单身地主。他们主张不持戒不坐禅，如道一在怀让门下，专事坐禅。有一天怀让取砖在寺前磨。道一问，作什么？怀让答，磨作镜。道一说，磨砖岂能成镜。怀让答，磨砖既不成镜，坐禅岂能成佛。怀让是慧能门下大弟子之一，道一原是北宗僧人，后来弃北投南。他坐禅是北宗的修行法，南宗必须打破这种修行法。《曹溪大师别传》记潭州瑝禅师问大荣禅师，和尚（慧能）有何法教你，大荣答，和尚教我不定不乱，不坐不禅，是如来禅。瑝禅师叹道，我三十年来空坐而已！足见自慧能起，南宗与北宗相反，教人不坐禅。希迁给天然剃发讲戒律，天然掩耳跑走，足见佛教戒律对南宗某些僧人已丧失拘束作用。天然说，"岂有佛可成，佛之一字，永不喜闻"。他连成佛都不信，当然不肯守戒律。南宗谈空的结果，僧徒不守戒律是很自然的。与天然同辈的怀海，采录大小乘戒律，别创禅律，号称百丈（怀海居百丈山）清规。以前禅僧多借律寺别院居住，怀海令僧徒不论地位高下，一律入僧堂。堂中设长连床，鼓励坐禅，免得游手好闲,出去作坏事。堂中设长架,僧徒所有道具(用具),都卷在长架上,免得私蓄财物。睡眠必须斜枕床边,称为带刀睡,又称带弓(人作弓形)斜卧。理由是说坐禅既久,不必多睡,用意是在防止淫秽之事。僧众早晨参见,晚上聚会,听石磬木鱼声行动,饮食用现有物品随宜供应,不求珍异,表示节俭。在寺内服役的人称为普请,表示上下合力。德高年长的大僧称为长老,居在方丈,表示只住一间小屋。长老的随从人称为侍者,替长老管事的人称为寮司。不立佛殿,只立法堂,表示法超言象。僧徒犯规,行施杖刑,焚毁衣钵,称为戒罚,实际是取消犯僧的寄生虫资格,没有衣钵,就无法冒充和尚。怀海建立新制度,各丛林普遍采用,禅寺开始离律寺而独立。天竺传来烦琐无比的大小乘律,被怀海推倒,这在反天竺宗派上是一个成就。禅宗谈一切皆空,摆脱拘束,本宗派有自然瓦解的趋势。怀海造新律加以遏阻,这是给猿猴颈上拴铁索,使跳跃有一定限度,势必溃散的宗派因此得继续保存,他教人说,“佛是无求人,以无着心应一切物,以无碍慧解一切缚”,他教人无求,自己却求保存宗派,即保存地主生活,所谓无求,只是欺人之谈而已! 他改天竺式戒律为中国式戒律,大得儒生的赞赏,柳宗元《百丈碑铭》说:“儒以礼立仁义,无之则坏;佛以律持定慧,去之则丧”。柳宗元认为清规合于儒家的礼法,说明佛教教义经禅宗改造已经中国化,佛教戒律经怀海改造也中国化了。宋真宗时，佛教徒杨亿（临济宗徒众）向朝廷呈进《百丈清规》，原来私定的清规从此取得合法地位，全国丛林无不遵行。宋儒洛派大师程颢有一次游定林寺，偶进僧堂，见到周旋步伐，威仪济济，伐鼓考钟，内外静肃，一坐一起，并合清规，叹为三代礼乐尽在此中。这也说明清规是依据儒家礼仪改制的。清规碑侧有大众同记五条，是清规的补充条例。其中一条是所有投寺出家及幼年出家人都依归院主一人，僧众一概不得私收徒众。这样，院主有权收徒弟，立法嗣，其他僧众身死便了。又一条是住寺徒众不得内外私置钱谷。僧众生活完全依靠院主和寮司，不得不绝对服从院主。又一条是台外及诸处不得置庄园田地。台指寺院地界，地界外不得置庄园田地，足见地界内得置庄园田地，地界很宽，也可想见。寺院有院主，有法律（清规），有百官（寮司），有臣民（僧众），有土地，有嗣子（法嗣），院主俨然是个封建领主，在地界内拥有极大权力。所谓一切皆空，从那里说起！就是这个怀海，他的宗派特别发达，分出沩仰、临济两个宗派，临济在两宋流传尤广，与世俗间地主官僚结合在一起。如杨亿、夏竦、王安石、苏轼、苏辙、黄庭坚、张商英等人，或是名士，或是大官，哪个不是热衷名利的世俗人，临济宗大师和他们谈禅，并印可他们的心得，认作本宗俗弟子，事实上他们名利心热不可耐，借禅宗空谈，暂充清凉剂，好似口燥唇干渴热难忍的行路人，到汽水摊买瓶冰镇汽水喝，连声称赞凉爽，摊主人便拉他们作知己，共同摆摊，借以扩大本宗派的声望。"口虽说空，行在有中"，禅宗就是这样言行相反的一群骗子。

《百丈清规》以忠孝为思想内容，以家族为组织形式，使一群僧徒处于子孙的地位，受寺院主的族长统治。清规前四章标题是祝厘、报恩（以上说忠）、报本、尊祖（以上说孝），完全仿效儒家口吻，可是儒家说孝，首先要娶妻生子，禅宗绝不敢提夫妇一伦，因之禅宗谈的孝，在天竺佛教中是毫无根据的。在儒家学理中也是不伦不类的。碑侧五条中还有一条更说明禅宗说教的虚伪性和脆弱性。这一条是寺院地界内不得置尼台尼坟塔及客俗人家居止。按照天竺佛教所宣扬的人世是火海、人身是毒器、死（涅槃）可爱、生可恶的怪僻观点，僧徒不婚配不生子是被认为合理的。禅宗提倡自由自在，但不敢突破天竺戒律，公开娶妻生子。尼台指尼寺，禅僧怕活尼，甚至死尼也怕。客俗人家有妇女，禅僧也望而生畏。怀海亲率弟子耕作，有一日不作，一日不食的训条，僧徒依律不种地，怕杀伤虫蚁，即杀七世父母，死后当入地狱。怀海不怕地狱，却怕尼姑和佃户家妇女，禅学所讲的一切，抵不过一个妇女，它的脆弱性是无可掩饰的。禅僧怕妇女到如此地步，足见禅僧要求婚配何等迫切。武则天集合弘忍门下大弟子神秀、玄约、慧安、玄赜，问：你们有欲否？神秀等都答无欲。武则天又问智诜有欲否？智诜答有欲。武则天问，何得有欲？智诜答，生则有欲，不生则无欲。武则天认智诜答话较为老实，赐给他从慧能那里取来的达磨袈裟。南宗禅师尽管有勇气否定十方诸佛，放弃大小乘戒律，敢于饮酒食肉（拾得诗，"我见出家人，总爱吃酒肉。"），却同神秀等一样，没有人承认有男女之欲，敢于公开娶妻，这不能证明他们确实无欲，只能证明他们坚守封建领主的权利，决不让别人有所借口来夺取。

（四）各式各样的蜕化僧。戒律规定了佛徒的面貌，遵守天竺僧律，中国僧徒成为天竺佛教的奴仆。禅宗南宗不持天竺传来的某些戒律，抛弃了天竺僧徒的怪僻面目，但禅宗是佛教的一个宗派，不可能真正脱离佛教，例如爱慕妇女又严禁接近妇女的怪僻戒律，至少在形式上，禅宗还是坚守的。大概在《百丈清规》被各丛林采行以前，即唐中期后期及五代时期，禅宗僧徒的实际行动与世俗人几乎没有什么区别。下面举出若干事例，可以推知禅僧生活的一般情况。

孝僧——佛教自释迦创始时起，根本不存在有儒家所谓孝的概念。义净论佛律与儒礼不同时说，"读经念佛，具设香华，冀使亡魂托生善处，方成孝子，始是报恩，岂可泣血三年……不餐七日，始符酬恩者乎！斯乃重结尘劳，更婴枷锁……岂容弃释父之圣教，逐周公之俗礼，号咷数月，布服三年者哉！"佛教因违反儒礼，遭受儒家的攻击，儒家并用孝道来决定对佛教的态度。柳宗元《送元暠师序》说得很清楚，因为元暠不敢忘孝，与儒礼合，所以接见他，作序送行，抬高他的社会地位。某些禅僧想从孝道取得声誉，居然出现以孝得名的和尚。如希运禅师的弟子道纵，俗姓陈，织卖蒲鞋养母，时人号为陈蒲鞋。又如道丕乞食养母，与母匿岩穴中避乱。他立志为孝子，到战场认亡父遗骸。据道丕自称，群骨堆中忽有骷髅跳出，转到道丕面前，道丕负骨归家。这是荒诞无稽之谈，道丕却因此孝声大增。原来佛教最重出家，俗尘爱网，一割两断，辞别父母，不愿再见，即使相见，也要父母对子礼拜，子拜父母便犯戒律，堕入轮回，禅僧敢于行孝取声誉，对天竺佛教说来是一个重的打击。

诗僧——做诗是文士求名的途径，禅僧为了求名，多学作诗，《五代诗话》僧可朋条说："南方浮屠，能诗者多矣"。禅宗南宗主要在南方流行，因此诗僧多是禅僧。诗僧奔走公卿之门，与进士求举无异。唐德宗时诗僧皎然上书包佶（音吉jí）中丞，推荐越僧灵彻，书中有"伏冀中丞高鉴深重，其进诸乎！其舍诸乎！灵彻玄言道理，应接靡滞，风月之间，亦足以助君子之高兴也"等语。一个遁入空门的僧人，自认是个助兴者，求在大官门下陪侍助高兴，虽然品格很低，但与天竺式僧徒相比，似乎还比较知道些羞耻。天竺式僧徒，实际是统治者的助兴物，口头上却狂妄自大，自尊为人天师。与灵彻同时有道标，也以诗驰名公卿间，宋《高僧传·道标传》中列举他的交游，有宰相李吉甫、中书舍人白居易、隋州刺史刘长卿等数十人。道标俗姓秦，是南朝大族，祖先都是儒生，有名乡里，道标广交当代名人，不仅用诗作媒介，世俗门第也可能是一种凭借。皎然诗名尤大。他出身在没落世族中，幼年出家，专心学诗，作《诗式》五卷，特别推崇他十世祖谢灵运。中年参谒诸禅师，得心地法门。他具备门第、诗篇、禅学三个条件，与朝中卿相及地方长官交游。他交结官府，说是借做诗来劝令信佛，其实愿与僧徒交往的官员，大抵早就信佛，无待再劝，皎然无非借诗求名。《因话录》说他工律诗，曾求见韦应物，恐诗体不合，在船中作古体诗十数篇送给韦应物，韦应物全不称赏，皎然很失望。次日，写旧制献上，韦应物大加叹美，对皎然说，你几乎丧失声名，为什么揣摩老夫的喜好，隐藏自己的长处。皎然求名迫切，无异进士向名公献书。皎然死后，有文集十卷，宰相于頔作序，唐德宗敕写其文集藏于秘阁，这样的遭遇，文士都觉得很光荣，皎然一生求名也就算是如愿以偿了。唐末五代诗僧最著称的有贯休与齐己。贯休奔走藩镇间，先谒吴越主钱镠，献诗五章，每章八句，甚得钱镠赏识。后谒荆州割据者成汭（音锐ruì），也颇蒙礼遇，后来被人诬告，成汭黜退贯休。贯休投奔蜀主王建，王氏正在图谋称帝，招募四方名士，贯休来投，大得王氏优待，赐号为禅月大师。一个禅僧取得大师称号，地位是不低了，可是作为禅僧，奔走各割据者间，献诗讨喜欢，还象个禅僧么？同时又一诗僧齐己，本是佃户胡氏子，七岁为寺院牧牛，用竹枝画牛背为诗常得好句，寺僧惊奇，劝令落发为僧。齐己与湖南割据者豢养的诸名士唱和，声名颇高，割据者加以优礼，封为僧正。齐己自称爱乐山水，懒谒王侯，作诗云，"未曾将一字，容易谒诸侯。"当了僧正，还说懒谒王侯，无非是欺人而已。皎然《诗式》说，"诗人意立，变化无有依傍，得之者悬解其间"。这是心得之谈，僧人如果不忘记自己是僧人，诗是不会做好的。因为依傍着佛，不能立自己的意，所作诗自然类偈颂，索然寡味。例如寒山、拾得、庞蕴等人诗，满篇佛气，不失佛徒身份，但去诗人却很远。

高艺僧——唐代宗时长沙有僧怀素，以草书驰名当世。怀素历引颜真卿等名士称谀的辞句作自叙一篇，显然是好名的僧人。贯休长于水墨画，曾为杭州众安桥张氏药店画罗汉一堂，奇形怪状，人不象人，与普通体制不同。唐德宗时长安庄严寺僧善本，弹琵琶其妙入神。长安慈恩寺老僧秘密培养深红牡丹，一丛有花数百朵。僧徒原是游手闲人，有一艺擅长，得免闲人的恶名，比空弄口舌的禅宗祖师光荣得多。

茶酒僧——《封氏闻见记》说，唐玄宗开元年间，泰山灵岩寺有降魔师大兴禅教，学禅的方法主要是不睡，又不吃晚餐，只许饮茶。禅僧各自备茶叶，到处煎煮。从此饮茶成为风俗。自山东到长安，大小城市多开店铺卖茶供客，不问僧俗，投钱取饮。茶叶从江淮运来，色额甚多。相传陆羽著《茶经》，首创煎茶法。照《闻见记》所说，开元时禅僧已盛行饮茶，陆羽是唐德宗时人，又生长在僧寺中，《茶经》记载贵族式饮茶法，正反映闲居无事的禅僧，至少在饮茶一事上与高级地主过着同样的优闲生活。

饮酒是五戒之一，天竺僧律禁止甚严。禅宗废弃戒律多有酒僧，如《五代诗话》载诗僧可朋，自称醉髡，作诗千余篇，号《玉垒集》。又释法常酷嗜酒，整天沉醉熟睡。他经常劝人饮酒，说，"酒天虚无，酒地绵邈，酒国安恬，无君臣贵贱之拘，无财利之图，无刑罚之避，陶陶焉，荡荡焉，其乐可得而量也"。僧徒公然称颂饮酒，与魏晋玄言家有何区别？无非说明唐五代禅学与魏晋玄学都是腐朽社会的产物。

禅学是庄周思想的一种表现形式，庄周怕死，无可奈何，只好勉强宽慰自己，听任自然。佛教也是怕死，妄想修炼成什么果（包括佛果），灵魂永远享乐。天竺传来佛教，宗派尽管不同，妄想却完全一致。禅学含有较多的庄周思想，对妄想发生疑虑，不敢肯定灵魂真能不死。牛头宗慧忠（所谓牛头六祖）的法嗣遗则说他的心得是："天地无物也，我无物也，虽无物，未尝无物也。此则圣人（佛）如影，百姓如梦，孰为生死哉。至人以是能独照，能为万物主，吾知之矣"。既然我与天地都是无物，怎末又说未尝无物。明明有生有死，却硬说是影是梦，把死看作影灭梦醒，借以消除对死的恐怖。圣人和百姓，都不能免死，何必多此一番纷扰，自欺又欺人，归根还不是影与梦同样要死。南宗大师云门宗创始人文偃作《北邙行》一篇，不象遗则那样自称吾知之矣，他在诗中描写死的不可逃避，如说，"前山后山高峨峨，丧车辚辚日日过"。又说，"世间何物得坚牢，大海须弥竟磨灭。人生还如露易晞，从来有会终别离"。全诗以"安得同游常乐乡（净土），纵经劫火无生死"两句作结，也就是承认并无不死的方法。

　　佛教徒自夸佛法解决生死大事，比儒学道教都高妙，禅宗所谓直指人心，见性成佛，尤称直截快速。无奈骗术终究不能持久，骗子终究要被事实揭穿。懒残（馋）和尚歌："我不乐生天，亦不爱福田，饥来吃饭，困来即眠，愚人笑我，智乃知焉。要去即去，要住即住，身披一破衲，脚着娘生裤。莫谩求真佛，真佛不可见。种种劳筋骨，不如林下睡，山云当幕，夜月为钩，卧藤萝下，块石枕头，不朝天子，岂羡王侯。生死无处，更复何忧！"懒馋二字足以说明佛教的寄生性。因为禅师把佛教本质看作懒馋二字，所有戒律和经论都是装饰品，直截揭出本质来，谁还苦修求不可见的佛？宣鉴禅师说，"老胡（释迦）经三大阿僧只劫，即今何在？八十年后死去，与你何别？"释迦被看成与普通人无别，整个骗局破坏无遗了。有些禅师虽然已经看穿了骗局，但仍要保存已破的骗局来欺人，自己却不愿再受欺，因此，言行相违，步步行有，口口谈空，教人拨无因果，宣称"饮酒食肉不碍菩提，行盗行淫无妨般若"。这些话见于南宋

240

初临济宗禅师宗杲的语录中，其实，寒山诗已说"又见出家儿……愚痴爱财色"等句，拾得诗也说"我见出家人，总爱吃酒肉"，又说"我劝出家辈，辄莫染贪淫"。足见唐时禅僧早就饮酒食肉贪财贪色。禅僧如果在这个方向继续前进，可以消灭佛教其他宗派，也可以消灭禅宗本身。禅师如怀海等人，看到前途的危险，造出清规来约束僧众，阻止禅宗的崩溃。同时，禅宗的家族式组织，大有利于本宗势力的扩大。这些僧徒以父子兄弟叔侄等关系，互相援引，奔走官府，求得委任，在非禅宗的寺院里充当住持，得充住持后，便父子相传，变成禅宗的世袭财产。第一个住持，即成这个寺的创业始祖。道一门下被印可为一方宗主的入室弟子(法嗣)多至一百三十九人，他们依仗道一的声势，不难取得大小寺院作住持。如此代代扩展，几乎所有寺院都变成禅宗的寺院，例如天台国清寺，是天台宗的根据地，智顗四传弟子玄觉转为慧能弟子，成禅宗中人。华严宗大师宗密也转成禅僧。其他宗派因禅宗势盛，自动投靠禅门的人大概不少。唐武宗灭佛以后，各宗派大体归于消灭，只有禅宗却兴旺起来。禅宗相继成立五个宗派，最先是义玄(八六七年死)创临济宗，良价(音介 jiè 八六九年死)与弟子本寂(九〇三年死)创曹洞宗。灵祐(八五三年死)与弟子慧寂(八八九年死)创沩仰宗，以上都在唐亡以前。五代时文偃(九四九年死)创云门宗，文益(九五七年死)创法眼宗。五宗中只有临济宗在河北，其余四宗都在南方。九五九年周世宗灭佛，临济宗在北方依然盛行。南方诸国，如闽国主王审知，吴越国主钱镠父子，南唐国主李昪、李璟、李煜等都崇信禅教。乱离之世，很多人需要宗教来麻醉自己，禅宗是适合中国士大夫口味的宗教，因之能够比其他宗派保持较长的流传。

第三节　儒学由旧的汉学系统开始转向新的宋学系统

唐朝是汉族文化的发皇时期，许多方面都表现出充沛的活力，创造新境界。佛教方面，以慧能为首的禅学南宗，推翻天竺式佛教的各宗派，自创汉化（玄学化）佛教，倡导杀佛杀祖，足以解脱处于奴仆地位的无数佛教徒。儒学方面，在墨守师说，拘泥训诂的束缚下，开创空言说经，缘词生训的新风气。限于训诂名物，不谈哲学思想的儒学，也谈起穷理尽性来了，汉学系统由此逐渐转入宋学系统。所以唐朝儒学在发展的意义上说，是一个重要的转化阶段。

唐初孔颖达撰《五经正义》，结束东汉魏晋南北朝历代相沿的经学，这是适应政治上全国统一的巨大事功，很有助于统治阶级思想的统一，因为士人的出路，主要是进士明经两科。明经专习儒经，进士也必须习儒经，凡是士大夫，基本上都自认是儒生（自认为佛道

242

的是少数），有所议论，总不敢违背儒学或违背过远。唐朝儒生反对佛教，态度比较一致，议论比较肤浅，这种情形与《五经正义》有密切关系。清儒对孔氏《正义》多有贬辞，不知有了正义，东汉以来纷纭矛盾的师说一扫而空，怒目相向各是其是的宗派（如今文古文之争，郑学王学之争）从此失势。唐太宗令孔颖达撰《五经正义》，颜师古定《五经定本》，对儒学的影响，与汉武帝罢黜百家独尊儒学有同样重大的意义。

唐时分儒经为三等，《礼记》、《春秋左氏传》为大经，《诗》、《仪礼》、《周礼》为中经，《易》、《尚书》、《春秋公羊传》、《谷梁传》为小经。唐太宗以师说多门，章句繁杂，命孔颖达与诸儒撰定五经义疏，凡一百八十卷，名曰《五经正义》。这是朝廷颁行的官书（唐高宗永徽四年颁行），凡士人应明经科，必须诵习儒经，义理全依据《正义》所说，否则就成异端邪说。《正义》解释注文，不得有所出入。例如梁儒皇侃撰《礼记疏》，有时不合郑玄注文，孔颖达斥为"叶落不归其根，狐死不首其丘"。所谓首丘归根，就是照注文解释。注文错了，或有比注文更好的说法，一概排斥，总要说注文是对的，这叫做疏不破注。

孔颖达奉诏撰定的《五经正义》是《周易》王弼注、《尚书》伪孔安国传（传即注）、《诗》毛传、郑笺、《礼记》郑玄注、《春秋左氏传》杜预注。孔颖达作疏，多据南北朝儒生的义疏，如《尚书正义》、《毛诗正义》本于刘焯（孔颖达是刘焯的门人）刘炫，《春秋左氏传正义》本于刘炫，《礼记正义》本于皇侃，孔颖达自己并没有新说。《周易正义》不言所本，《正义序》说江南义疏十有余家，皆辞尚虚玄，义多浮诞，孔颖达采录诸家旧说，编缀成书，所以《五经正义》中，《周易正义》最为空疏，宋儒为《尔雅》、《论语》、《孝经》作疏，都是照文句推演，与讲章无异，这种陋习是从《周易正义》开端的。

孔颖达撰《五经正义》，经学统于一尊（注家），所有东汉以来诸儒异说，全部作废，儒学内部互斗不决的各宗派，自然熄灭，面对宗派林立，说各不同的佛教，在斗争中，统一的儒学处于有利地位，唐朝佛教徒力攻道教，却不敢非议儒经，因为儒经从文字到解释，都有标准本，违反它，就是违反朝廷的功令。

《五经正义》是奉敕撰修的官书，此外还有几部私修的经疏。唐高宗时太学博士贾公彦撰《周礼》、《仪礼》二经《疏》。二经都用郑玄注，与《礼记》郑玄注合称三礼。孔颖达撰《礼记正义》，与贾公彦共同商定，足见他是三礼专门。《周礼疏》不知所本，《仪礼疏》则是依据齐黄庆、隋李孟悊（同哲）二家之疏。朱熹说经疏中《周礼》最好，《诗》、《礼记》次之，《易》、《书》为下，朱熹评论是允当的。与孔颖达同时的杨士勋撰《春秋谷梁传疏》，唐后期人徐彦撰《春秋公羊传疏》，《谷梁传》用范宁注，《公羊传》用何休注，作疏体例全同孔疏，不过远不及《左传正义》的充实，这是因为魏晋以来《公》、

《谷》二传不被重视,少有专门的儒生,杨徐二人缺乏凭借,所撰不免流于空疏。

大中小三等经,唐儒都做了疏文,对儒学的统一,比两汉立博士有更高的效力。

唐太宗令颜师古考定《五经》文字。颜师古多所订正,撰成《五经定本》。书成奏上,唐太宗使诸儒详议、经过辩论,颜师古对答详明,诸儒叹服。唐太宗颁行定本,令学者肄习。自《五经定本》颁行后,诸经文字完全统一,不再有因文字不同解释各异的弊病。

与《五经定本》作用相反,陆元朗(字德明,唐太宗时人)撰《经典释文》一书,详列各经本异同,每字各有音切、训义,汉魏六朝儒经音训,基本上借此保存。《释文》有《序录》一卷,详述经学传授源流,为研究经学必读的课本。陆元朗自南朝陈后主时开始撰述,采集诸儒二百三十余家的音切和训诂,功程浩大,真正给汉魏六朝经学完成了结束的工作。

由于《正义》和《定本》的颁行,儒家学术被束缚,少数不甘屈服的士人,荡弃家法,凭己意说经,开穿凿附会的学风。《五经正义》墨守注文,是严格的汉学系统,唐人新开风气,不拘训诂旧说,可以自由说经,宋儒更加发展,取佛老思想融入经学,经学面貌大变,自成一种宋学系统,与汉魏六朝的经学,截然不同。多少有些唯物主义倾向的汉学(古文经学)转变为唯心主义的宋学,这自然是经学史上一个重大的转变。

唐人虽开新风气,但著书不多,现存诸书有成伯玙《毛诗指说》一卷,以为《毛诗》序首(《大序》,即《关雎》篇的序文)是子夏所传,其余是毛苌所续(《小序》,《关雎》篇以外的各篇序),说法是新创,证据却绝无。按照汉朝传经家法是不能允许的。唐自安史乱后,藩镇跋扈,朝廷威势下降,儒者提倡《春秋》学,正是针对这个政治局面,企图尊王室,正名分来挽救残破。最先倡《春秋》学的儒者为啖助,撰《春秋统例》六卷,说《左传》"叙事虽多,释经殊少,犹不如《公》、《谷》之于经为密"。《公》、《谷》空言说经,啖助反以为密,足见他旨在借《春秋》发抒自己的政治见解,不重视《左传》的据事说经。宋儒程颐独称啖助绝出诸家,有攘异端开正途之功,程颐这样赞美啖助,正好说明啖助弃传求经的学风,即是宋儒附会臆断的学风。啖助弟子赵匡、陆淳,继续治《春秋》学,陆淳著《春秋微旨》、《春秋集传辨疑》等书,不为三传旧说所拘,专凭己意指出孔子笔削的本意,未免出于虚构。柳宗元作《陆淳墓表》,称陆淳为巨儒,能知圣人之旨。又有卢仝也穿凿《春秋》,韩愈赠诗有云,"《春秋三传》束高阁,独抱遗经究终始"。韩愈诗推崇卢仝,说"先生事业不可量"。足见舍传求经的风气,韩柳都是赞同的(韩愈李翱作《论语笔解》,也多有穿凿之处)。《五经正义》束缚说经者不得逾越注疏一步,以啖助陆淳为代表的《春秋》学,连三传也任意驳诘,更不待说照注文推演的《正义》。啖助等人不顾经学家法和朝廷功令，独自发抒见解，虽不合汉学规矩，却为宋学开风气之先，啖助、陆淳的创始精神，在经学史上，应该是值得注意的变化。

第四节　道教的流行

道教是汉族自创的一种宗教，目的在对抗外来宗教——佛教。汉族统治阶级也曾想利用鬼神来欺骗民众，《周易·观卦象辞》说"圣人以神道设教，而天下服矣"。《象辞》相传是孔子所作。如果确是这样，是孔子也知道宗教对统治者的好处。可是孔子所传的儒学，却是不语神怪专重人事的一种学说，儒学对统治阶级有很大的好处，但说教者是所谓圣人而不是天帝或代天帝立言的半神人。儒学虽在汉族封建社会里生了不拔之根，但比起宗教来，不能不说是相形见绌，因为它缺乏鬼神的威力，最大限度只能管人（民众）的生前，不能管人的死后，而管到死后是更有力地管活人的重要方法。西汉今文经学以董仲舒为代表，曾力图改造儒学成为宗教，结果毫无成就，想改造孔子从圣人变为天神，事实上是困难的。西汉末年古文经学兴起，在阻碍儒学宗教化方面，起着积极的作用。

东汉统治阶级更着重在创立宗教化的儒学，谶纬大为盛行，同时古文经学也盛行起来，反对谶纬，使孔子保持儒师的本来面目。东汉统治阶级创教运动完全失败了。

佛教是强烈的麻醉剂，它那一大套什么布施得福，许愿（贿赂）免罪，净土地狱，因果报应，精神不灭，六道轮回等等耸人耳目的骗术，东汉统治阶级当作新奇的工具，予以接受和利用，是毫无困难的。但汉族有传统的伦常道德，那就是君臣父子夫妇等五伦。佛教恰恰是破坏这些伦常的异端。汉族统治阶级决不肯放弃儒学的伦常，也决不肯放弃佛教的骗术，而佛与儒又各已定型，不能融佛儒为一教，这样，东汉统治阶级只好采取提倡儒学，限制佛教（只许胡僧传教，不许汉人出家），放任道士创立道教。胡僧到魏晋间还叫做乞胡，他们靠讨饭度日，所有骗人的方法，如果不行施出来，就无法谋生。道士在旁偷看，把所有骗术都学会了。骗术中最根本的一条是敢说无边无际的大话，所谓大言不惭，就是佛教绝技之一。道士本来也是敢说大话的，得到佛教的启示，说大话的本领并不比佛教差一些。它迅速拥出黄帝老子为教主，宣称读《道德经》五千言，与读佛经有同样的功德。东汉初年，楚王刘英"诵黄老之微言，尚浮屠之仁祠"，念的是道经，拜的是释迦，只要能降福，念什么拜什么都无所谓。当时胡僧势力孤弱，没有汉僧作徒党，又不曾译出佛经，只好让信徒读道经。尤其使佛徒不堪的是道士造"老子入夷狄为浮屠"的谎话，后来演化为"《老子化胡经》"。《化胡经》虽在西晋末出现，故事却在东汉时开始编造，编造的方法不外取佛书用以瞎吹释迦的话头，一概搬来给老子装上。例如说老子生下来，即有九龙吐水灌洗其身，化为九井。老子生下即能行走，一步生一朵莲花，共有九朵。老子"左手指天，右手指地，宣告：天上天下，唯我独尊……"。《化胡经》又说"我令尹喜，乘彼月精，降中天竺国，入乎白净夫人口中，托荫而生，号为悉达，舍太子位，入山修道，成无上道，号为佛陀……"，这样说来，释迦是尹喜的后身，又是老子的徒弟，对佛教是很不利的，佛教徒心怀愤恨，但在东汉魏佛教势力薄弱时期，只好默认这种侮辱，并且还可能默认佛是尹喜后身而减轻传教的阻力。

《史记·老子列传》称为隐君子的李耳，被道教徒装扮成比释迦高一辈的大神圣，道教有了教主，还缺少道经，必须从速制造。东汉张道陵造《灵宝经》及《章醮》(音叫jiào)等二十四卷(一说数百卷)，粗具宗教规模。东汉顺帝时琅邪人于吉派遣学生宫崇到宫门献上所谓神书——《太平青领书》一百七十卷，"专以奉天地顺五行为本"。这是《太平青领书》的宗旨，所有两汉今文经学的阴阳五行灾异谶纬，以及神仙家的长生术，都可以包罗在这个著书宗旨里面。因为东吴孙策杀了道士于吉，结果对孙策不利。曹操引为教训。照曹植《辩道论》说，曹操招收道士，不是想求神仙，而是"恐此人之徒，接奸诡以欺众，行妖恶以惑民"。这里产生了这样的一个矛盾，完全按照统治阶级的意愿塑造出来的道教，现在反成了统治阶级看作奸诡妖恶的可怕之物，这说明黄巾起义是道教被敌对阶级——农民阶级所利用，对统治阶级说来，道教还必须切实驯化，即增加儒学的伦常，佛教的因果报应，再其次是神仙家的长生术，这样，才能真正成为无后患的工具。东晋葛洪著《抱朴子》，是继《太平青领书》以后第二次制造标准道书。葛洪的先世葛玄，孙吴时造《上清经》，葛玄的弟子郑隐，有道书数百卷，传授给葛洪。葛洪凭借葛玄的遗业著《抱朴子》。《抱朴子·内篇》专谈炼丹术，这自然是道教本色。外篇专谈人事，谈来谈去，不能超出儒学的范围。道教这一次著书尝试又失败了。葛洪著《抱朴子》以前，道教已经造了不少道书，据《抱朴子·遐览篇》所记异书，大体上分经、图、记、符等四类。这几百卷道书，根本目的是要炼金丹，金丹一成，所有道书都可以作废。统治阶级需要道教，是要象佛教那样，能麻醉广大民众，葛洪著《抱朴子》，依然缺乏宗教的麻醉作用。

南朝刘宋时，有道士陆修静撰《灵宝经目》，他对宋明帝说，"道家经书并药方、咒、符、图等，总一千二百二十八卷，一千零九十卷已行于世，一百三十八卷，犹隐在天宫"。陆修静所说道书卷数比《抱朴子·遐览篇》多几倍，大概晋宋间又有人大造道书。造书的方法，看来主要是偷窃佛书，陆修静所说"或采搏余经，或造立序说，或回换篇目，裨益句章，作其符图"。所谓采搏余经，就是剽窃佛书，所谓回换篇目，裨益句章，就是取原有道书，改头换尾，增添文句，算是新书。陆修静本人是否剽窃佛书，造出道经，尚无明证。他和名僧东林寺释慧远是朋友，慧远是收藏南北译出佛经最多的僧人，陆修静从东林寺看到许多佛书，窃取一些来补益道书，应该说不是不可能的。陆修静造论文八篇，其中一篇题为《自然因缘论》，所谓因缘，显然受佛书影响，加自然二字便成为道教讲因缘。按照这个方法，取佛书原文，改换几个专用字，如世尊改为天尊，佛道改为真道，真金像改为元始真，佛书很方便地就变成道书。自从道士发现这个方法以后，道教的宗教作用，开始可以同佛教比高低，佛教一整套谎话骗术，道教全部搬来，应有尽有，佛教独家出卖的麻醉剂，现在变成两家分卖了。对统治阶级说来，多开一家麻醉剂分店，以广招徕，并无不利处。它知道让道士偷窃佛书，是充实道教的最好方法，所以任令道士继续偷窃，同时又助佛徒继续译出新书，以便道士永远有新书可偷。从南北朝以下，统治阶级调剂佛道儒三大势力，力求三方有相当的平衡，使各显其用。道教愈是宗教化，就愈为统治者所重视，而宗教化的关键，在于偷佛书是否足够，尽管僧徒痛心疾首，指控道士偷窃，证据十分确实，却无人查究。统治者利用宗教，是很巧妙的，道教在这种扶植下，发达起来了。

陆修静第一次编道书的总目，说明刘宋时道教已积累起不少的图书，可以自立门户。陆修静以后，又续有添造，南朝齐时陈显明造《六十四真步虚经》，梁时陶弘景造《太清经》及《众醮仪》十卷。北朝元魏时寇谦之造《云中音诵新科之诫》二十卷，又造《录图真经》六十卷。陆修静与寇谦之同时，这说明南北朝初期，南方和北方，道教都已经是成熟的宗教，可供统治者利用，北朝魏太武帝甚至要兴道灭佛，北方道教势力似乎比南朝更强大一些。北周武帝又一次兴道灭佛，道士焦子顺等人，乘机偷窃佛经一千余卷作为道书。当时玄都观道士奏上道经目录有二千零四十卷。陆修静说道经一千零九十卷，到北周忽增至二千零四十卷，所增之书，主要是《汉书·艺文志》所载诸子书八百八十四卷，焦子顺等所偷佛书一千余卷，大概要隐藏一些时候，陆续宣布。依《玄都经目》说，道书共有六千三百六十三卷，其中二千零四十卷有书可查，其余四千三百二十三卷并未见书。按《隋书·经籍志》载佛书有六千一百九十八卷，周武帝时佛书卷数比隋要少一些，《玄都经目》所说四千三百二十三卷未见的书，当是指尚未偷来的佛书全部。如果周武帝的统治能延长若干年，佛书将要全改为道书。

道教偷佛书愈多，本身与佛教的区别就愈少，佛教用来诱惑愚人的一套，道教也应有尽有，有些还是道教比佛教得到统治阶级更多的欢心。例如佛教无父无君，不知忠孝，这在统治阶级看来，是最大缺陷。道教补起忠孝两条，就满足了统治阶级的要求。《玉清经·本地品》说元始天尊讲十戒，第一戒不得违戾父母师长，反逆不孝；第二戒戒杀生，与佛戒同；第三戒不得叛逆君王，谋害家国。另一道书说五戒十善，五戒全同佛教，十善则第一是孝顺父母，第二是忠事君师，二善正补佛教之不足。大抵南北朝末年，佛道两教势均力敌，只要争取到统治者的偏宠，就能暂时压倒对方。隋唐两朝特别是唐朝，佛道两教斗争的形势，甚为剧烈，朝廷忙着做调剂工作，不敢使宗教太显著地失去均势。下文着重讲唐朝的道教，必要时也不能不涉及佛教和儒学。

道教高谈清静无为，佛教专演苦空寂灭，不过这都是些装门面的话头，实际完全相反，他们都积极参加政治活动，有些甚至是政治阴谋的发动者。周武帝兴道灭佛，佛徒助隋反周，特别是女尼智仙，给隋文帝影响最大。周武帝死后，著名道士焦子顺便向隋文帝密告受命之符，帮助他阴谋夺取周政权。隋文帝即帝位，尊焦子顺为天师，经常和天师商议军国大事，怕他往来疲劳，在皇宫附近立一个五通观，使他安居。焦子顺助隋灭周，目的是想在新政权中为道教占一地位，极端崇佛的隋朝，道教还能保持仅次于佛的地位，这大概就是焦子顺政治活动的结果。统治者对道教总没有对佛教那样放心，开皇十三年（五九三年）命令私家不得藏纬候图谶。道教的妖言，使隋文帝畏惧起来了。隋炀帝刚即帝位，于大业元年（六○五年），便下令禁止图谶，与谶纬有关的书，一概烧毁，私藏禁书，查出后处死刑。又在东都洛阳置道术坊，所有懂得五行占候卜筮医药的人，令聚居坊中，朝廷派官检查，不许随便出入。道术坊中人固然也与佛教徒有关，但关系更密切的却是道教徒，隋炀帝这种处置，显然是怕有人象焦子顺那样给政治野心家密告受命之符。事情果真是这样。一个著名道士王远知给唐高祖李渊密传符命。又有僧徒景晖授李渊密记，说他当承天命。道士僧徒看到旧统治不稳，在强宗豪族中寻找可能取得政权的人，给他传符命，事成算是助义有功，事不成，传者口说无凭，可无危险。地主阶级分出若干利益，扶植宗教，原意是要它们起助顺作用，但在统治者地位动摇时，它们又起助反作用。隋朝的经验，使唐朝十分注意儒佛道三种势力的均衡问题。

李渊本是迷信极深的庸人，他在起兵反隋时，对佛许下大愿，说做成皇帝，一定大弘三宝。这个庸人在做成了皇帝，并且削平群雄，政权稳固以后，感到沙门道士"苟避征徭，不守戒律"，对朝廷是不利的。他排除众议，下诏沙汰天下僧、尼、道士、女冠，勒令被沙汰的人还俗，京师留寺三所，观二所，诸州各留一所，其余寺观，一概废弃。寺观比例，似乎两教待遇公平，实际是打击佛教，暗助道教。因为佛教在隋朝得到无限制的发展，现在寺数大减，自然要大批僧尼还俗；道教人数有限，与佛教有不差多少的容身地，还俗就不是什么迫切的利害关系。这个诏令刚宣布,唐太宗发动政变,停止沙汰僧道。

李渊所姓的李,无疑是北周的贵姓,这种关陇贵姓,远不能和山东士族比高低。李渊自称出自陇西李氏,即使是真的,门第也不算高。著《道德经》的李耳,早被道教徒吹成高大无比的教主,李渊想提高门第,和教主攀亲是个简便的方法。李渊即帝位的第三年(六二〇年,武德三年),晋州(山西临汾县)人吉善行,说在羊角山地方见到一位骑着白马的老叟,叫他转告唐天子说:我是你的祖宗,今年击贼(王世充)获胜后,子孙享国一千年。李渊听了吉善行的话,即在羊角山立老君庙。这样,李渊与李耳的祖孙关系就算确定了。次年,他到终南山拜谒老君庙。大概羊角山立庙以后,其他地方也相继立庙,宣扬皇帝与老君是亲属。李渊利用道佛二教,还利用儒学,六一九年(武德二年)他命令国子监里立周公(先圣)孔子(先师)庙各一所,四时致祭。六二五年(武德八年),他亲到国子监,正式宣布三教地位,道第一,儒第二,佛最后。

唐太宗李世民与长兄皇太子李建成,争夺帝位继承权,佛教徒以法琳为首,拥护李建成,道教徒以王远知为首拥护唐太宗。唐太宗迅速获胜,道教按照唐高祖兴道抑佛的既定方针继续得到发展。王远知是茅山道士陶弘景的徒弟。唐太宗战胜王世充和窦建德,回到长安,有一天同房玄龄著普通人衣服去见王远知,王远知迎出来说道，这里面有圣人（皇帝），难道是秦王么？这显然是诈术，秦王身被黄金甲，率铁骑万匹，坐兵车，押王窦二俘到太庙行献俘礼，王远知在路旁看热闹，岂有不认识秦王之理，他行施这一诈术，秦王果然被迫承认了。王远知接着说，将作太平天子，希望好好的干。唐太宗不久登上帝位，给王远知在茅山特造太平观，表示崇敬，这个王远知也就俨然成了神仙。所谓神仙异人，说穿了无非是行施诈术是否得售，王远知就是行诈得售的一人。唐太宗为推崇李耳，在儒学方面有所安排，六二六年（贞观二年）取消周公的先圣名义，以孔子为先圣，颜回为先师。这是因为老聃不过是东周的一个史官，周公则是西周开国元勋，要周公屈居老聃下，似乎不顺。孔子相传是老聃的学生，尽管唐太宗大崇儒学，不妨碍老第一，儒第二的次序。佛道两教互相排挤，都想本教独尊，六三七年唐太宗下诏，确定男女道士地位在僧尼之上。这是僧道争地位，道教得政治上助力，夺得优势的第一次。六三九年，道士控告僧人法琳毁谤皇宗（李耳），唐太宗派大臣查勘，判定法琳有罪，流放到益州，法琳在路上死去，又一次给佛教以沉重的打击。不过，唐太宗偏护道教，仅仅是要确定李姓是教主李耳的子孙，并不减损对佛教的信仰，所有佛教徒佞佛的行动，他不曾缺少一件。他信佛教实际比信道教更深，他吃天竺僧的长生药就是明证。他尊崇道教，完全是一种政治行动，目的在提高李姓的地位。六三八年即贞观十二年，唐统治已经巩固，吏部尚书高士廉奉命撰成《氏族志》，居然仍以山东崔姓为第一。皇族仍居次位。唐太宗出面斥责，才改列皇族为第一，外戚为第二，降山东崔氏为第三。皇族能够勉强列在第一位，首先是因为皇权巩固，其次是道教主姓李，否则就是唐太宗发怒力争，未必能使旧士族承认，可见提倡道教还是有效的。

唐高宗与武则天是夫妻，但争夺权力的矛盾显然存在，唐高宗以道教徒为自己的拥护者，武则天以佛教徒为自己的拥护者。六六六年，即政权全归武则天的第六年，这个实际已经失位的懦夫，到孔子庙行礼，赠太师名号，这大概是对儒生表示求助。他又到亳州老君庙行礼，上尊号为太上玄元皇帝，圣母曰先天太后，上尊号丝毫无救于李姓的失势。武则天召集僧道百官议《老子化胡经》，并下令搜聚天下《化胡经》一概焚弃，不得列在道经之内。这一来佛教徒大占优势。唐高宗教诸州营造孔子庙堂及学馆，儒与道联合，可能给佛徒一种压力。武则天上奏请令王公百官都学《老子》，每年依《孝经》、《论语》例考试士人。唐高宗令道士隶宗正寺，班在诸王之次。僧徒自称是释子（释迦的儿子），唐高宗这样处置，意思是说凡道士都是李耳的儿子，应该拥护李姓的皇帝；又令贡举人必须兼通《道德经》，实际是要合儒道为一个拥李的力量。六八三年，唐高宗死，武则天夺取帝位的活动愈益迫切，佛徒助武则天夺位有功，得到的报酬是明令规定释教在道教之上，僧尼处男女道士之前。这时候，道教徒知道失势，要恢复首位无望了，就有些道士要求弃道当僧，如洛阳弘道馆主杜义乞改行为僧，武则天赐名玄嶷，并特赐僧寿三十岁，老道士一下变成老和尚，有资格反道了。他作《甄正论》，斥责道经，说是全出伪造，这个道教的叛徒，大受佛教徒的称颂，其实，唐高宗不死，杜义到死也决不会变玄嶷。佛教正在得势，有一个僧人请求销毁《老子化胡经》，武则天指定八个学士（儒生出身）讨论这个僧人的请求，讨论的结果是"汉隋诸书所载，不当除削"。为什么一向崇佛曾下令焚弃《化胡经》的武则天会保护《化胡经》，可能她正要杀悍僧薛怀义，杀死以前，对道教表示一些好意。宗教只是统治者用来摆弄别人的玩具，宗教徒希望充当的，起初也无非是这种玩具，每当被摆弄的时候，就有得利的机会。到了后来，即统治者本身中宗教毒极深的时候，宗教就要反过来摆弄政治，甚至宗教指使教徒发动宗教战争，取得政教合一，使政从属于教。武则天中佛教毒是很深的，但还能保持清醒，掌握摆弄佛道两教的权力，所以她是一个能干的皇帝。她晚年也求长生药，令僧人胡超合药，三年合成，所费巨万。这个僧人名胡超，可能是胡僧冒用汉姓名。大概胡超合药不敢用峻烈药物，这样他自己免了死，武则天也免了死。吃长生药不死，除去武则天恐无第二人。

唐中宗恢复帝位，起初意识到自己复位是唐朝中兴，赶紧下令贡举人依旧学《老子》，老君依旧称玄元皇帝。不久韦皇后掌权，佛教徒又得势。华严宗所谓三祖的法藏，著述甚富，声名甚大，曾被武则天封为贤首菩萨戒师，他在唐中宗时，与僧慧范（太平公主的奸夫）等九个人，因造圣善寺（纪念武则天的佛寺）有"功"，同时受赏，九人并加官阶，赐爵郡公或县公。他是慧范一流的僧人，非善类可知。唐中宗韦皇后作恶不久，就都死去。同样昏懦的唐睿宗继位作皇帝，他依然受佛教的引诱，走向灭亡的道路，"天下十分之财而佛有七八"，"出财依势者尽度为沙门"，佛教控制唐政权似乎颇有可能了。可是，道教起着对抗的作用，使得佛教遇到阻碍。佛道争夺权利互不相让，唐睿宗无法判先后，令在法事集会上，僧尼男女道士并进并退，表示二教平等。

　　唐玄宗看到了佛教所含有的危险性，即位以后，大兴道教，实际就是阻遏佛教的无限发展，同时也是受长生术的欺骗。唐玄宗自称梦中看到老子，醒来画出真容，又教人画老子像许多张，分送天下各州开元观安置，令当时男女道士庄严迎候，像到后行道七昼夜，朝廷给钱作设斋行道的费用。又赐钱给亲王公主以至全国文武百官兵士，令假日酒食宴会，表示庆喜。这样大规模地提倡道教，佛教是相形见绌了。佛教有四大菩萨，唐玄宗和道教徒李林甫等捧出四个真人来相对，他们封庄子为南华真人,文子为通玄真人,列子为冲虚真人,庚桑子为洞灵真人。庄子著有一部书,列子、文子各有一部伪书,还可以说凭书得封号,庚桑子仅仅名见于《庄子》,硬凑成四真,其荒诞无稽,与佛教四大菩萨相同。宗教本来是从荒诞无稽中产生出来的,不管它有什么说法,都只能一笑置之。道教得势,就企图压抑儒学,取得独尊的地位。最早是唐太宗,取消周公的先圣名号,升孔子为先圣,事实上古文经学盛行的结果,述而不作的孔子决不能代替作者之谓圣的周公,唐太宗受到儒生的抵制,计划失败了。武则天换了一个办法,她封周公为褒德王,孔子为隆道公,老子的名号是玄元皇帝,王爵公爵自然应向皇帝低头,可是,周公的资望,远非老子所能攀附,要周公作老子的侍从,唐玄宗等道教徒也是难于说出口的。后来又出了一个办法,索性推开周公,追封孔子为文宣王,宣称文宣王与圣祖(老子)同时,是圣祖的学生,应该在太清太微二宫圣祖像前,更立文宣王道像,与四真列侍左右。儒家是否肯忍受道教这种侮辱呢,没有人出来说话,大概是忍受了。因为孔子给道教主当侍从,并不妨碍儒生的仕途,而且只在两个道宫里当侍从,在其他许多学宫里,孔子依然南面称王,足为儒生增光。儒者满足于王号,周公的先圣地位,也就无人保卫,从此学宫中的周公,因孔子封王而自然退位。开元天宝时期,道教极盛,佛教相对地衰退,这从佛教徒贺知章弃佛当道士可以看出当时的气候。

唐朝皇帝兴道教，不管在政治上有何企图，想要得长生药，却都是一样的。自唐宪宗起，许多皇帝是贪生怕死的愚夫，贪生便要信道教的长生药，怕死便要佞佛求来生的福报，化死后的灾难，唐宪宗、唐穆宗、唐敬宗、唐武宗、唐宣宗都是吃长生药丧命的，唐武宗灭佛，以为可得老君的欢心，唐宣宗兴佛，不吃道士药，专吃太医李元伯所制长生药，以为太医非道也非佛，结果还是中毒死了。至于大臣名人因服长生药而死的为数更多，道教毒死了一批统治阶级中人，这就是统治阶级提倡道教的一点成绩。

每个宗教都有排斥异己独吞利益的愿望。佛道两教都象饿虎似地想独吞利益，这里只举一两个例，可以概见恶斗的危险性。唐初，有道士宋冀，在隆山县（四川彭山县）新立道观。释道会勾结总管段伦，改观为寺，道众不伏，拒绝迁移。释道会又勾结安抚大使李袭誉，引兵到县，四面鸣鼓，一时驱出，道众怨诉，要求归还道观。道会说，我恨不得天下道观都改为寺，这一所是绝不能归还的。僧徒勾结官府强夺道观，行为极为恶劣。道教徒对待僧徒，也是恶毒有加，例如李抱真为泽潞节度使，军资匮乏，管下有一老僧，声名甚大，李抱真同他商量说，请和尚宣称在操场焚身，后面掘一条地道通我住宅，等火发作，和尚可入地道避到我家来。老僧很满意，正式申请焚身。佛教信徒，男女群集，舍财无数。七日满期，灌油发焰，击钟念佛，李抱真遣人堵塞地道，老僧被一阵猛火烧成灰土。李抱真收取所积财物，送入军资库。这种充满杀机的阴毒行为，如果扩大起来，变成军阀间的冲突，那就可能出现宗教战争。可是唐朝最高统治者，除了少数昏君（如唐中宗）甘心充当佛教的俘虏外，其余皇帝都知道调和三教对自己有利。唐德宗开三教讲论例，促进三教的调和。公元七九六年（贞元十二年），德宗生日，令儒官与和尚道士讲论，这些人都是精选出来的老滑头，谁肯在皇帝生日自讨没趣！《南部新书》说，三教讲论的格式是"初若矛盾相向，后类江海同归"，有这个格式，三教间矛盾大体上调和了。

因为朝廷要调和三教，三教中自然会产生一批巧宦佞人，适合朝廷的需要，又适合自己做官发财的需要。代表人物如太常卿韦渠牟，他初读儒书，博览经史，后来做道士，又做和尚，自称尘外人，或称遗名子。唐德宗时参加三教会讲，口才便捷，很得皇帝的重视。又如宰相韦处厚，他佩服世教（儒），栖心空门（佛），外为君子儒，内修菩萨行。这种不伦不类的怪物，正好是适合做大官的材料。

儒与佛调和，佛的方面也逐渐和儒合流。僧徒行儒业的很多。中晚唐诗文中，常见文僧、诗僧、琴僧、草书僧等名号，可见不少和尚对儒的学业，很是精通。儒佛之间最大的抵触是忠孝问题。忠和孝是维护封建秩序的纲常，孝为忠之本，在家是孝子，出仕是忠臣，所以有求忠臣于孝子之门的说法。封建统治者为了巩固本身统治，必需提倡忠孝。但佛教有无父无君的教义，这个教义也是佛教信仰的根本，如果根本动摇，佛教的以无为本、以生为苦和超世的向往，都无法说通。所以大部分和尚在君父问题上，不肯让步。他们知道，尽管不让步，封建统治者也舍不得抛弃佛教，因为权衡得失，佛教的免灾得福，因果报应，使被压迫阶级忍受一切苦，不敢起反抗心，统治者因此所得之利，是足以抵补无父无君之弊而有余的。而且佛教虽说无父无君，并未影响汉族各阶层人士之礼法思想和行为，即使是和尚，也还紧紧依赖统治者，得些实际利益，在平常情况下，哪能真的做到无君。所以儒佛之间的这个矛盾，虽然长期存在，还是能够调和下来。不过尽管如此，这个问题终究是佛儒进一步合流的一个大障碍，于是有和尚出来提倡孝道。佛徒师生间，实行儒家的三年丧制，大反佛教的教义，但大有利于佛教的推广。

南宗禅学出现后，佛儒的调和，更大进一步。佛与儒调和，也与汉族的宗教——道教调和。佛道两教，有着可以调和的基本论点。例如佛说性空，道说无名，皆以虚无为本，两教又都有以生为苦厌世无我的思想。在超世的向往上，道有神仙洞府，佛有极乐净土。此外如静坐（道）、禅定（佛）的持修方法，符箓（道）、咒语（佛）的法术等，彼此之间也都有共同的地方（以上佛教以大乘空宗为据）。至于互相模仿窃取经书，更不待言。道教剽窃佛书，前面已经说过。佛教偷取道教教义，在唐代可以密宗为例。密宗吸取了佛教以外天竺各外道的宗教仪式以及各种神秘法术，内容很庞杂，唐玄宗时开始在中国传播，肃、代、德三朝大盛。密宗的做法，和道教有相同的地方，不少方术，彼此也相似。有些显然是抄自道经的。如道教崇拜北斗星，密宗称为妙见菩萨。道教的司命、司禄之神及泰山府君，也见于密宗经文。密宗又画道教的符，用以治病隐身，求财免灾。此外如七七、九九之数，青龙、白虎、朱雀、玄武、六甲禁讳、十二肖诸神等，都是道教所有而为密宗窃去。晚唐以后，密宗衰微，其法术大都与道教合流。

第五节　百花盛放的唐文苑（诗、词）

唐文学比起文学史上著名的建安、太康、齐梁诸时期来，是一个规模空前的发皇时期。自建安以来在文学形式上极被重视的声律和对偶化运动，唐朝达到了完成的境界，并且得到大发展。东晋以来对骈文处于劣势地位的散文运动，唐朝也达到了完成的境界而大为发展。近体诗（律诗）和古文（散文）是代表唐朝文学的主要文体，由此破坏了或者派生了其他若干文体，影响后代文学至为巨大。刘勰《文心雕龙》说，六朝以前各种文体无不溯源于六经。照这样说，两宋以下至语体文流行的一千年间，各种文体的渊源，应该是唐朝。唐文学所以如此重要，只是因为它吸收南朝文学的英华，并创造出融合南北的新境界。

唐朝政治的兴衰，可分为三个阶段，文学的兴衰，大体上与政治互相影响，也可分三个阶段。唐前期政治是兴盛的，文学却在酝酿状态中，为后来的兴盛准备着条件。唐中期政治衰颓，文学却极为兴盛，唐后期政治由衰颓以至于灭亡，文学则由兴盛转向衰颓。不过，在一般衰颓中，也还有例外，如新兴的词（诗余），是统治阶级精神界极度腐朽濒临死亡时候的产物，但对这种文体的本身说来，在唐末五代却是方兴未艾的盛世。产生这些现象的原因，主要是：（一）沿袭南朝文风。自东晋南渡，北方继续为落后民族所占据，它们依靠兵力，统治汉族，在政治文化方面，北方人包括落后族的统治者，一致承认南朝是华夏正统所在。隋统一后，南朝浮丽的文风风靡北方，隋文帝用政治力量扶助质朴的北方文风来对抗南朝文风，要求公私文翰，并宜实录（据实直书）。尽管朝廷的要求完全合理，但并不能挽回已成的风气。隋炀帝步梁陈后尘，提倡华艳，南方文风统一了南北文苑。北周苏绰撰《大诰》，作为文章程式，隋文帝时，李谔上书请正文体，主张依据儒家经典为文，与苏绰所见略同。这种模拟经典的拙劣文辞，即所谓北方文风，当然不能抵制南方文风，不过其中也还有合理的部分，如公私文翰并宜实录，就是救弊的重要方针。唐初，也有人主张，去短取长，融合南北文风。魏征《隋书·文学传序》说"然彼此（南北）好尚，互有异同：江左宫商发越贵于清绮；河朔词义贞刚重乎气质。气质则理胜其词，清绮则文过其意。理深者便于时用，文华者宜于咏歌。此其南北词人得失之大较也。若能掇彼清音，简兹累句，各去所短，合其两长，则文质彬彬，尽善尽美矣"。魏征此论代表南北融合的自然趋势，盛唐时期这个趋势才达到了文质彬彬的理想境界。(二)唐前期文学主要是沿袭南朝，但逐渐自创新境，中期以后，新境大辟，文学成就远超南朝。唐前期封建经济趋于繁荣，士人生活也就有适当的保障，再加朝廷以进士科取士，利禄所在，士人无不致力于文学。声律对偶化的文学，首先要士人读大量的书籍，韩愈诗"太学儒生东鲁客，二十辞家来射策；夜书细字缀语言，两目眵昏头雪白"。所谓缀语言，就是熟读群书，博记故事，储备对偶的资料。《文心雕龙》《丽辞》、《事类》两篇，专论文章中对偶的重要。《丽辞篇》说，"事对所先，务在允当，若两事相配，而优劣不均，是骥在左骖、驽为右服也；若夫事或孤立，莫与相偶，是夔之一足，踸踔（音 chěn chuō 跳跃）而行也"。《事类篇》说，"事类者，盖文章之外，据事以类义，援古以证今者也"。做诗文没有先积累足够的故事，根本就做不成诗文，在印刷术未曾通行的时候，要熟读大量书籍，非国家长期安宁不可，唐前期恰恰是一个长期安宁的时期，有些士人博见强记，使用事类表现惊人的丰富。同时，类书的编辑，唐朝最为发达，传世的大部类书，有《艺文类聚》一百卷，《北堂书钞》一百六十卷，《初学记》三十卷，白氏《六帖》三十卷。《艺文类聚》唐高祖时欧阳询等奉敕编，书分四十八类，类中又分门目，每事每物，注明出处。《北堂书钞》唐初虞世南撰，书分八百零一类。《初学记》唐玄宗时徐坚等奉敕撰，书分二十三部，三百一十三子目。白氏《六帖》，又名白氏《经史事类六帖》。白居易在书斋中置陶瓶数十个，瓶上各题门目，命门生采集事类投瓶中，倒出后钞录成书，因此所记时代多无次序。士人读这些大部类书，搜集资料的时间，得以节省，有些文士幼年便能作文，大抵依靠类书的帮助。唐高宗时李善注《文选》成书，李善注极其精博，成为士人必读的宝书。杜甫教子诗里有"诗是吾家事"，……"熟精《文选》理"等句，说明杜甫作诗的要诀是从《文选》中熟习文理，同时也熟悉《文选》注提供的丰富资料。唐文士家家有《文选》，象李德裕自称家不蓄《文选》，那是绝少的例外。还有一种称为《兔园策》的类书，是村塾里小学生的读本，流行极广。五代时冯道退朝，有朝官走在后面，讥笑他说，他要是走快了，一定会掉下《兔园策》来。冯道责备讥笑者说，《兔园策》都是名儒所集，我能背诵它。你们只学科场文辞，便算是举业，借此窃取公卿高位，未免太浅狭了吧！从读书破万卷到背诵《兔园策》，学力相差悬殊，对偶在文学中的重要却由此可见。依靠一些事类，堆砌成篇，缺乏作者自己的思想和感情，更缺乏明确的思想，《文心雕龙》所谓"碌碌丽辞，昏睡耳目"的催眠文章，在唐朝文学中特别是在唐前期的文学中，占很大的数量，《全唐文》《全唐诗》两书保存大量诗文，除去催眠文章，存下来的才是唐文学，其中不大的一部分才是唐文学的精华。（三）北方文风与南方文风在文苑中展开争夺战，北方文风逐渐取得优势，唐文学的精华，就是北方文风占优势的那一部分文学。李谔请正文体，意思是要提倡儒家思想。典诰文体，用实录来反对轻浮，也就是要用北方文风来反对南方文风。此后两种文风互相排斥，又互相融合的结果，构成唐文学的全貌。《文心雕龙》说："才（思想）为盟主，学（事类）为辅佐，主佐合德，文采必霸；才学褊狭，虽美少功"。照这个标准来看唐文学，才学并茂称得起霸者的作家和作品，就不能象设想的那样多了。作者才思的来源，有些人主要是儒学，有些人是佛教（禅宗）和道教。儒学思想在文苑中往往起主导的作用，因为佛道尽管盛行，儒学的正统地位依然存在，合于儒学思想的文学，容易得到士人群的尊崇和共鸣，唐朝最杰出诗人杜甫，古文运动的首领韩愈，固然都各有独到的成就，但坚守儒家思想，也是获致成功的一个重要原因。儒佛道三种思想以外，还有一种普通士人的思想，这种人求名求利，非常热衷，得不到的时候，悲苦忧愁，哀感动人，得到了便快意纵欲，鼓吹酒色之乐，得意自鸣，也颇能动人。

这一种人在文士中是最大多数，其中不少还是著名的作者。他们的意境，不能超出个人悲欢离合的小范围，因之他们的作品，即使是精美的，也不能象杜甫韩愈那样，取得更高的成就。

唐、五代文苑的情况，总的说来，大体上不外是：在前期，沿袭南朝积习，南方文风压倒一切。在中期，北方文风以儒家思想为骨干，与南方文风作斗争，取得胜利，文学呈现极盛状态。在后期及五代，政治上一片衰败萧索气象，影响到文苑，同样是一片衰败萧索气象，当时表现统治阶级腐朽生活的词，是一种新兴的体制，恰似几朵鲜艳的桃李花在秋树枝上开放，使人感到衰秋里还留有一点春艳。唐文苑盛极以后，并没有全部崩坏。

下面略叙几种重要文体即诗与诗余（词）的兴衰和若干重要文人的成绩。

一　初　唐　诗　人

南朝士族生活优裕，偷安成习，以能作五言诗为表示自己是士流的手段，如果不会作诗，就无法参与社会活动。诗提到这样高的地位，实是南朝士族衰朽堕落，精神萎靡的表现。这种陋习到唐朝愈益盛行，这是因为南朝士人作诗，固然由于"世俗以此相高，朝廷据以取士，禄利之路既开，爱尚之情愈笃"，不过还未曾明文规定诗为禄利之路。唐朝以进士科取士，作诗成为取禄利的正路，后来甚至非科第出身的人，不得为宰相。唐朝文人几乎无一不是诗人，只有好不好的区别，不存在能不能的问题。唐时作诗的人既多，诗篇自然也不少，经过时间的淘汰，较好的部分被保存下来，清康熙时辑《全唐诗》，尚存诗四万八千九百余首，作者二千二百余人，时间是公正的裁判者，被淘汰的诗篇和诗人，可能比上列数目要大得多，不过湮没无闻是毫不足惜的。没有理由该对应当湮没的事物表示惋惜。大抵诗人（一切文人）必须先有高尚的抱负，尽管是迂阔不切事情的抱负，有了抱负，才能产生高尚的意境，高尚的意境又产生高尚的作品，当然，作诗的技巧，如声律对偶之类，也很重要，但始终居于辅佐地位，作主导的不能不是意境。例如杜甫，在唐朝是诗人第一，在古代所有诗人中也是第一。他的成功处首先是在他有高尚的抱负。他自比稷与契，要"致君尧舜上，再使风俗淳"，这是迂阔不切事情的抱负，高尚的意境却由此产生，因为事实远不如他所想的那样顺利，使得他"穷年忧黎元，叹息肠内热"，对坏人坏事采取"嫉恶怀刚肠"，"饮酣视八极，俗物都茫茫"的态度。任何文人都读过《孟子》："庖有肥肉，野有饿莩（同殍piǎo）"，到杜甫才化为"朱门酒肉臭，路有冻死骨"的名句，在他以前没有一个诗人能造出这样的句子，只因为没有杜甫那样的抱负和意境。

270

唐前期诗沿袭南朝，无非是些"竞一韵之奇，争一家之巧，连篇累牍，不出月露之形，积案盈箱，唯是风云之状"的作品，唐太宗是创业英主，作起诗来仍是循规蹈矩，逐句相对，无异普通文士，表现不出象宋太祖《咏月诗》那种"未离海底千山黑，才到天中万国明"（《后山诗话》、《庚溪诗话》所引稍异）的雄伟气概，即此可见南朝文风对唐初文学有很大的拘束力。唐太宗时，名士张昌龄等应进士科，都被考官斥退。唐太宗问斥退的缘故。考官对：昌龄等华而少实，文风浮靡，不是好材料。如果录取他们，后生相慕成风，扰乱朝廷提倡的风雅之道。所谓风雅之道，就是要符合儒家温柔敦厚的诗教。浮靡恰恰是敦厚的反面，唐太宗虽然赏识张昌龄等人的文藻，却只好承认考官所说为有理，也就是承认北方文风对南方文风的压制。

　　声律对偶化的文学还没有定型，因之南方文风仍有广阔发展的前途，压制是不能生效的。唐高宗时，称为唐初四杰的王勃、杨炯、卢照邻、骆宾王四人同时称霸，南方文风更进一步在文苑里占优势。文武双全的裴行俭，轻视四人说，士人要有远大前程，首先靠器识，其次才是文艺。王勃等虽有文才，都浮躁浅露，哪里象个享受爵禄的材料！杨炯大概可以做个县长，其余诸人得好死就算不错。裴行俭这些话，在文才与仕途大体上一致的唐朝，是有依据的，同时也表示南北两种文风的对立。不过，专就诗来说，四杰诗运用声律，固然

271

不如后起诗人的精密，在古诗向律诗过渡中，却不能不说是大有进境。杜甫评论四杰诗，说"王杨卢骆当时体，轻薄为文哂未休，尔曹身与名俱灭，不废江河万古流"。四杰在他们所生存的时代里，无疑是显著的代表人物。

居四杰首位的王勃，正是一个浮躁浅露，器小识短的文人。他的祖父王通，隋文帝时为蜀郡司户书佐，后为蜀王侍读。隋炀帝大业末年，退归家乡绛州龙门，聚徒讲学，不久就死去。王通生于五八四年（隋文帝开皇四年），死于六一八年（唐高祖武德元年），一生仅有三十五岁，回乡讲学，仅有很短的岁月。隋末大乱，决不能即时聚徒多至千余人，更不会有李靖、房玄龄、魏征、温大雅、陈叔达等唐初将相来"北面受王佐之道"。大抵王通伏居乡里，模拟记孔子言行的《论语》作《中说》一书以求名，他的儿子王福郊、王福畤（音至zhì），又无耻妄为，引唐初著名将相李靖等人算是受业门人，甚至妄造杨素、苏夔、李德林皆请见的无稽之谈，李德林死于五九一年，即使请见是在这一年，王通还只有八岁，怎末会有请见的事！即此一例，王通和他的二子，学圣人腔调来说话，立意装扮成圣人模样，不是著述界的优伶还能是什么？王勃是王福畤的儿子，也是优伶一类人，他六岁便能作文，不到二十岁，应举及第，屡到宫门前献颂，是一个不安于卑位的浮躁人。他作倬彼我系四言诗，称颂王通说"伊我祖德，思济九埏（音延yán），……

其位虽屈，其言则传"。又说"爰述帝制，大搜王道，……礼乐咸若，诗书具草，贻厥孙谋，永为家宝"。托名杜淹撰的《文中子世家》里说，王通曾编六经。这种所谓六经，大概是些比《中说》更不堪传世的陋俗书，王勃大加赞扬，显然是阿私父祖，通同作伪。杨炯所作《王勃集序》，说王勃梦见有自称为孔夫子的人告诉他说，《易》有太极，你应该努力。醒后注《周易》，撰《周易发挥》五卷。又为《元经》（王通拟《春秋》作《元经》）作传（拟《左氏传》），为《诗》《书》（王通拟三百篇作《续诗》，拟《尚书》作《续书》）作序，他同他的父祖一样，也想依傍孔圣人，扮演个圣人。凡事缺乏自立精神，甘心依傍门户，模拟别人的言语行动，即使模拟的真象圣人，仍不免是圣人的奴仆，奴仆总是仰人鼻息，志趣卑下的。王勃诗并不想做什么圣人，而是想做神仙，王勃诗集里有《怀仙》、《忽梦游仙》等七八篇，求仙思想占颇大的比重。求仙是贪欲的表现，他不满当前已得的小官职，希望得高官，高官不能得，便幻想作神仙。神仙不可得，转而更不满当前的小官职，终于小官职也当不成，失职流落，渡海溺死，死时才二十八岁。《新唐书·文苑传》说他恃才傲物，为同僚所嫉，恃才傲物，一定是浮躁浅露的人，尽管文才特大，用来自恃，恰恰成为自害的毒药。王勃不懂得这一点浅显的常理，所以他的诗只能做出好的句子，却不能做出意境高远的整篇，因为没有高远的抱负，无从产生高远的意境。四杰中第二人杨炯，幼年便擅长诗文,应神童科试得官。他恃才简倨;使人不能容忍。武则天时为盈川县令,在官残暴,动辄发怒杀人。武则天分送盂兰盆给诸佛寺,杨炯献《盂兰盆赋》,杀人和献赋,都是为了迎合武则天的任用酷吏和崇奉佛教。他不满当时王杨卢骆的品第,曾说,我愧在卢前,耻居王后。前一句是假话,后一句是真话,不高据第一位,浅露成性的文人是不会甘心的。卢照邻列第三人。卢照邻博学善作文,因得中风病,不能仕进,愈益躁急,病也愈益增重。他投拜名医孙思邈为师,求治病的方法。孙思邈答言"圣人和之以至德,辅之以人事,故形体有可愈之疾,天地有可消之灾"。看孙思邈的答言,大抵卢照邻的德性和人事,都有歉缺,病根不外是浮躁浅露。最后不能忍受风病的痛苦,投颍水自杀,死时年四十。列第四位的骆宾王,品行不好,爱和赌徒们交朋友。唐高宗末年,得为长安主簿,他在《畴昔篇》里说"只为须求负郭田,使我再干州县禄"。他作官目的是求负郭田,很自然地就要犯赃罪下狱,出狱后被贬官为临海县丞,怏怏不得意,弃官在江南流浪,徐敬业据扬州起兵反武则天,用骆宾王为书记,军中书檄,多出骆宾王手。徐敬业兵败,骆宾王亡命逃窜,不知所终。四杰为人大体如此,他们都缺乏高远的思想,诗意不出个人荣枯悲欢的小范围,没有什么深切感人的力量。杜甫《戏为六绝句》,给四杰高的评价,对四杰所在的当时来说,这样的评价是合理的。

继四杰而起的诗人有沈佺期、宋之问。诗的声律化，自建安时期曹植开始，历两晋南朝诸诗人直到初唐四杰，都在声律化的逐步发展上有所贡献。武则天时，经沈佺期宋之问等人的倡导和定型，律诗各体制都达到了完成的地步。杜甫诗"老来渐于诗律细"，这说明诗人要经过长期体会，运用诗律才能逐渐精细。古诗变成律诗，同样要经过长期体会，这个过程先后约有五百年。《新唐书·文苑传》说，沈约庾信作诗，音韵调谐，对偶精密，沈佺期宋之问比沈庾更加靡丽，一篇中句数有定准，通篇不犯声病，美得象锦绣成文，学者都模拟他们的作品，号为沈宋体。沈宋谄奉张易之，替他做应制诗，人品卑劣，宋之问甚至为张易之捧溺壶。武则天死后，沈宋都被贬窜，先后死去。他们的诗意境平常，与四杰相类，专靠形式华美，供宫廷玩赏。武则天令群臣赋诗，东方虬（音求 qiú）诗先成，武则天特赐锦袍。及读宋之问诗，大加称赏，夺东方虬锦袍转赐宋之问。这样的予夺，对诗风有很大影响，由宫廷予夺变为科举得失，全国士人谁不从风而靡。唐中宗曾令群臣赋诗，群臣献应制诗百余篇。唐中宗命宫女上官婉儿选一篇为新翻御制曲，上官婉儿独取宋之问诗入选。她评沈宋二诗优劣说，二诗工力悉敌，沈诗落句云，"微臣雕朽质，羞睹豫章才"，不免词气衰竭。宋诗云，"不愁明月尽，自有夜珠来"，显得强健有余力。沈佺期见评语心服，不敢再争。武则天唐中宗据皇帝之位，提倡赋诗，群臣不能作应制诗，便难参预朝会，沈佺期宋之问等是张易之一类人的枪手，上官婉儿是唐中宗韦皇后安乐公主一类人的代笔，又是诸臣诗的评判者，她对律诗的倡导和促使定型，至少与沈宋同样有力。

正当近体诗（律诗）完全成熟的时候，不拘声律对偶的古体诗，以陈子昂为代表，起而力争自己应有的地位。陈子昂上书论政事，没有什么好见解，但作诗能直抒己见，和沈宋走相反的道路，这在当时，非有豪杰的气概，是不敢这样做的。他曾作《感遇诗》，诗人王适惊叹道，"此人必为海内文宗"，柳公权评陈子昂诗说，"唐兴以来，子昂而已"。杜甫作《陈拾遗故宅诗》也给予很高的评价，说"有才继骚雅，哲匠不比肩，公生扬马后，名与日月悬……终古立忠义，《感遇》有遗篇"。武则天时，士人都追随沈宋作近体诗，独陈子昂作古诗与流俗对抗，固然近体诗是五百年来诗的自然趋势，是新产生的优美品种，但古诗也不容从此废弃，自陈子昂张扬古诗的旗帜，唐诗始备古近二体。杜甫称他是雄才，敢于代表一种被忽视的文体，出而有所主张，当然不是庸人而是雄才。

二 盛唐诗人

唐玄宗开元时期，唐朝政治经济发达到了最高峰。代表唐朝的文学——古近体诗，也达到了最高峰。开元时期，天下安宁，士大夫生活富裕，有人制得佳篇秀句，即传诵人口，流播远近。有些诗人所作被采入乐章，名登朝廷，为统治阶级所敬重。作诗是得名的捷径，因此几乎全部文人，都用全力作诗，大诗人接踵而出，每个大诗人都得到社会的尊敬和优厚的待遇。例如天宝初年，蜀人李白到长安，往见贺知章，贺知章看了他的诗文，主要是看了《蜀道难篇》，叹赏说，你是个下凡的仙人呵！（"谪仙人"）李白从此声名大振。李白因诗名大，被任为翰林院供奉。开元年间，李白二十五岁出蜀游云梦，娶故宰相许圉师（圉音语 yǔ）的孙女为妻，后来又娶刘氏，刘氏离异后，又娶鲁地一妇人，最后娶宗氏女。李白骑着骏马，带着美妾，游历全国名山胜地，所到之处，地方官优礼相待，供给酒食。三十余年里，他先后娶四妻，出蜀以前可能已有妻室，四妻中许与宗还都是宰相家女，晚年（李白死时年六十二岁）又有歌妓金陵子和歌奴丹砂等人。他在生活方面，得到满足，完全依靠他的诗名和开元天宝时期统治阶级的富裕。李白并无官爵，但士人经他品题，便能进士及第，例如《李白集》有《送王屋山人魏万（即魏颢）还王屋》诗一篇。这个魏万从河南到山东找李白，只见到他的儿子，说李白游梁园（开封）去了。魏万回到梁园，又听说往江东去了。魏万到吴越两地寻他，李白游天台回广陵（扬州），两人才见了面。李白说他走三千里路来相访，是个爱文好古的人，送他一篇《还山诗》，魏万也做了一篇《金陵

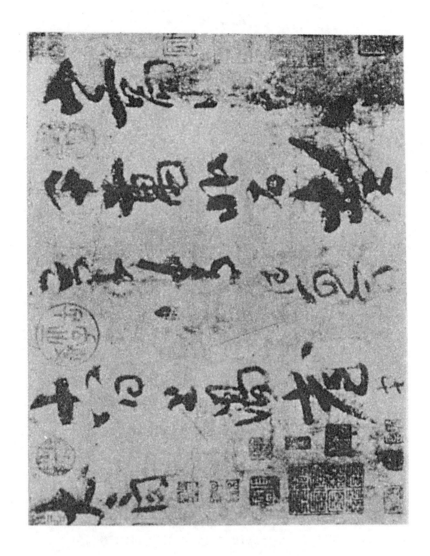

故宫博物院藏 司马光日录

酬翰林谪仙子诗》，又作了一篇《李翰林集序》，说李白夸他将来必著大名于天下，那时候不要忘记我老夫和我的儿子明月奴。魏万自称得李白如此重视，果然几年后进士登第。后来魏万没有什么成就，《全唐诗》仅存他的诗一首，即《金陵酬李翰林诗》。要不是依傍李翰林，连这一首诗也未必被留存。《李翰林集序》文字不甚通顺，他的进士及第，主要是得到走三千里路见李白的好处。开元天宝时期，一切都达到极盛阶段，诗也不是例外，盛唐的诗，是诗的顶峰，当时大诗人多至数十人，其中以李白王维及稍后的杜甫为代表。这三个诗人的诗，正是道教、佛教和儒家三种思想的结晶品。

道教到唐玄宗时极为盛行，它是一个各种思想杂凑起来的宗教，主要是神仙家思想，想永远享受饮食男女的乐趣，其次是庄周思想和佛教思想，还夹杂一些儒家思想。归根说来，道教贪求物欲，充满幻想，如果误信其说，就会使人飘飘有凌云气游天地之间意。道教得到唐玄宗的提倡，所谓神仙如张果等人相继出现，这在文学上必然要有自己的代表人物，李白正是反映道教思想的杰出作家。唐刘全白所作《李君碣记》说李白"浪迹天下，以诗酒自适，又志尚道术，谓神仙可致，不求小官，以当世之务自负，流离辗轲，竟无所成名"（所谓成名是指得大官）。这些话，确实说明了李白的思想概状。李白想长生不死，承认自己原来是个仙人，但实在不曾见过不死的人，感到惶惑无有前途。拟古诗所谓"生者为过客，死者为归人。天地一逆旅，同悲万古尘。月兔空捣药，扶桑已成薪。白骨寂无言，青松岂知春。前后更叹息，浮荣何足珍"。长生与死灭，是李白思想中第一个矛盾。第二个是不求小官，要做宰相一类的大官，事实上与长生不死同样无望。《送蔡山人》诗说"我本不弃世，世人自弃我。一乘无倪舟，八极纵远栖"。他的放浪不羁，是因为世人弃我，这使得李白不得不寻找避世的处所，那就是沉湎在醉乡。李白诗几乎篇篇说饮酒，《赠内》诗所谓"三百六十日，日日醉如泥。"这大概说的是真实情形。一个人生活如此颓唐，怎末能负当世之务！李白想要得到的事物，极多极大，得到的可能性却极少极小，在他醉时的思想里，什么自然界规律，什么人世间礼法，一概认为不存在或都是可破除的。因之，他的诗奇思涌溢，想人之所不能想，说人之所不敢说，自有诗人以来，敢于冲破一切拘束，大胆写出自己要说的话，破浪直前，无丝毫畏缩态，李白至少是空前的一人。自然，他那种道教思想，要表现出一些消极情绪来，如求长生好酒色之类，不免是白璧微瑕。正如皮日休《七爱诗·小序》说李白"负逸气者必有真放，以李翰林为真放焉"。真即天真（杜甫诗说他"嗜酒见天真"），放即放纵不守绳墨。看李白行事，确是十分天真，对当世时务是隔膜的。他不知道如何处危乱之朝，以真放对阴险，当然要被权贵排挤出朝，放归山林。李白甚为怨恨，诗句有"君王虽爱蛾眉好，无奈宫中妒杀人";"拾尘掇蜂，疑圣猜贤，哀哉悲夫，谁察予之坚贞";"宋玉事楚王，立身本高洁……一惑登徒言，恩情遂中绝";"总为浮云能蔽日，长安不见使人愁"。这些都是不满朝中权贵阻碍自己仕进的怨词。他被唐玄宗征召，是由于道士吴筠的荐举。唐玄宗想从道士得到神仙长生术，并不想从道士得到宰相之才，李白对朝廷的征召，却抱着过高的期望，以为一举可以成功。他在《别内赴征》诗里说："归时傥佩黄金印，莫见苏秦不下机";在南陵《别儿童入京》诗里说："仰天大笑出门去，我辈岂是蓬蒿人"，他对妻子说过这些豪语，说明他对仕途险恶，完全不了解，以为自己才大，相印不难取得。这也是天真的表现。被放逐后，只得寄希望于神仙，他在《大鹏赋序》里说"余昔于江陵见司马子微，谓余有仙风道骨，可与神游八极之表"。司马子微即司马承祯，是著名的道士，道士即骗子，李白听骗子的话便认真信受。他初入长安，受亦僧亦道最后当道士的贺知章欺骗，以谪仙人自居。李白听了司马承祯的谎话，更相信自己是神仙。所谓神仙，是绝对如意自由，不受一切拘束的人，神仙与俗人一样享受物欲，可是长生不死，这当然比当宰相要高出无数倍。李白以神仙作为自己的抱负，思想上实行神游八极之表，他的诗想像力极富，就是这种抱负的表现。他又十分天真，虽然有些诗句象说梦话或狂言，但读者感到他在说真心话，并不觉得可厌。天真和放荡不羁，是李白诗的特点，在这一点上，一直没有诗人能和他比长短。他放荡得象狂人，因为狂中有真，不同于疯狂的狂，而是失意诗人的佯狂。所以杜甫称"不见李生久，佯狂真可哀，世人皆欲杀，我意独怜才。敏捷诗千首，飘零酒一杯。匡山读书处，头白好归来"。杜甫最知李白，所作《春日忆李白》诗，可作李白诗的定论。诗称"白也诗无敌，飘然思不群。清新庾开府，俊逸鲍参军。渭北春天树，江东日暮云，何时一尊酒，重与细论文"。称李白诗"无敌"，清新俊逸，兼庾信鲍照二人之所长，自己愿意和他杯酒论文，推崇可谓备至。杜甫称"李侯有佳句，往往似阴铿"。杜甫也自称"颇学阴、何（逊）苦用心"，足见所学有同源处。诗话家妄说细论文是杜甫讥李白诗粗疏，未免穿凿多事。各按本人偏好，抑扬李杜，强分高低，正如韩愈诗所讥"李杜文章在，光焰万丈长。不知群儿愚，那用故谤伤。蚍蜉撼大树，可笑不自量。"以艺术性而言，李、杜各有自己的特长，想抑此扬彼，都是徒劳的。

李白政治见解很差。他在《猛虎行》里，把唐朝与安史叛军平等看待，说"颇似楚汉时，翻覆无定止"。既然看不出安史是叛逆，永王李璘割据东南对朝廷的危害更不会看出。他附和李璘，后人很多为李白作各种辩解，李白也作诗为自己文饰，说"仆卧香炉顶，餐霞嗽瑶泉。半夜水军来，浔阳满旌旃（音毡zhān），空名适自误，迫胁上楼船。徒赐五百金，弃之若浮烟。辞官不受赏，翻责夜郎天"。七五六年（唐肃宗至德元年），安禄山陷两京，唐玄宗唐肃宗狼狈逃窜，李璘乘机占有积在江陵的江淮财赋，大量浪费，招募几万兵士，乘舟顺流东下，企图占领金陵，割据东南。李白开始未必有反唐朝廷的意思，但对唐朝廷的恢复事业表示悲观，主张放弃黄河流域，朝廷南迁江东，划江而守。他为宋中丞《请都金陵表》，说"臣伏见金陵旧都，地称天险，龙盘虎踞，开扃（音 jiōng）自然。天下衣冠士庶避地东吴，永嘉南迁，未盛于此"。他看到中原士人，大量逃到江东，就公然提出谬误的建议，缺乏政治识见，于此可见。李璘顺流而下，正合李白的主张，迫胁上船以后，也就不想逃走了。他所作《永王东巡歌》十一首，第二首说"三川北虏乱如麻，四海南奔似永嘉，但用东山谢安石，为君谈笑静胡沙"。第四首"龙蟠虎踞帝王州，帝子金陵访古丘。春风试暖昭阳殿，明月还过鳷（音支 zhī）鹊楼"。李白以谢安自命，想依附李璘大有所为。李璘兵在丹阳（江苏丹阳县）战败，李白才逃回浔阳（江西九江市），作《南奔书怀》诗一首。李璘事平，李白得罪下狱，得御史中丞宋若思、宣抚大使崔涣昭雪，免予治罪。七五八年，流放到夜郎（贵州桐梓县东），第二年，未到夜郎遇赦归浔阳。李白附李璘是确实的事，无须讳辩，他因为政治上缺乏识见，只看到"今自河以北，为胡所凌，自河之南，孤城四垒，大盗蚕食，割为洪沟"这一黑暗面，却看不到另一有利的方面。他的议论和李泌对唐肃宗的话正相反。李泌说"臣观贼所获子女金帛，皆输之范阳，此岂有雄据四海之志耶！今独虏将（蕃将）或为之用，中国之人惟高尚等数人，自余皆胁从耳。以臣料之，不过二年，天下无寇矣"。李泌的估计，比李白正确得多，二人同样是山人，同样想做神仙，李泌留心政治，成为乱世功臣进退自如的奇士，李白专事作诗，一遇政治问题，便不知所措，几至杀身。当时名士孔巢父、萧颖士等也被李璘胁迫从行，二人都半路上逃走，见识比李白还高一些。自然，李白也不是全无所见，如《宫中行乐》词"宫中谁第一，飞燕在昭阳"；《清平调》词第二首"借问汉宫谁得似，可怜飞燕倚新妆"。直指杨贵妃即西汉的赵飞燕，是亡国的祸水，非李白不能有此胆量。李白所以得免指斥杨贵妃及附李璘的罪责，完全由于诗名太高，朝廷杀一个大名士，不免有所顾虑。唐玄宗赐金放还山林，唐肃宗用流放代替刑戮，半途上赦免，待遇应该说是格外优厚。李白不肯服罪，似乎受了冤屈，自鸣不平。他代宋中丞撰《荐表》说："臣所管李白，实审无辜，怀经济之才，抗巢由之节，文可以变风俗，学可以究天人，一命不沾，四海称屈"。他没有想唐朝廷财赋，主要依靠江淮，李璘占领江淮，等于迫使唐朝廷放弃讨伐安史叛军，后果将是什么？李白只为自己的才学称屈，不为唐朝廷的大局着想，文人习气未免太深了。李白继陈子昂之后，提倡复古，古风第一首说明作诗宗旨，他说"大雅久不作，吾衰竟谁陈。……自从建安来，夸丽不足珍。圣代复玄古，垂衣贵清真。……我旨在删述，垂晖映千春"。论诗说："梁陈以来，艳薄斯极，沈休文（沈约）又尚以声律，将复古道，非我而谁！"李白鄙弃声律，多作古体诗，才高气逸，变化无穷，流传人世，自然应该享受盛名。但他得盛名的原因，主要还是因为作了他不很喜爱的近体诗，特别是五七言绝句。唐时社会经济繁荣，士大夫生活侈靡，以道统自任的韩愈，也有绛桃、柳枝二妾，都能歌舞。张籍《哭退之》诗："中秋十五夜，圆魄天差清。为出二侍女，合弹琵琶筝"。唐时士大夫大抵留连酒色歌舞，寻求快乐，相习成风，不足为怪。象杜甫那样穷困，晚年似乎还有一个小妻，其余士大夫通常有一二个歌妓，大官僚甚至有家妓成群。这些歌妓都需要新歌词，白居易诗所谓"文场供秀句，乐府待新词，天意君须会，人间要好诗"，乐府新词就是五七言绝句。谁能制作新的五七言绝句，被歌者采用，谁就有可能获得广泛的声名，或传入宫廷为帝王所知。李白五七言绝句，说者推为唐三百年第一人，其实同时的王维王昌龄也擅长绝句，并不比李白差。只能说，作五七言绝句极难工，唐一代擅长此体的诗人只有数人，李白是其中一人。李白集中著名的《清平调》词三首，经乐人略约词调，抚丝竹，即可歌唱。说明新词很容易传播。李白诗大部分说饮酒和女色，尤合妓院的需要，他自己也爱好音乐，《出妓金陵子呈卢六》四首绝句，第四首说"小妓金陵歌楚声，家僮丹砂学凤鸣"（吹笙）。足见妓歌奴吹，颇能助诗酒逸兴。李白自己也能弹琴，由于琴技高和诗名极大，六十一岁的一年（七六一年）游金陵，一个美女（金陵子）偷听琴声，奔投李白，李白正需要伎女，带着她渡江西走，教她唱楚歌，十分宠爱，第二年李白病死。《示金陵子》诗说"金陵城东谁家子，窃听琴声碧窗里。落花一片天上来（凭空来投），随人（李白）直渡西江水。楚歌吴语娇不成，似能未能最有情。谢公正要东山妓，携手林泉处处行"。教楚歌的大概就是李白，他住安陆第一妻许氏家十年，能作楚歌是意中事。七六一年，李白《留别金陵崔侍御诗题》说"闻李太尉（李光弼为河南副元帅）大举秦兵百万，出征东南，懦夫请缨，冀申一割之用。半道病还，留别金陵崔侍御十二韵"。李白自称"懦夫"，"一割之用"，夜郎流放后，附李璘时的气概已经消失殆尽。功名既无望，神仙也是"仙人殊恍惚，未若醉中真"，功名神仙都落了空，归根只有酒色可托生命。一个伟大的诗人，就这样为酒色伤害了自己。这是很可惜的事，但在唐朝却是常事。白居易《思旧诗》"闲日一思旧，旧游如目前。微之炼秋石，未老身溘然。退之服硫黄，一病竟不痊"。元稹是才子，韩愈是名公，二人都为色丧身，所以举以为例，其余相似的文人当然还很多。李白在文学史上的崇高地位，并不因溺于酒色而有所贬损。这里只要说信仰道教，以神仙自负，托体在空虚，而又不忘名利，最后不免日暮途穷堕入污浊中，李白如此，同他一样享盛名的王维也是如此。

王维是开元天宝时期即盛唐时期诗人的代表，李白于天宝元年（七四二年）入长安，被任为翰林供奉。王维于开元九年（七二一年）进士及第，成名在李白前二十余年。李白居长安前后不过三年，即被放还山林，王维始终在朝作官，与贵官交接往来，文名极盛。当时李白未来长安，杜甫未成大名，文苑霸主只有王维一人。唐代宗《批答王缙进集表手敕》中说"卿之伯氏，天下文宗，位历先朝，名高希代……时论归美，诵于人口"。《旧唐书·王维传》说，唐代宗问王维弟宰相王缙："你的兄长，天宝中诗名盖世，我经常在诸王座上听到他的乐章。现在还留存多少，可将文集送进来。"王维在开元天宝时期，被公认为文宗。他擅长音乐，尤能弹琵琶，进士及第后，即任太乐丞，正是用其所长。王维所作五七言绝句，与李白同为唐人绝唱。二人都擅长音乐，制成绝句，容易合乐，因之传播既广，享名亦大。《太平广记》载王维与亲王贵主往来，甚得尊重，他曾扮成琵琶乐工往见贵主奏技，大蒙称赏。贵主读王维所献诗卷，惊骇地说，这些都是我平时诵习的诗篇，以为是古人佳作，不料出在你的手里。小说家言未必全可信，但王维在十九岁以前（九岁起即作文章），诗名已经很高，却是事实。他是禅宗南宗神会禅师（即禅宗所谓七祖）的弟子，但并不真信一切皆空的禅学，他上唐玄宗《贺神兵助取石堡城表》，满纸荒唐，居然是个道教徒。其实，他不是禅也不是道，只是要官做，他与弟王缙都能巧妙地用佛教做掩护，表示清高不恋世俗事。王缙后来做宰相，是个十足的官僚。王维王缙的品质一样恶劣，所以都是做官能手。王维得宋之问蓝田别墅，是著名的大庄园。他仕途颇顺，又身为大地主，享尽隐居闲适的乐趣。他是唐朝著名的大画家，尤善于画山水，创南派水墨画法，世称为文人画，区别于画工但求形似的画法。他作诗自赞说"宿世谬词客，前身应画师"。他擅长的技艺很多，如书法、音乐也都是高品，他最自负的还是诗画二艺。宋人说王维"诗中有画，画中有诗"。或者说，他诗是有声的画，他画是无声的诗。诗画统一，任意用来表达自己的想象，如画袁安卧雪图，有雪中芭蕉。王维画物多不问四时，如画花往往以桃杏莲花同画一景，这是作者兴之所至，摆脱拘束，随手抹成，比作诗更显得自由。他作诗却极精致。王维诗有一部分谈佛理，腐朽可厌，其余诗篇学陶潜和谢灵运。陶潜隐居田园，绝意仕进，风神恬淡，寄兴高远，描写田园风物，往往体会入微。王维是大地主，生活安适到无可再安适，所以他的诗恬淡闲适，有与陶潜相似处。不过陶潜诗恬淡中有时偶然流露出刚强不平的豪侠气概，王维诗中没有这种气概。王维是大画家，善于摄取自然风景最美的一点入画，或摄入诗中。杜甫诗称王维为高人王右丞，高人是指他能作隐逸诗，又称"最传秀句寰区满"，秀句是指他能作风景诗。自然，隐逸诗与山水风景诗总是结合在一体，可分开也不可分开。从可分开的方面说，王维写隐居生活，不及陶潜的真实，因为陶潜说穷是真穷，王维说贫穷就全不可信。王维写山水风景，比谢灵运还要高些。因为谢诗雕琢工甚大，不及王维的自然生成。王维诗兼陶潜谢灵运之所长，因之他不只是盛唐时期的一大家，也是整个文学史上的一大家。

王维近体诗，谨守声律，却意态萧散，闲适无碍。《辋川集》五绝二十首，和其他风景诗情景并胜，实是集中精华所在。假如王维有风景画真迹流传到现在，无疑将举世珍视，那末，他的风景诗为什么要加以贬抑呢？王维五七言绝句，最为歌者所采用，不只因为这些诗容易合乐，更重要的是开元天宝时期，朝廷穷兵黩武，文武官员求立边功取重赏，如《少年行》四首，就是迎合当时风气的作品，并非王维自身有求边功的野心。另一种是叙离别的诗，也是适合出使异域或远游边塞等人的心情。范摅《云谿友议》说"李龟年曾于湘中采访使筵上唱'红豆生南国，秋来发几枝。劝君多采撷，此物最相思'。又唱'清风明月苦相思，荡子从戎十岁余。征人去日殷勤嘱，归雁来时数附书'。此辞皆王右丞所制，至今梨园唱焉"。范摅是唐懿宗时人，唐末梨园还相沿唱王维绝句，足见影响之深远。诗话家说"诗以神行，使人得其意于言之外，若远若近，若无若有，若云之于天，月之于水，心得而会之，口不得而言之，斯诗之神者也。而五七言绝句尤贵以此道行之。昔之擅其妙者，在唐有李白一人，盖非王维王昌龄之所及"。李白固然是唐代高手，但王维五绝，王昌龄七绝，也并未示弱，说只有李白一人独擅五七言绝，未免抑扬过甚。

王维是佛教禅宗在文学上的代表人，地位相当于道教的李白。凡是宗教徒都有一种共同心理，王维诗所谓"植福祠迦叶，求仁笑孔丘"，只要能得到个人的福利，什么是仁，他们是不在意的，杀身成仁更是看作笑谈。李白附从李璘，王维投降安禄山，都不免身败名裂。李璘安禄山失败后，李白王维都犯了死罪，幸而诗名甚大，并有人营救，得从宽发落。李白被放逐，不承认自己有罪过，王维还自知有罪。他在《责躬荐弟表》说"顷又没于逆贼，不能杀身，负国偷生，以至今日"。李白和王维，失身以后，都理屈气馁，所作诗篇较前大减，不久又都死去。两个代表开元天宝时期的大诗人，因为信奉道教佛教，一个是"求仁笑孔丘"，一个是"凤歌笑孔丘"（李白《庐山谣寄卢侍御虚舟》），到了生死关头，都被死吓倒，只好让孔丘嗤笑了。

杜甫年辈比李白王维略后（杜甫：七一二年，唐睿宗先天元年生——七七〇年，唐代宗大历五年死。李白：七〇一年生——七六二年死。王维：七〇一年生——七六一年死），文学活动主要在唐肃宗唐代宗两朝，也比李王二人略后。杜甫是代表儒家思想的大诗人。他自称少年时"读书破万卷，下笔如有神"。从杜

甫诗中用事的精致来看，熟读万卷书，确是事实，并非自夸。杜甫同李白一样，对政治的看法，也是十分天真，甚至比李白更天真。他自比稷与契，希望因自己文学出众，"立登要路津"。他做大官的目的，倒不是为富贵享受，而是要"致君尧舜上，再使风俗淳"。在李林甫、杨国忠擅权的年代里，这样设想是完全不合实际的。他有不合实际的大抱负，不能实现这个抱负，自然对朝政心有不满，但儒家思想使他"不忍便永诀"、"葵藿倾太阳,物性固莫夺",对朝廷还是绝对忠诚的,这是与李白王维根本不同处。他也曾陷身贼中,但不曾为贼所污辱,《述怀诗》"去年潼关破,妻子隔绝久;今夏草木长,脱身得西走"。他逃出贼窟,经历着很大的艰危,《北征》诗"况我堕胡尘,及归尽华发"。《述怀》诗"麻鞋见天子,衣袖露两肘;朝廷愍生还,亲故伤老丑"。这种困苦狼狈的情况,李白王维是不能忍受的,因而屈服于李璘、安禄山。杜甫对君忠诚,在家天下的封建国家里,君是国的代表人,忠君实际就是爱国。他又自比稷、契,有致君尧舜上的大抱负,他的现实生活却是流离失所,不仅做不到大官,连微小的谏官也因言事被斥革。大抱负与穷困生活这个矛盾,是杜甫诗丰富内容的源泉。他的主导思想是儒家学说,也多少掺杂一些道教佛教(禅宗)思想,他师事董姓道士,称为董先生董炼师, 又诗云"余亦师粲可"。慧可僧粲是禅宗两个祖师名。有些诗中表现消极的意境,如醉时歌"儒术于我何有哉! 孔丘盗跖俱尘埃;不须闻此意惨怆,生前相遇且衔杯"。这一类诗是受道教影响。又云"王侯与蝼蚁,同尽随丘墟;愿闻第一义,回向心地初"。这一类诗是受禅宗的影响。不过,比起李白王维的道佛思想,那是相差太远了。道佛思想在杜诗中只是偶见,远不如儒家思想占有主要地位。

杜甫做诗的功夫,在《宗武(杜甫的次子,小名骥子,有诗"骥子好男儿")生日》,《又示宗武》两篇中说得很清楚,可说是传授诗诀。"熟精《文选》理"和"应须饱经术"两句即杜家诗诀,所谓"诗是吾家事,人传世上情"。足见他期望宗武继承家学也作诗人。初学的步骤是"觅句新知律,摊书解满床"。作近体诗必须先知诗律,还必须用事准确,摊书满床,事事核实,不单凭记忆,这也是诗诀,不过不象精《文选》、饱经术两句属于根本诗诀。杜诗中又有偶论作诗法的句子,如"新诗改罢自长吟","语不惊人死不休",都是说要用苦功锻炼诗句,与韩愈论作文法"唯陈言之务去",同一意思。这里所说惊人新句,绝不是造出奇怪语,而是体物深刻,见人之所不能见,说出来却很平常自然,不使人感到雕琢刻削的痕迹。如"细雨鱼儿出,微风燕子斜"体会物情,细入毫厘,即属于这一类。李王杜三家诗中,多有此类佳句,盛唐诗人与晚唐诗人大有区别,句法就是标准之一。杜甫作诗,不仅是取法于儒经,即《偶题篇》所谓"法自儒家有";就是对齐梁诗人,也采取认真态度,学他们的长处,如说"不薄今人爱古人,清词丽句必为邻,窃攀屈宋宜方驾,恐与齐梁作后尘",他学古人清词丽句,不废齐梁人,如说"庾信文章老更成,凌云健笔意纵横"。又自称"颇学阴(铿)何(逊)苦用心"。庾信自是梁末大家,阴何在齐梁并不算上乘,杜甫虽然恐与齐梁作后尘,但并不抹煞它们的长处,他称颂李白诗"清新庾开府,俊逸鲍参军",又说"李侯有佳句,往往似阴铿",杜甫对庾信阴何确实是看作师范,毫无轻视的意思。他择善而从，无所不学，所以成为兼备众体，集古今诗人之大成的伟大诗人。元稹（音诊zhěn）作《杜甫墓志铭》，评李杜优劣，说"余观其（李白）壮浪纵恣，摆去拘束，模写物象，及乐府歌诗，诚亦差肩于子美（杜甫字）矣。至若铺陈终始，排比声韵，大或千言，次犹数百，词气豪迈，而风调清深；属对律切，而脱弃凡近，则李尚不能历其藩翰，况堂奥乎！"这里指出杜的特长，是恰当的，由此抑李过甚，那就不当了。大抵可以扬杜却不可抑李，犹之可以扬李却不可抑杜。韩愈是反佛老的健者，李白一家人都信道教，"拙妻好乘鸾，娇女爱飞鹤，提携访神仙，从此炼金药"（《题嵩山逸人元丹丘山居》），韩愈并不因反道教贬损李白诗应得的崇高地位，足见他的地位是不可撼摇的。

安史乱后，肃代两代，唐朝国势由极盛突然损坏，由上升急剧下降，以李白王维为首的盛唐诗人，几乎全部停止了创作。其中如"清诗句句尽堪传"（杜甫诗）的隐居诗人孟浩然，早在开元末年死去。其余如写边塞情景的诗人岑参和高适，也很著名。他们写边塞诗是在天宝年间，这时候唐玄宗好大喜功，轻启边衅，天宝时候对外战争，一般是侵略性战争，伟大的军事家王忠嗣宁愿失官不愿服从朝廷乱命，可以想见战争是什么性质了。高、岑以肯定的态度歌颂这些战争，论者认为是爱国主义的诗人，对外侵略怎么能说是爱国呢！二人都活到唐代宗时，高适还做过节度使。他们的诗，都没

294

有真切地反映安史乱后的社会情形，足见边塞诸作，只是迎合唐玄宗时发动战争，开边境立武功的风气。杜甫《兵车行》、《前后出塞》、《自京赴奉先县咏怀》等作，对朝廷贪边功行暴政采取明显的反对态度，岑、高诗自有擅长不可贬损之处，但政治上不及杜甫较有见解。岑、高以外，王昌龄也是著名诗人，他尤长七绝，内容多是征夫闺妇的乡思离愁，最宜于当时歌唱者的采用，诗篇与王维李白同样传播在乐人间，因之诗名甚盛。天宝年间，形式上唐国势还在上升，实际已是腐朽之极，濒临崩溃，一般诗人多歌诵升平，很少有人能预见危机。元结不同众人，在天宝六载，作二风诗（《治风诗》、《乱风诗》各五篇），《乱风诗》中有《至惑》一篇，序云"古有惑王，用奸臣以虐外，宠妖女以乱内，内外用乱，至于崩亡"。《至惑篇》显然是指斥唐玄宗。元结又作《系乐府》十二首，其中如《贫妇词》、《去乡悲》、《农臣怨》等篇，也是代贫苦人发出愁怨的呼声，特别是《闵荒诗》一首，以隋炀帝比唐玄宗，说"天国正凶忍，为我万姓仇"，同情人民的立场非常明确。杜甫《自京赴奉先县咏怀诗》，虽然也是强烈谴责腐朽政治，比起元结来，却不如元结能直斥唐玄宗。杜甫对君主不敢直斥，总是有意回护。假如当时有许多象元结那样鲠直的诗人，一致为人民呼号，唐玄宗固然未必就此醒悟，但作为诗人，却不可不表示应有的政治识见，在这一点上，元结应是天宝年间的第一人。

唐代宗时，元结任道州刺史，作《舂陵行》及《贼退示官吏》两诗。《舂陵行序》云"道州（湖南道县）旧四万余户，经贼以来，不满四千，大半不胜赋税。到官未五十日，承诸使征求符牒二百余封，皆曰，失其限者罪至贬削。呜呼，若悉应其命，则州县破乱，刺史欲焉逃罪；若不应命，又即获罪戾，必不免也。吾将守官，静以安人，待罪而已"。诗中有"州小经乱亡，遗人实困疲。大乡无十家，大族命单羸。朝餐是草根，暮食仍木皮。出言气欲绝，意速行步迟。追呼尚不忍，况乃鞭挞之"等句。元结宁愿免官，不肯逼迫穷民，这是当时最有心肝的好官。《贼退示官吏》诗有"使臣将王命，岂不如贼焉"句，有些官实际上不如贼，至少与贼无大异，他被逼作贼，想弃官归隐，归隐是封建士大夫唯一可走的道路，因为他们不会站在农民起义一边，又不甘心作比贼不如的官，最好的前途，自然是做个无官职的地主，享受闲居的乐趣。要求他们有反抗朝廷的积极行动，那是不合实际的奢望。杜甫读到元结的两篇诗，热情称颂，认为"知民疾苦，得结辈十数公，落落然参错天下为邦伯，万物吐气，天下少安可得矣"。杜甫对人民的同情心，与"致君唐虞际"的忠君心相结合，正是儒家的传统思想，元结在《箧中集序》里，反对"拘限声病，喜尚形似"的南朝风气，他所作诗全是古风，事实上唐时律诗已经开出广大的新境，远非南朝所能比拟，唐诗人多能古近两体并长，诗苑因而特别繁荣，元结不作近体诗，以为时之作者，烦杂过多，歌儿舞女，且相喜爱，不合风雅之道，想要"变时俗之淫靡，为后生之规范"。他这种矫时俗的议论，与韩愈相同，韩愈用来矫文弊，获得成功，元结用来矫诗弊，却不发生任何影响，因为他的主张太违反唐时诗的趋势。

韦应物与元结同时，刚直的性格也相同，表现在诗风上却有显著的不同。韦应物《示从子河南尉班》诗中有"立政思悬棒"句。曹操任洛阳北部尉，造五色棒悬门上，豪强犯禁，即用棒打杀。韦应物要学曹操悬棒杀豪强，足见他原来是个刚强人，因受腐朽势力的折磨，变刚强为柔和，写出清闲恬淡的诗来。韦应物曾任苏州刺史，日常生活是焚香扫地而坐，只和顾况、刘长卿、释皎然等人唱酬为宾友。他自称做官也是坐禅，他也象陶潜那样，有时候猛气不能自抑，流露出对腐朽政治的愤怒，如杂体五首，都是有所指斥，尤其是《古宅集妖鸟》一首，痛责满朝官僚贪鄙无能，《春罗双鸳鸯》一首，写剥削与被剥削两个阶级的苦乐绝对不平。韦应物诗里，偶然露出这样的真情感，说明他并非心如死灰，因此，韦与陶可以相比拟，不过，闲静的气息，韦不如陶，陶生在晋朝，受玄风影响，陶诗成为玄风的最高表现，韦处在唐朝，没有陶的时代精神，尽管风度学得相似，气息终究不能相同，陶韦并称，韦不及陶，盛唐诸诗人中，韦却是唯一的闲淡诗人。

三 中唐诗人

盛唐中唐交界处,不必机械地划分,唐代宗大历年间有不少著名诗人,其中卢纶、韩翃（音宏 hóng）、刘长卿、钱起、郎士元、皇甫冉、李嘉祐、李端、李益、司空曙等人,号称大历十才子。他们多是天宝年间进士,正遇安史大乱,他们做的诗,没有一人能象杜甫反映现实,伸张正义,足见这些人不过是能作诗的普通文士,做诗不能表现时代的特点,只能被看作普通文士做普通诗。杜甫死后（大历五年杜甫死）,经过一个不长的时间,到了唐德宗时,杜诗的影响深入诗苑的各方面,几个大派别都是从杜诗派生出来。中唐诗苑盛况并不亚于盛唐,所差是在一些作者,虽然各有创造,自成大家,但未能超出杜甫已经开辟出来的境界。从这一点说,中唐比盛唐不免落入第二流。

中唐诗人影响最大的无过于白居易和元稹。白居易和元稹都扬杜抑李,白居易与元稹论文书里说,杜诗千余首,尽工尽善,比李白更好,不过,杜诗如《新安吏》、《石壕吏》、《潼关吏》、《塞芦子》、《留花门》等篇,"朱门酒肉臭,路有冻死骨"等句,也只占十中三四。这说明白居易学杜甫,着重在学杜甫为劳苦民众呼号的诗篇。因此,他得出作诗歌的宗旨是"文章合为时而著,歌诗合为事而作"。他在唐宪宗初年,身任谏官,每日论事，有些不便明言直说的事，用诗歌表达自己的意见，希望皇帝听了有所改悔。这一类诗有些题为新乐府，通称为讽谕诗，这是白诗中最有人民性的部分，学杜相似的也是这一部分。讽谕诗是白诗精华所在。他说，我诗得人喜爱的不过杂律诗与《长恨歌》等篇，时人所重，却是我之所轻，我的讽谕诗，意思激切，言辞质直，人们不喜爱，百千年后一定会有人喜爱。白居易自称"志在兼济，行在独善，讽谕诗，兼济之志也"。白居易志在救济民众，与杜甫"穷年忧黎元，叹息肠内热"同一心情，杜甫诗写当世时务，号称诗史，白居易讽谕诗也写时务，同样是诗史，诗人对民众没有深切的同情心，是不会冒险作诗史的。

白居易与诗友元稹的诗流传极广，元稹《白氏长庆集序》里说，"长安少年都仿效我们两人的诗体，自称为元和体诗，二十年间，官署、寺观、驿站墙壁之上无不题元白诗，王公、妾妇、牧童、走卒之口无不吟元白诗，至于手抄本摹勒本（可能是印刷本）在市上贩卖，或用来交换茶酒，处处都有。我（元稹自称）在平水草市（浙江绍兴县山市）看到村校里学童都学诗，问他们学的是什么，齐声答言，先生教我们学元白诗"。白居易也说，"自长安到江西三四千里，凡乡校、佛寺、旅店、行舟之中，往往题我诗句，士庶、僧徒、孀妇、处女之口，每每吟咏我的诗句。时俗所重，正在杂律诗和《长恨歌》一类雕篆之戏，不足为多的诗"。白居易分自己的诗为四大类，即讽谕诗、闲适诗、感伤诗、杂律诗。写讽谕诗是志在兼济，写闲适诗是行在独善，兼济是为解救民众疾苦，独善是保身养性，不为世俗所累。从唐文宗时开始，牛李党争剧烈，白妻杨氏是牛党重要人物杨颖士的妹子，因此被算作牛党，李德裕执政，排斥白居易，甚至不敢读白诗，怕读了他的诗，改变对他的成见。白居易作诗云"相争两蜗角，所得一牛毛"。他采取不争名位的方法来对待朋党之争，在当时士大夫中是最有识见的。他得免朋党的祸害，并非偶然。

白居易被迫放弃宦情，求名之心却极浓。他一生专心求永久的诗名，得风病后还伏枕作诗，不肯停止。他生前写定诗集五本，每本有诗文三千八百四十首。五本分藏五处：一本藏庐山东林寺经藏院，一本藏苏州南禅寺经藏内，一本藏东都圣善寺钵塔院律库楼，一本付侄白龟郎，一本付外孙谈阁童，使各藏于家，子孙世守。他迫切希望诗名永传，五本分藏，用心是很苦的。他作诗力求平易通俗，独创一格，为前人所未有，目的也是在于广播人口，借以流传后世。北宋人释德洪作《冷斋夜话》，说白居易每作一诗成，读给一个老妪听，问她懂不懂。她说，懂得，这首诗算是作成了。如果答说不懂，就得另外做过。这种说法并不符合事实。北宋人张耒曾在洛阳一士人家，看到白诗草稿数纸，涂改重重，原作的文句几乎全部改换。白诗经过锻炼而成，要炼成通俗的文句，也非苦吟不可。通俗丝毫不等于

白　居　易　书

草率轻易。白诗流传在当时已如此广泛，原因就在白诗真正做到通俗，容易为广大读者所接受。

白居易最亲密的诗友元稹，也擅长写通俗诗，元诗与白诗同样广播人口，元诗又多采入乐歌。元稹寄白居易诗有"休遣玲珑（歌妓名）唱我辞，我辞多是寄君诗"等句，足见元诗多可入乐。他和白居易同时享盛名，诗歌传入宫廷，宫中人都叫他元才子。这是他后来投靠宦官，得做宰相的一个条件。元白并称，由于诗的成就，二人难分优劣，但二人在仕途中，元最后失足走了邪径，白隐居退避，不参加党争，二人人品优劣，也就决定了文学上的优劣。白居易有兼济思想，凡不利民众和国家的朝政，敢于犯颜直谏，唐宪宗有一次很不满意，对宰相李绛说："白居易这个小子，是我提拔他得名位，现在对我毫不礼貌，我实在不能忍耐"。做官得直声，名望自然清高，所作诗文也容易为人尊重。元稹起初也敢谏诤，白居易很尊重他，赠诗说"昔我十年前，与君始相识。曾将秋竹竿，比君孤且直。……共保秋竹心，风霜侵不得。始嫌梧桐树，秋至先改色"。不料这个比作秋竹竿的元稹，经过几次贬官，完全改色变节，唐穆宗时，走宦官魏弘简的门路，勾结魏弘简共同破坏裴度讨伐河北叛镇的用兵计划，为了谋做宰相，不顾一切，人品实属卑劣。他是学白居易正直却经不得风霜的鄙夫。他诗也学白居易。白作《和答诗序》里说："五年（唐宪宗元和五年，八一〇年）春，微之（元稹字）

左转为江陵士曹掾。我命季弟去送行，且奉新诗一轴，凡二十章，率有比兴，淫文艳韵无一字焉。及微之到江陵，寄在路所为诗十七章，凡五六千言，言有为，章有旨，至于宫律体裁皆得作者风。我和友人樊宗师等三四人，时一吟读，心甚贵重。然窃思之，岂我所奉的二十章，遽能开足下聪明，使之然耶？抑又不知足下是行也，天将屈足下之道，激足下之心，使感时发愤而臻于此耶？若两不然者，何立意措辞与足下前时诗如此之相远也！"白居易这段话，正好说明元稹诗受白诗影响很大，元是学白居易诗格却缺乏真实性情的佞人。他分自己的诗为十类，有古讽、乐讽，拟白诗的讽谕诗；有古体、新题乐府，拟白诗的闲适诗；有律诗（七言五言两体）、律讽，拟白诗的杂律诗；又有艳诗，专描写美妇人，大概是拟白诗的感伤诗。白居易有《长恨歌》，写唐玄宗杨贵妃荒淫乱亡事，妓女能诵《长恨歌》，身价便增高，想见此歌极受重视，流传甚广。元稹仿制《连昌宫词》，也为时人传诵，不过，诗中"力士传呼觅念奴，念奴潜伴诸郎宿"等句，正如杜牧《李戡墓志》所说淫言媟语，非庄士雅人所为，与《长恨歌》惩尤物、窒乱阶的用意有别。白居易《编集拙诗成一十五卷因题卷末戏呈元九李二十》诗有云"一篇《长恨》有风情，十首《秦吟》近正声，每被老元偷格律（自注：元九向江陵日，尝以拙诗一轴赠行，自后格变），苦教短李伏歌行"。元稹模仿白居易，当时已有定论。元稹人品不如白居易，模仿虽到近似的境界,但元诗终究只是才子诗。

元稹死后(八三二年,唐文宗大和六年死)白居易与刘禹锡为诗友,有《刘白唱和集》,白与刘书云"微之先我去矣,诗敌之劲者非梦得(刘禹锡字)而谁?"刘禹锡参与王叔文集团,甚有权势,唐宪宗登位,刘禹锡等被贬逐,不得为朝官。唐文宗时,因重臣裴度的援引,刘禹锡又得为朝官,累升至检校礼部尚书。唐顺宗身染重病,王叔文掌权,王叔文名位卑微,引用刘禹锡柳宗元等名士为助,刘柳等人与王叔文秉政半年,政令都是有益于朝廷有利于民众,未可讥议。可是,他们依靠的是死在旦暮的唐顺宗。满朝政敌(主要是宦官)利用唐宪宗夺取帝位,是必不可免的。王叔文集团被斥逐,也是必不可免的。刘柳等人的失败,刘禹锡诗"勉修贵及早,狃捷不知退",确是实情。被逐以后,忧愁憔悴,"沉舟侧畔千帆过,病树前头万木春"(句见刘禹锡《酬乐天扬州初逢席上见赠》)正写出这些逐臣的心情。他们本想及早腾达,不料贬作边远地方官,并有诏:虽遇赦无得内移。这样,他们政治上失去前途,无可奈何,不得不逃入南宗禅求取绝望中的安慰,更重要的是要在文学上精心创作,借文名来补救政治失势。刘禹锡柳宗元都是这样做的,白居易所谓吟咏情性,播扬名声,文之神妙,莫先于诗,诗名盛大,可能改善政治遭遇。刘禹锡在诗的方面特别取得卓越的成就。白居易称刘禹锡诗为神妙,《旧唐书·刘禹锡传》特指《西塞怀古》、《金陵五题》等诗为佳作。《金陵五题引（序）》里说，"友人白乐天掉头苦吟，叹赏良久，且曰，石头题诗云，潮打空城寂寞回，吾知后之诗人不复措辞矣。余四咏虽不及此，亦不孤乐天之言尔。"刘禹锡自负《金陵五题》是绝唱，后世无人能继作，就诗而论，确是无敌的佳篇，如《咏台城》云"万户千门成野草，只缘一曲《后庭花》"，比描写景物的名句"山围故国周遭在，潮打空城寂寞回"，立意更为高远，刘禹锡无愧为白居易的敌手。不过，刘禹锡最精采的诗是他的乐府诗两卷，他在贬地仿照屈原为沅湘民间改迎神词作《九歌》的遗意，作《竹枝》、《杨柳枝》等词若干首，教巫祝歌唱，流传民间。《旧唐书·刘禹锡传》说"武陵（湖南常德）谿洞间夷歌，率多禹锡之辞"。《竹枝》《杨柳枝》以外，还有《浪淘沙词》、《纥那曲词》也是采用民歌形式的创作，《浪淘沙词》是七言诗，《纥那曲词》是五言诗，虽然与后起的词句法有异，随着音乐的变化，很自然地会变成词。诗话家评刘禹锡文学上成就说，"大概梦得乐府小章优于大篇，诗优于他文"。这个评语是恰当的。

白居易、元稹、刘禹锡三人诗大体上都属于通俗类，因之广泛地播扬在人口，士大夫作品，有意为民众所享受，这应该说是元白等人的贡献。但也有流弊，元稹《上令狐相公诗启》里说，"江湖间多新进小生，不知天下文有宗主，妄相仿效，而又从而失之，遂至于支离褊浅之词皆目为元和诗体。司文者考变种之由，往往归咎于稹"。通俗化的诗被新进小生转展仿效,变成支离褊浅庸俗化的诗,陈言滥调,充满诗苑,这在元白是始料所不及的。要挽救庸俗化的弊风,需要强弓大戟般的硬体诗来抵消元白末流的软体诗。韩愈一派的诗人,很好地负起了挽救的责任。

韩愈是古文运动的首领,古文运动不仅是反对陈腐的今体文(唐四六),更重要的是力图复兴极衰的儒家学说,推翻声势极盛的佛道二教,所以韩愈古文富有战斗精神,不愧为"凌云健笔意纵横"的伟大文学家和思想家,宋人诗话说"韩以文为诗,杜以诗为文,故不工耳"。韩诗与古文一样,象长江大河,浩浩瀚瀚,表现笔力雄健才思富赡的极致,李白杜甫的精华,被韩诗吸收并神而化之,独成一大家,可以说杜文不很工,却不可以说韩诗不工。韩愈在《调张籍》诗里指出自己学李杜的心得说:"我愿生两翅,捕逐出八荒。精诚忽交通,百怪入我肠。刺手拔鲸牙,举瓢酌天浆。腾身跨汗漫,不著织女襄。顾语地上友,经营无太忙"。"精诚忽交通,百怪入我肠"两句,说明韩诗与李杜诗精神融合成一体,经营不必太忙,却自然合于李杜。韩诗变化怪奇,主要得自李白,法度森严,主要得自杜甫,他在《调张籍》诗中斥责李杜优劣论(当以元稹为此论代表),说,"不知群儿愚,那用故谤伤。蚍蜉撼大树,可笑不自量"。不是学李杜同样有得,对李杜同样深知,是容易偏袒李杜立在某一方的。

韩愈是中唐创硬体诗的一大家，有如白居易创通俗诗也是一大家。韩派诗人多有名人，最著者张籍孟郊贾岛樊宗师卢仝李翱李贺等人。张籍于唐德宗时登进士第，深得韩愈重视，韩愈《醉赠张秘书诗》云"张籍学古淡，轩鹤避鸡群"。《调张籍诗》云"乞君飞霞珮，与我高颉颃"。韩愈承认张籍学李杜，与自己有同样的成就，可以颉颃同飞。所谓学古淡，古是指张诗擅长乐府，多用古乐府为题，淡是指辞意通显，不作雕饰，张籍与白居易元稹唱和，诗句通俗，但不同于元白末流，所以说"轩鹤避鸡群"。如《野老歌》："老农家贫在山住，耕种山田三四亩。苗疏税多不得食，输入官仓化为土。岁暮锄犁傍空室，呼儿登山收橡实。西江贾客珠百斛，船中养犬长食肉。"这种意境，也是从学杜得来。韩愈给张籍诗评价很高，《病中赠张十八》诗云"龙文百斛鼎，笔力可独扛"。张诗往往语已尽而意有余，扛鼎的笔力当是指此。

韩愈重视的诗友，又有孟郊（字东野）。韩《荐士》诗赞扬孟郊的笔力说"有穷者孟郊，受材实雄骜。……横空盘硬语，妥帖力排奡（音傲 ào）"。《韩集》有韩孟联句诗数篇，孟笔力足与韩为敌。孟郊性孤僻寡合，韩愈一见便引为忘形之友。张籍性诡激也得韩愈器重，大抵韩创硬体诗文，与庸俗文派作斗争，需要一些异乎流俗的士人为友朋，这些人得到韩愈表扬，文名振起，形成韩氏一派的名士。孟郊诗专写穷苦，所谓"食荠肠亦苦，强歌声无欢，出门即有碍，谁谓天地宽"。他看自己是穷蹙到不容于天地之间的末路人，精神状态极不健康。这和韩愈的雄伟恢宏，恰恰相反，韩愈对他却大加称颂，《醉留东野》诗云"昔年因读李白杜甫诗，长恨二人不相从。吾与东野生并世，如何复蹑二子踪"。诗末又说"吾愿身为云，东野变为龙。四方上下逐东野，虽有离别无由逢"。韩孟二人文学上是同道，因此友情如此真挚。孟郊自称作诗的苦处说，"夜吟晓不休，苦吟鬼神愁。如何不自闲，心与身为仇。"这样苦吟出蹇涩穷僻的诗句，自然是使人愁惨不乐的呻吟声。韩愈却称孟诗"荣华肖天秀，捷疾愈响报"。说的恰恰与实际相反，是讥刺还是标榜，显然是标榜。同派李观论孟诗"郊之五言诗，其高处在古无上，其平处下顾二谢（谢灵运、谢惠连）"，也是说的与实际不合。要和熟软诗风作斗争，这种僻涩体诗有一定的抗俗作用，韩派人给以过分的赞扬，不是全没有理由。司空图说元白是力强气弱，乃都市的豪估，孟郊等以穷僻和豪估对抗，才显得自辟一境。

另一个以穷寒僻涩为诗境的作者贾岛，在韩门比张籍孟郊地位较次。贾岛原是僧人，名无本。韩愈教他为文，使弃佛还俗。他屡举进士不第，当然更增加穷愁饥寒的苦处。贾诗写穷比孟郊更甚，孟郊诗"种稻耕白水，负薪斫青山"。还能种稻斫柴，维持生活。贾岛诗"市中有樵山，客舍寒无烟。井底有甘泉，釜中常苦干"。僧徒过的是寄生虫生活，贾岛原是僧徒，还俗以后，依然仍是寄生虫，市中有柴山，还可以说无钱买柴，井下有甘泉，懒得去汲水，宁愿釜中常苦干，这种懒人，渴死也不会得到别人的同情。他吟得"独行潭底影，数息树边身"二句，自注云"二句三年得，一吟双泪流。知音如不赏，归卧故山秋"。二句无非是写孤独生活，无甚意义。不过，刻苦锻炼，三年才吟得这两句，对轻率庸俗摇笔即来的元和体末流，有矫枉的作用。

韩愈派诗文最奇怪的作者要首推樊宗师。樊宗师作诗七百一十九篇，留传只有《蜀绵州越王楼》诗一首。此诗有序一篇，造句怪异，不知其意何在。如序首"绵之城，帝獦撅（獦音歇xiē，撅同揭）、掀明威……"等句，只有"绵之城"三字尚成语，余句全不可懂。诗也同样难解，如"危楼倚天门，如闒星辰宫，穰薄龙虎怪，泂泂绕雷凤"。这种字奇意不奇的七百多篇诗，仅得留存一篇，足见无留存的价值。韩愈为樊绍述作墓志铭，称樊诗文必出于己，不袭蹈前人一言一句。铭文更大加赞扬，说"惟古于词必己出，降而不能乃剽贼，后皆指前公相袭，从汉迄今用一律。……既极乃通发绍述，文从字顺各识职"。樊文字极艰涩，韩称为文从字顺，未免太不合事实。文章固然务去陈言，但不必要也不可能做到绝对的词必己出，不袭蹈前人一言一句。樊宗师《绛守居园池记》有"瑶翻碧潋（音殓liàn），嵬眼倾耳"等句，前人未曾说过这样的怪话，樊宗师说了能有什么新进境！

这是韩愈派中最低劣的一个作者，所作书（《魁纪公》、《樊子》、《春秋集传》三种）、文二百九十一篇、杂文二百二十篇、赋十篇、诗七百一十九篇，写作虽多，除《绛守居园池记》及《蜀绵州越王楼》诗各一篇偶得幸存，其余全部被淘汰，正是最公正合理的裁判。李肇《国史补》说"元和之后，文笔则学奇于韩愈，学涩于樊宗师"。奇是务去陈言的结果，辞义全新，超越凡俗，所谓奇实际就是新。韩愈诗文富于创造性，尤其是在古文方面，新奇的影响特别深远。涩与奇正相反，涩是文不从字不顺故意使人不懂的反常语言，作涩体文，似乎也在务去陈言，实际比陈言还不如，因为陈言不过是凡俗语，涩体则是反常语，语言违反常规，就不成其为语言，也就全部可以废弃。学奇难，学涩容易，鄙陋之士避难就易，奉樊为大师，相沿二百余年，到宋仁宗至和嘉祐年间，场屋举子为文尚奇涩，甚至通篇读不成句。古文家欧阳修力主革积弊，一〇五七年，欧阳修被任为知贡举，凡试卷带有涩体，一概黜退。樊宗师的流毒到此才算结束。

韩愈派诗人，自孟郊张籍以次，都各有成就，他们的共同点是戛戛独造，异乎流俗。樊宗师以文不从字不顺为特长，与元白诗末流的庸俗滥熟，形相异而实相同，在韩愈派中是最下的一个作者。下列二人也是韩愈派中重要作者。

卢仝，自号玉川子，隐居洛阳城中，作诗豪放怪奇，甚为韩愈所推崇。韩作《寄卢仝诗》一首，说他"事业不可量"，"忠孝生天性"。又说"先生固是余所畏，度量不敢窥涯涘"。这些，都是韩愈不肯轻易誉人的话，卢仝被韩愈重视可以想见。他的代表作《月蚀诗》，是一篇感情强烈锋芒犀利的讥刺诗，确实使韩愈倾倒了。韩作《效玉川子月蚀诗》，全用卢仝原文，只是删改若干字句，便成法度森严的韩愈诗。卢仝不满当时的政治状况，有愤世嫉俗的心情。韩愈对卢仝极重视，可是卢仝在《苦雪寄退之诗》中叙述自己穷苦以后，说"唯有河南韩县令，时时醉饱过贫家"。说韩醉饱过贫家，意思是自己与韩愈穷苦富乐相差悬殊。《听萧君姬人弹琴》诗，说"主人醉盈有得色，座客向阳增内燃。孔子责怪颜回瑟，野夫何事萧君筵。拂衣屡命请中废，月照书窗归独眠"。也是强调宾主苦乐的距离。《走笔谢孟谏议寄新茶》诗："山上群仙司下土，地位清高隔风雨。安得知百万亿苍生命，堕在巅崖受辛苦。便为谏议问苍生，到头还得苏息否！"从一人的穷苦想到亿万苍生的辛苦，韩愈所谓"忠孝生天性"，当是指诗中这一类的思想。在唐诗人中卢仝算是有见解的诗人，不过，他憎恶富贵人，同时又交接富贵人，他跑到老官僚宰相王涯家作客，恰巧遇到八三五年的甘露之祸，被宦官捕获杀死。韩愈寄卢仝诗所谓"先生结发憎俗徒，闭门不出动一纪"。"劝参留守谒大尹，言语谗及辄掩耳"等语，至少在他的晚年，已经不是闭门不出，劝谒大官便掩耳的处士了。所谓"结发憎俗徒"，大概以憎俗徒来表示清高，借以增加本人的身价。

韩愈诗派为反对熟软，力求去陈言立新意，诸人都专从一个方面寻找题材，如孟郊贾岛专写穷寒，卢仝专写怪奇，李贺专写阴暗鬼趣，诸人穷搜苦索，各自成家。李贺比诸人更为奇特，他幼年就有文名，韩愈皇甫湜（音食shí）亲去面试，李贺当场赋诗一篇，题为《高轩过》。二人大惊，为之揄扬，李贺名大著。他的才名应进士科得第是轻而易举的。小说家说元稹阻止他去应试，说他的父亲名晋肃，应该避家讳不去应试。唐士人承六朝士族遗俗，极重家讳，如白居易祖父名锽（音皇huáng），与宏字同音，白居易不应宏辞科，改应书判拔萃科。尽管韩愈作《讳辩》，李贺还是不敢应进士科考试。李贺擅长乐府，作歌诗数十篇，乐工无不讽诵，朝廷给他一个叫做太常寺协律郎的小官职。他活到二十七岁（八一七年，唐宪宗元和十二年）便死去。他负才不遇，非常轻佻傲慢，看在眼中的文人极少，时人也合力排挤他，他愈被抑压，思想愈孤僻，诗意也愈深刻，特别是说到荒墓野鬼这一类极端消极的事物上，诗句也就极端精采。李贺诗中用事丰富，是读了很多书的人，这和元白体末流诗人，不必读书也能编造诗句，大不相同。他每天骑驴出门游览，小奴背一个锦囊跟着他走，大概愈是荒坟旧墓，萧瑟凄凉的地方，他愈爱去游览，墓上的颓景，和墓下的死骨，都是他苦吟索句的材料。如《秋来篇》"秋坟鬼唱鲍家诗,恨血千年土中碧"。他诗中喜用鬼、泣、死、血等字,游荒墓时自然要想起这些事物。李贺想象力不亚于李白,不过李白满脑子神仙,神仙是最快乐最自由的幻想人物,因之李白诗充满着飘飘凌云气的快乐情绪,李贺却相反,《马》诗第二十三首说"武帝爱神仙,烧金得紫烟。厩中皆肉马,不解上青天"。这一类反对求仙的诗,在李贺诗集中并不少见,他既不信天地间有神仙,承认死的不可避免。他在死的方面运用想象力,犹如李白在神仙方面,同样获得成功,不过长生与死亡意趣大不同,二人的意境也就大异了。李贺诗"飞香走红满天春"、"酒酣喝月使倒行"、"踢天磨刀割紫云"、"天若有情天亦老"等佳句,至少不比李白的佳句差。朱熹评李贺诗说"贺诗巧",巧字用得非常惬当。李贺佳句大抵从实地观察中得来,又加以锻炼工夫,得句往往奇巧。好似高手摄影师选择最适当的地点,摄取全部胜地的精华。如《南山田中行》诗"荒畦九月稻叉牙,蛰萤低飞陇径斜。石脉水流泉滴沙,鬼灯如漆点松花"。写荒野景物,历历如在眼前,足见他确有实际经历,并非全凭臆想。他不象一般人那样先有题目,然后作诗,并且拘泥于篇章格律。他是在实地观察中遇有好题材即写成几句,回家后才凑足成篇。因之一篇中常有警策句。他的母亲说他总有一天要呕出心来,就是指他苦心锻炼这些警策句。韩愈一派诗人都主张苦吟以去陈言,成绩最高的要推李贺,别人不能造新言来代替陈言，甚至用涩体言语来代陈言，李贺所作不仅言语清新，而且立意也不同于流俗。他敢于指斥唐宪宗求神仙，对恶政有一些不满的表示，如《猛虎行》："泰山之下，妇人哭声，官家有程，吏不敢听"。又如《感讽》诗说"越妇未织作，吴蚕始蠕蠕，县官骑马来，狞色虬紫须，怀中一方板，板上数行书。不因使君怒，焉得诣尔庐。越妇拜县官，桑牙今尚小，会待春日晏，丝车方掷掉。越妇通言语，小姑具黄粱。县官踏餐（饱食）去，簿吏复登堂"。本诗刺催科的急暴，蚕事刚起，县官就亲自来催租，饱餐一顿黄粱饭去了，接着簿吏又登堂来催，自然也得饱餐一顿饭才肯走。他比孟郊贾岛等人，多少有些政治见解。也多少有些独立精神。《致酒行》说"我有迷魂招不得，雄鸡一声天下白。少年心事当拿云，谁念幽寒坐呜呃"，幽寒当是指孟贾一类人的寒苦诗，他自己有拿云的高远志向，不屑为坐而呜呃的幽寒人，但又深恶元白末流所作熟烂诗。小说家说元稹求见李贺，被李贺拒绝，未必实有其事，大概李贺坚决排斥元白末流的熟烂诗，见于言行，小说家因而讹传为拒见元稹本人。对孟贾和元白末流一概反对，最符合韩愈务去陈言的宗旨，韩愈一派，诗当推李贺为传衣人，犹之古文当推李翱为传衣人。

中唐时期可与元白、韩愈并列的大诗人还有柳宗元。柳宗元诗既不象韩愈诗那样豪放纵横，也不象元白诗那样平易通俗，他虽与韩愈同为古文运动的创导

314

人，但受《文选》影响（六朝文）甚深，他的古文含有很多骈句，特别是最著名的山川记，显然从郦道元《水经注》写景文化出。他的诗含有选体气味，谢灵运、陶潜是他学诗的范本，当然不是模拟陶谢的形迹，而是变化为柳宗元的山水田园诗。朱熹说柳子厚"诗学陶者便似陶"。又说，"学诗须从陶柳入门庭也"。苏轼称"柳子厚诗在陶渊明下，韦苏州上"。这些评价大致是平允的。不过，柳宗元学陶的真正恬淡处却还有一些距离。陶潜绝意仕进，极少流露仕途受阻的不平心情，柳宗元因热衷仕进，横被压抑，怨愤之情触处流露，尽管柳诗学陶功力甚深，在恬淡的气韵上，柳总稍逊陶一步。柳诗之与陶诗，相当于山水记之与《水经注》写景文，各有其不可企及之处，而后起的模拟者总不免比创始者要稍逊一筹。

四 晚唐诗人和词人

一般总以为诗至晚唐，已入衰境，诗苑中只剩下一些残花败叶，不再有中唐时期那种胜景。其实晚唐时期几个主要诗人，非但不比中唐主要诗人差，而且成就还高出中唐诗人。首先是晚唐诗人脱离五言七言诗的旧形式，开辟出诗的新体长短句（词）的广阔境界。其次是起源于六朝，完成于唐朝，作为唐诗特长的律诗，至晚唐达到最精美的程度。当然，唐诗经中唐人穷搜苦索，连穷寒境鬼境都搜索到，境界尽辟，似乎山穷水尽无路可走了。晚唐诗人开辟艳情一境，其中一部分确是说男女相悦之情，一部分则是模仿楚辞，托言美人香草借以写君臣朋友间的恩怨离合。所以对晚唐诗，不能看作全是房中之言，也不能看作全是模仿楚、骚。大抵唐文宗时，牛李朋党互相陷害，党争开始激化，以后愈演愈烈，界限非常分明，谁要是牵连入党局，谁就被摈出仕途，在政敌当权的时候，休想仕进。宦官势力自唐宪宗以来，比任何势力都强大，有些士大夫投靠宦官取得富贵，有些人不肯对宦官屈身，满怀忧愤，又不敢公开议论，招致祸害，士大夫在朋党宦官双重压力下，避免吐露平直的语言，有意说得恍惚迷离，或彼或此，忽断忽续，埋没意绪，不使敌人发现踪迹，用心是很苦的。唐朝风教废弛，习俗淫靡，晚唐淫风愈盛，诗人沾染陋俗，并不讳言情欲，不过，多用曲折隐约的语言来谈情，往往与寄兴于美人香草的文意（"为芳草以怨王孙，借美人以喻君子"）混淆难分。例如唐末韩偓作香奁（音帘lían）诗，似乎专言艳情，卑卑不足道。其实韩偓不可告人的苦心，自己说得很清楚，他说"谋身拙为安蛇足，报国危曾捋虎须"。又说"缉缀小诗钞卷里，寻思闲事到心头；自吟自泣无人会，肠断蓬山第一流"。晚唐诗人作艳体诗，应该先考察他们的遭遇和行事，韩偓反对朱全忠篡夺唐朝，在当时朝臣中还算是较有气节的人，他的艳体诗里面有"自吟自泣无人会"的哀伤诗，《礼记·乐记》所谓"桑间濮上之音，亡国之音也"，晚唐艳体诗正是这种亡国之音。从诗的标准来衡量，却依然有很多大诗人和大量好诗，其中以李商隐为最大的诗人。

李商隐生于八一三年（唐宪宗元和八年），幼年就能做古文，不喜做今体文（四六）。这在当时要算是有识之士。因为所有诏令章奏书判等凡属于公文性质的文字，都必须用四六文，善于做四六文，是仕进顺利必要条件之一，如果被皇帝赏识，任为知制诰、中书舍人等要职，就有可能再上升为宰相。因之不做今体文而做古文，本身就有守正不屈于习俗的意义。李商隐十六岁，著《圣论》、《才论》两篇古文，很有声望。第二年（八二九年，唐文宗大和三年）唐宪宗时曾任宰相的天平军节度使令狐楚，爱李商隐少年俊才，特加优待，令在门下，与儿子令狐绹等同学。令狐楚亲自指点做章奏的诀窍，李商隐博学多闻，学成后技艺超过令狐楚。谢意诗"自蒙半夜传衣后，不羡王祥得佩刀"，俨然以为得章奏秘传，不难作到宰相。此后常居令狐楚幕中，专掌章奏。八三七年，借令狐绹的力荐，李商隐得进士及第。本年冬兴元镇节度使令狐楚临死前一天，急召李商隐从京城到兴元，使代草遗表，足见令狐楚很信任李商隐的章奏。李商隐也自认是令狐楚的传衣弟子。照朋党的规矩，李商隐当然应该做令狐氏的忠实徒党。也就是应该死守牛党，不别找主人。李商隐于次年赴泾原镇节度使王茂元幕，并娶王氏女为妻。王茂元是被当作李德裕党的武人，令狐绹认为李商隐忘家恩，深恶痛绝，李商隐从此陷入朋党的漩涡中，一生不得脱身。

八三九年（唐文宗开成四年）李商隐应吏部试书判拔萃科及格，得任为秘书省校书郎。虽然这只是正九品官，但地位清要，文士起家就得这个美职，尤其是得秘书省，可称获得捷径。就在本年，王茂元调为京官，李商隐也调补宏农尉，从正九品降为从九品，从清职降为俗吏，是李商隐仕途的挫折。杜甫《赠高适》诗"脱身簿尉中，始与捶楚辞"。韩愈《赠张功曹》诗"判司卑官不堪说，未免捶楚尘埃间"。杜牧《寄小侄阿宜》诗"参军与簿尉，尘土惊劻勷（音匡穰 kuāng ráng）；一语不中治，鞭箠身满疮"。唐时簿尉等官，有过失便受鞭笞，等于后世的胥吏。李商隐一入仕途，就显出受朋党的祸害。八四〇年，李商隐辞尉官，南游到湘鄂等地，企图找个幕职，结果一无所得。八四一年（唐武宗会昌元年），王茂元又被任为忠武军节度使，李商隐自南方回京。次年，李商隐又以书判拔萃，再任秘书省正字。这时候牛党被斥逐，李党渐得势，李商隐也似乎走上了顺境。此后几年内，李商隐遭母丧，王茂元又死，李商隐实际上与李德裕并无直接关系，在会昌年间，正字美职因母丧失去，全家闲居永乐县（山西永济县）。等到丧服期满，唐武宗死去，唐宣宗即位，任用牛党白敏中为宰相，令狐绹为知制诰，充翰林学士，大权在握，放肆地斥逐李党中人，郑亚被斥为桂管观察使，李商隐应郑亚聘，任桂管掌书记。李商隐到桂林任幕职，不久，郑被贬为循州（广东龙川县）刺史，在任所死去。李德裕也在崖州（广东琼山县东南）死去，李党已成不能复燃的死灰，只好忍受牛党的压迫。李商隐失幕职，回京选为盩厔尉。自八三九年得宏农尉，经过首尾十一年，还是一个县尉，李商隐仕途的辗轲，可以想见。因为他特长章奏，恃幕职为生，如果说他是李党中人，也只是一个不足轻重的书记官。

八五〇年（唐宣宗大中四年），令狐绹任宰相，李商隐才自己认输，不敢再说"不惮牵牛妒"，改变为力谋接近令狐绹，哀求解释旧恨。令狐绹旧恨极深，任宰相十年，始终怀恨，李商隐寄托忧愤的艳体诗，很多是为令狐绹无情的报复而作的。八五一年，妻王氏死，李商隐更是忧伤无聊，一部分艳体诗是为悼亡而作的。八五二年，李商隐又失幕职，入京哀求令狐绹，才得到正六品的太学博士。接着，柳仲郢聘他为东川节度使掌书记。八五六年，柳仲郢内调为吏部侍郎，李商隐又失幕职。居郑州充柳仲郢属官。八五八年，这个晚唐最大诗人李商隐活了四十六岁、在朋党倾轧中抑郁穷困地死去了。他的才学和遭遇，使他的诗表现出独特的风格。他读书极博，收集资料极富，所得材料，分类汇编，如《金钥》分帝室、职官、岁时、州府等类，又有《杂纂》，专收集俗语和鄙事，又有《蜀尔雅》，专采蜀语。

他分类收集的手册为数想必不少，这些都是作诗文的材料。他使用材料非常精细，凡是使用材料，一定要翻检原书，陈列左右，仔细核对，别人说他是獭祭鱼，其实这是引书用事的基本方法，獭祭鱼并不可讥。因为他蓄材丰富，用材仔细，所以他的诗文都是用事精切，属对致密，形式之美，少有伦比。不少人专学他形式之美的诗，衍为北宋初期的西昆体，造句细碎，意义晦涩，欧阳修起来，才推翻西昆体。李商隐诗流弊相沿将近二百年，这也可以说是李商隐诗的副作用。李诗本身却是形式精美，感情深厚，他的境遇迫使他满怀怨愤不能不说，又不敢直说，他说话真是讳莫如深，意思在隐约有无之中。三国魏末，阮籍处在要说却不敢直说的困境中，作《咏怀》诗，《诗品》评它为"言在耳目之内，情寄八荒之表"，达到微而显的最高境界。李商隐处境与阮籍相似，所作隐语诗是《咏怀》诗的更进一步发展。葛常之《韵语阳秋》说"义山诗包蕴密致，演绎平畅，味无穷而炙愈出，钻弥坚而酌不竭"。又一诗话家说"李商隐七绝，寄托深而措辞婉，可空百代，无其匹也"。这些话都说得中肯，李商隐诗与阮籍《咏怀》诗同样心情危苦，言语委曲。注家因不知其所指，任意揣测，许多诗被说成才人浪子厚颜说淫亵话。李诗所有艳情昵语绝大部分是用隐语来告哀，如果熟知他的身世，自然要给予深切的同情。《骄儿》诗自谓"爷昔好读书，恳苦自著述，颜顇（同憔悴 qiáo cuì）欲四十，无肉喂蚤虱。儿慎勿学爷，读书求甲乙"。他对读书如此厌弃，可见受蚤虱之苦太深了。

李商隐诗并不是全属寓言，他也有语意完全明朗的诗篇，如《韩碑篇》，宛然是韩愈的笔法，讥刺唐敬宗荒淫诸篇，也并非晦涩，只有牵涉到朋党嫌疑或闺房的诗篇，才是讳莫如深，任人揣度，莫知真意何在。李商隐诗严格遵守了杜甫作诗的规律，即"知律"、"摊书满床"、"熟精《文选》理"、"应须饱经术"。李商隐诗对这些条件都做得十分满足，所以王安石说"唐人知学老杜而得其藩篱者，惟义山一人而已"。他学杜甫诗，采取严肃的态度，造句精密，用意高远，在韩愈一派诗人反元白诗末流的运动中，李商隐起着最重要的作用。宋许彦周《诗话》说"作诗浅易鄙陋之气不除，大可恶。客问何从去之？仆曰，熟读李义山诗与黄鲁直诗则去也"。李商隐诗正和元白诗末流完全相反，李诗盛行，元白诗末流才失去地位，因此，他是韩愈一派反熟滥诗的最后胜利者。

李商隐与同时的诗人温庭筠齐名，时号温李，又与杜牧齐名，时号李杜。温庭筠的祖父温彦博在唐初曾做宰相，他出身富贵人家，过的是浪子生活，赌博酗饮，沉迷酒色，自恃才学，轻薄放肆，应进士试屡不得第，怨恨宰相令狐绹，作诗有"中书堂内坐将军"句，讥宰相无学。他喜爱音乐，尤其擅长弹琴吹笛，自谓"有丝即弹，有孔即吹"，不必选好琴好笛。唐人歌唱多用五七言绝句，唱时加上和声，和声辞有长短，后来就长短声填长短句，使合曲拍，这就自然形成一种叫做词的新体制。京中和各州县有大量官妓，又士大夫多蓄家妓，穷如柳宗元，至少也有一个家妓。这种妓女就是新歌辞的传播者，也可能是创造者。温庭筠长年和歌妓生活在一起，他的诗远不及李商隐，他的浪子生活和音乐专长，却使他成为词的重要创始人。固然，在温庭筠以前，早已有人作词，但专力发展这种新体制，成为代表一个时期的文体，不能不是温庭筠的功绩。他的词集号《金荃集》，歌咏的对象，无非是淫艳之事，比梁陈宫体，同样秽亵。晚唐统治阶级腐朽到濒临崩溃的时候，与梁陈如出一辙，宫体由词的形式表现出来，是符合当时情况的。唐朝文学是盛世，到了晚唐已经不可阻止地要发生大分化，按照文学史上通例，总得出现两个代表人物，一个结束旧传统，一个发扬新趋势。在晚唐，李商隐是旧传统的结束者，温庭筠是新趋势的发扬者。晚唐诗人温李称首，其余诗人都不能和他们比高下，因为此后诗人（包括词人）都是温李的追随者。

又一个与李商隐齐名的文人杜牧，是出身高门，又有才略的豪士。他好谈兵事，注《孙子》十三篇，流传于当世。他曾为牛僧孺的幕僚，又为李德裕所器重，但并未参加朋党，以求高官。他凭门第和才能，官至知制诰、中书舍人，比起李商隐的怀才不遇来，杜牧的遭遇还算是优异的。他的门第和才能，使他顾虑不多，敢于直说自己的见解。古文传韩愈的文统，为晚唐突出的大作家，诗也情致豪迈，接近韩愈。杜牧作《杭州新造南亭子记》，揭露佛教罪恶，思想上也是韩愈嫡传。

晚唐李商隐杜牧号称李杜，按二人诗风，李接近杜甫，杜接近李白，晚唐的李杜，是盛唐李杜有力的后劲，特别是李商隐，得杜甫诗学神髓，是杜甫以后唐诗人中第一人。

上列晚唐主要诗人以外，还有陆龟蒙、皮日休、聂夷中、司空图等人。陆龟蒙隐居松江甫里，有田数百亩，屋三十间，是个中小地主。他也参加生产劳动，但主要是享受闲福。他和皮日休唱酬最多，唱酬诗一般是缺乏创见的。享闲福也使他完全脱离社会实际，当时民生疾苦，陆龟蒙在诗中全无反映，成为可有可无的诗人。皮日休为陆龟蒙集作序，称陆可与温李并驾，这样的评价未免过当，陆龟蒙决非温李的朋类，也不可与皮日休相比，因为皮日休有同情民众的诗篇，在陆龟蒙集中是一篇也找不出的。

皮日休于八六七年（唐懿宗咸通八年）举进士及第，次年到苏州作小官，与陆龟蒙唱酬就在这个时候。八八〇年（唐僖宗广明元年），出任毗陵副使，他在路上参加了黄巢起义军。黄巢军攻入长安，被任为翰林学士。皮日休参加起义军，很有人替他辩护，说决无投黄巢军之理。其实，他对穷苦民众有同情心，正乐府十篇，都是憎恶官吏，为民伸冤的呼声。他在名篇《橡媪叹》里有"吾闻田成子，诈仁犹自王；吁嗟逢橡媪，不觉泪沾裳"。诈仁还可以成王业，何况黄巢起义，是吊民伐罪之师，应该与汉高祖同样看待，他做官有什么不可以。别的文人正因缺少这一点同情心，所以不肯为农民效力。陆游《老学庵笔记》引《该闻录》说"皮日休陷黄巢为翰林学士，巢败，被诛"。黄巢兵败，皮日休被乱兵杀死，是可能的。皮日休的子孙逃到会稽，投靠吴越国。他的孙子皮光业曾为吴越国丞相。宋时文人对皮日休事讳莫如深，力为辩白，其实声辩皮日休不会从黄巢，只能表明地主阶级的愚顽立场，并不能证明皮日休未曾做黄巢的翰林学士。

聂夷中是咸通二年及第的进士，年辈比皮日休高一些。他出身贫苦家庭，在晚唐权门大族把持仕途的情况下，寒门出身的进士不可能有什么前途。这使他不得不立在民众一边，作出一首著名的《伤田家》诗。到五代时，冯道还背诵这首诗来劝唐明宗体恤农民的勤苦。农民受剥削的惨状，被"二月卖新丝，五月粜新谷；医得眼下疮，剜却心头肉"四句话说尽，聂夷中留下的诗不多，但这一首《伤田家》诗，足以抵得陆龟蒙诗集全部而有余，因为陆龟蒙不曾替民众说一句话。

司空图登咸通十年（八六九年）进士第，得宰相卢携器重。唐僖宗时，官至知制诰、中书舍人，仕途是顺利的。唐昭宗时，唐朝灭亡的时机渐趋成熟，司空图惧遭横祸，退出仕途，隐居中条山王官谷，那是很大的田庄,他享受大地主的闲福,和一些名僧、隐士赋诗作乐,足以抵消他求做大官的热情。朱全忠灭唐自立为帝,召司空图为礼部尚书,司空图不食而死。这在封建社会算是不事二姓的忠臣,隐居诗人加忠臣,使司空图声誉远超皮陆诸人,实际上他的诗虽有一些叹乱伤时之作,但全是空泛无味的闲人语。丝毫不反映他所生存的时代真实。司空图著《诗品》,标雄浑、冲淡等凡二十四则,名家诗风确有这些特征,司空图说得虽然抽象,但可以助人理解诗风。

唐末五代文苑中新兴的词已代替诗的地位,诗人远不如词人的成绩斐然。其中较大的诗人,只有韩偓韦庄二人。韩偓是唐昭宗时及第的进士,累官至翰林学士、兵部侍郎,他的官职,使他过着当时统治阶级的腐朽生活,他也知道唐亡就在眼前,为逃避朱全忠的加害,带着同族人跑到王审知的闽国去。他著名的诗是香奁诗,有《香奁集》三卷。

韦庄在唐昭宗时进士及第,有诗集二十卷。他最著名的诗是长篇叙事诗《秦妇吟》,诗中描写黄巢农民起义军在长安城的情况,当然,地主阶级的诗人,对农民起义军只能有反动的看法,从形式上看虽然诗是好诗,但内容既坏,也就不值得珍重了。韩偓韦庄是唐末五代的著名诗人,不过,他们对文学的贡献是在词的方面,他们应是更著名的词人。

凡是未曾完成的运动,本身的发展决不会半途停止。远在东汉末建安时期，曹植开始发起五言古诗声律化运动，经过南朝直到初唐，这个诗的声律化运动，不曾停止过。初唐沈佺期宋之问完成了这个运动，律诗从此定型。律诗是新型的近体诗，与旧型的古体诗，势成对立，陈子昂提倡古体诗，与沈宋成为两个源头。嗣后王（维）李杜崛起，开盛唐的伟局，当时作者风起，各自开辟出一些新境界，独立成一家。依傍他人门户的作者极少，所以呈现诗的盛世。王李杜所辟境界，特别宏伟，尤其是杜甫，诗境包含万象，足够供后人用力演绎，中唐韩愈白居易演绎的成功最大，以韩白为代表的中唐诗格，并不比盛唐低，按韩白的成就来说，盛唐与中唐无甚区别，不过，元稹未免启庸俗之端，卢仝、孟郊、贾岛等人，境界褊狭，都缺乏盛世景象，从多数作者来看，中唐与盛唐确有区别。诗到中唐，几乎所有境界都有人开辟了，到晚唐时期，统治阶级愈益腐朽，唐政权分裂成许多小块，诗人生活在这样的环境里，要找士人正常的出路感到绝望。诗的境界又早被中唐人尽量探索，遗存无几，晚唐人只能向琐碎细致处寻求新境，晚唐诗显出一片萧条气象，正与政治上的萧条气象相适应。不过，从特出诗人来看，李商隐不仅中唐未有敌手，即列在盛唐也并无愧色。温庭筠不只是文学家，而且还是音乐家，他有丝即弹，有孔即吹，音乐十分精通。唐人盛行歌舞，歌童舞妓到处都有。元结《箧中集序》说"彼则指咏时物，会谐丝竹，与歌儿舞女生污惑之

326

声于私室可矣"。所谓污惑之声，是指新体歌词，非雅正的诗。杜甫诗"黄四娘家花满蹊，千朵万朵压枝低；流连戏蝶时时舞，自在娇莺恰恰啼"。这里说的黄四娘家，可能是歌舞寻乐的妓家，韩愈《感春》诗"娇童为我歌，哀响跨筝笛；艳姬蹋筵舞，清眸刺剑戟"。李白尤为风流不羁，李诗绝大部分是写酒色之事，他老年流落江南，依人为生，家中也还养歌妓。唐朝士大夫几乎无不纵情声色，杜甫韩愈也未能免俗，何论余人。歌舞必有歌词，又必有曲折，配合歌舞的音乐也自然要有长短曲折。歌词配合音乐，七言四句必须有所变动，才能合歌舞。诗变成词，是歌舞促成的。所有重要的文学，都从民间创始，后来为文士所采取，经过加工和提高，成为文学的新体制。凡是活的文学，即配音乐歌唱的文学，无不如此长成起来。词的起源，却有些例外，词有一部分从民间歌调变来，也有一部分是士大夫创制。大抵清新丽正的词多出自民间，以敦煌遗文里杂曲子为例，文字通俗，情意真实，显然是民间流行的唱辞，曲调名目有《倾杯乐》、《内家娇》、《拜新月》、《抛球乐》、《鱼歌子》、《喜秋天》、《南歌子》等，说明在文士作词以前，民间已有大量好词在歌唱。这里介绍一首残缺不全并失词调的词句如下："十四十五上战场，手执长枪，低头泪落悔吃粮，步步近刀枪，昨夜马惊辔断，惆怅无人遮拦。"写幼年新兵初上战场时的心情，写得很动人。另方面，淫艳浮丽的词多出自士大夫。以李白《对酒》诗为例，这虽然不算是词，意境却非民间所有，《对酒》诗云"蒲萄酒，金叵（音颇 pǒ）罗，吴姬十五细马驮，青黛画眉红锦靴，道字不正娇唱歌。玳瑁筵中怀里醉，芙蓉帐里奈君何"。这种腐朽意境，完全反映出士大夫的腐朽生活，到温庭筠作词，专以妇女为描述对象，此后凡作词似乎非言闺情就不成其为词，这使词的境界变得狭窄不能象诗那样恢宏阔大。不过，词毕竟是新兴的文体，即使内容无异梁陈宫体，形式却是新鲜可喜的。词有两个起源，一是先在民间流行，经文士采取加工，提高为成熟的文学，二是知音文士，如李白温庭筠等人，对绝句的唱法有所变革，这就很自然地变诗为词。

《全唐诗》采集唐五代词，大体上可称完备。其中如元结所作《欸乃曲》（欸音矮ǎi），是采取湘江上船夫历年相沿的歌调，实际是七言四句诗，与七绝形式相近。张志和《渔歌子》也是七言四句诗，不过第三句改为两个三言句，形式更与词相似。韩翃《章台柳》，移两个三言句到最前面，其余三句仍是七言句。这都说明词（小令）与绝句关系甚密。韦应物所作《三台》、《调笑令》与王建的《三台》、《调笑令》，句法完全相同，足见歌调有定式。这些都是民间歌唱已有定式，文士采取加工，成为词的一个起源。自文士起源的词，当以李白为最早，《全唐诗》载李白词十四首，其中如《菩萨蛮》、《忆秦娥》显系后人伪托，但如《清平调》、《清平乐》等词，无疑是李白所作。《清平调》《清平乐》开专写妇女的风气。

温庭筠继起，所作词《全唐诗》采录多至五十九首，标志着诗苑以外词已走上自己发展的道路，成为独树一帜的新体文学。五代时期作词已成普遍现象，汉化的沙陀人李存勖（后唐庄宗）也能作词，足见词在五代，好比诗在唐朝，盛况是相似的。作词者必须过着极其腐朽的生活，才能反映腐朽生活来充实词的内容。当时西蜀和南唐两国，恰恰具备这个必要的条件，因此两国成为两个词的中心地。

唐末战乱，唐朝士人多逃往成都，投靠王建。王建也尽量收容，供给足够的享受品，使维持原来的腐朽生活。这些醉生梦死的文士，继续做词寻乐，唐末风气，原样保存在前蜀国。前蜀国灭亡后，孟知祥建立后蜀国，腐朽风气有增无减，著名词人也就得以产生。后蜀赵崇祚编《花间集》十卷。集中所录自温庭筠以下凡十八人，其中主要作者有韦庄、薛昭蕴、牛峤、毛文锡、朱希济、欧阳炯、顾夐、鹿虔扆、和凝、孙光宪等人，收集词凡五百首。《花间集》为最古的词

江苏南京出土南唐舞俑

总集，这一派的作者称为花间派，始祖是温庭筠。欧阳炯作序说"绮筵公子，绣幌佳人，递叶叶之花笺，文抽丽锦；举纤纤之玉指，拍按香檀。不无清绝之辞，用助娇娆之态。自南朝之宫体，扇北里之倡风，何止言之不文，所谓秀而不实"。序文说得清楚，花间派词无非是宫体的变形，内容腐朽是一致的。

另一个词的中心产地是南唐国。面临亡国危机的南唐中主李璟和亡国后充当俘虏饱受耻辱的后主李煜，都是杰出的作者，特别是李煜，俘虏生活迫使他不能无动于衷，词中隐约地带有亡国的怨情，因此，他的词不觉有异于一般醉生梦死的词人，虽然他本人到死依旧是个醉梦中人。温庭筠是词的创始者，李煜则是词的扩大者，从李煜开端，北宋词的境界大加开辟，花间派作者只占其中的一部分，词不专为闺房私情而写作，在文学上的地位提高了。李璟喜爱文学，罗致冯延己等不少文士，《全唐诗》收冯延己词多至七十八首。冯延己人品极卑劣，所作词却不失为一个名家。

第六节　近体文与古文

唐朝一切应用文字，上起诏敕，下至判辞书牍，无不用近体文，即所谓四六文。这是南朝遗留下来靡丽的文风，特别是庾信，对北方文士影响尤大。北宋有人说“唐太宗功业雄卓，然所为文章，纤靡淫丽，嫣然妇人小儿嘻笑之声，不与其功业称。甚矣，淫辞之溺人也”。又说“唐太宗英主，乃学庾信为文”。风气所趋，虽然雄卓如唐太宗也不能违反已成的趋势。自从唐太宗亲自提倡以后，四六在应用文方面，地位更加巩固，文士不能作四六，即无仕进的可能，在仕途上四六比诗更含有重要性，唐文士无不专力作诗，不待言，四六的盛况更可以想见。

作四六文的要诀，全在编排古语，广泛搜罗故事和成语，预先做成各种对偶，以便随时应用。要作四六文必须多读群书，还必须记得完全确实。梁陈时四六文体的创始人徐陵庾信，都曾做过抄撰学士，积累起丰富的材料。唐初称为四杰的四六文家，如骆宾王以“汉家离宫三十六”对“秦地重关一百二”，这自然是平时早有准备，并非临文偶得。又如晚唐温庭筠以“近同郭令，二十四考中书”，对李商隐的“远比赵公，三十六年宰辅”。这自然也是平时早有准备，应用时略作改变。作近体文与近体诗的文士，无时无地不在留意对偶的搜集。《唐诗纪事》载光风亭夜宴，有些妓女酒醉打起架来，温庭筠说可用疻（音纸zhǐ伤）面对捽（音昨zuó）胡。段成式即据以作诗：“捽胡云彩落，疻面月痕消”。读书的全部注意力，集中在搜寻对偶一事上，所以近体文和近体诗为有识之士所不屑为。四六文不仅拘束于对偶，也拘束于平仄，在几种拘束下，用古事古语来比拟今事今语，必然语意模糊不清，《文心雕龙·指瑕篇》所谓"晋末篇章，依希其旨"，这正是六朝骈文和唐时四六的通病。依希其旨即语意模糊不清，表达思想的文辞变成拘束重重的四六体，实是文风衰弊之极。

唐朝四六文作者，能摆脱拘束，自由发挥政论，只有陆贽一人。此外，李商隐善作章表，自编《樊南甲乙集》各二十卷，《甲集自序》称"时得好对切事"，孙梅《四六丛话》评李文说"《樊南甲乙》，今体之金绳，章奏之玉律也。循讽终篇，其声切无一字之聱屈，其抽对无一语之偏枯，……学者舍是何从入乎"。孙梅所说，正是"好对切事"的解释。李商隐四六文的特长，就在"好对切事"一语。四六文如果作为一种不切实用，但形式美丽不妨当作艺术品予以保存的话，李商隐的四六文是唯一值得保存的。其余四六文作者固然还有不少名家，按古文运动的标准，都可以归入陈言务去的一类，全部废弃并不可惜。

唐朝文辞对文学史有巨大贡献的不是居统治地位的四六文而是积极反抗四六文的古文。东汉开始有骈体文，随着声律化和对偶化，逐渐被推动向四六文变化。每一次变化，都有豪杰之士起而反抗。西晋太康时期潘（岳）陆（机）是有力的推动者，同时夏侯湛仿《尚书》体作《昆弟诰》。徐（陵）庾（信）四六文传入北方，北方文士闻风披靡，北周苏绰撰《大诰》，作为文章的程式。隋文帝深恶文章浮艳，下令要"天下公私文翰，并宜实录"。但南朝是正统所在，北方士大夫对南朝传来的一切文化，莫不仰慕备至，学而不厌。尤其是隋炀帝，自以为与士大夫比文章，也可以高出众人，当选做皇帝。他擅长的是南朝靡丽之文，隋文帝提倡公私文翰并宜实录的诏令，自然不再有效力。唐帝室与隋一样，与鲜卑贵族有密切关系，他们取得帝位，建立南北统一的国家，亟须表明自己是汉族人，最有效的方法是接受南朝文化，使人们承认李氏朝廷是汉族正统的继承者。南朝末由徐庾完成的近体文，唐太宗力予提倡，原因所在，不只是魏晋以来文学趋势不可违抗，更重要的还在于继承华夏正统来助成国家的统一。

尽管唐朝近体文无限止地趋于发达，但夏侯湛苏绰以来的古文运动，依然起着对抗作用，未曾停止。这种与近体文对抗的古文运动，从唐初开始时，便和儒家据经义反佛教的反佛运动相结合，比夏侯湛苏绰仿效经文语调反近体文，方式大有改进。佛教徒采取各种方法宣扬教义，例如用俗讲变文等形式，都起有很大影响。不管俗讲变文起于何时，在唐初傅奕用比较接近口语的古文反对佛教，应该说是傅奕的卓识。隋唐两代，要和佛教作斗争，用接近口语的古文是比较有效的工具，自傅奕创始，此后凡是古文作者，多数是积极反佛的思想家，敢于冒险反佛的士人，自然都是有识之士，他们用来表达反佛思想的古文，自然也是进步的文体。

比傅奕稍后有吕才。吕才通阴阳方术,尤擅长音乐。唐太宗令吕才整顿阴阳书。阴阳书与佛书一样,同是迷信思想的重要源泉,佛教宣扬外国迷信,阴阳书宣扬中国迷信,唐太宗嫌阴阳书很大部分是穿凿附会的谬说,使人们行动受到太多的拘忌,他命令吕才等学者十余人,共同修订阴阳书,勒成新书五十三篇,合旧书四十七篇,共一百篇。新书订定后,由朝廷颁行全国,现在《新唐书》、《旧唐书》的《吕才传》,保存《卜宅》、《禄命》、《葬》等三篇,虽然已被史官删削,但对荒诞的巫术,还具有足够的攻击力。傅奕吕才所以出言有力,只是由于依据儒家经义,用较为通俗的文句表达出来,成为新出现的一个进步力量,佛教和阴阳巫术受到这个力量的打击,大为震惊。此后,古文运动总是以反宗教迷信为主要内容,反近体文却似乎退到次要的地位。

傅奕吕才在唐初开古文运动的端绪,但并非有意识地提倡古文。为反近体文而有意作古体文的创始人,应是武则天时候的陈子昂。陈子昂因提倡复古主义文学享受盛名,韩愈诗"国朝盛文章,子昂始高蹈",又说"唐之有天下,陈子昂、元结、李白、杜甫,皆以其所能鸣"。这里推崇他首创古体诗,实际上唐朝古体文的首创者也是陈子昂。傅奕吕才立言重点在排斥宗教迷信,并无意于为古文。陈子昂多作政论,无非是些儒生常谈,缺乏创见,可是他的文辞学西汉人,有意为高标准的古文。傅奕吕才反宗教迷信,陈子昂提高古文水平，形式与内容合起来就成为后来古文运动的轨范。《新唐书》傅吕陈三人同传，是有意义的，《新唐书》承认傅吕陈三人是唐古文运动最先的奠基人。

古文运动在意识形态方面是儒家思想（忠孝）反对天竺佛教的怪僻思想（无父无君），这是运动的主要部分，但还有经济上的原因，佛寺是大地主，大片耕地被寺院用布施或强占的方法取为寺产。官僚、阉宦、军阀本来是大的土地兼并者，又加上了寺院，土地有限，社会上自然要出现一批要土地或要更多土地而得不到满足的士大夫（即地主阶级里官不大势力不大的一批人），他们对寺院不满，支持古文运动来反对佛教。古文运动的倡导者，就是这批士大夫的代表。

唐肃宗、代宗时古文运动比较成熟，作者的代表人物是元结、独孤及和梁肃。

元结，性情倔强，守正不屈，在唐朝士大夫中间是稀有的。他的倔强性不是表现在反对佛教而是在反对当时朝廷以至官吏的贪虐政治。他自称是经术之士，生长在山野，能通达民情，这是可信的自述。唐朝士人投书给达官贵人，总要自炫自媒，甚至连篇谄佞，不以为辱。元结独异于流俗，如《与韦尚书书》，要求韦陟向他询问民情，《与吕相公书》，要求免官退隐，书里说"以身徇名利，齿于奴隶尚可羞，而况士君子也欤"！士大夫群中能知耻并且同情民众，不是秉性正直，谁肯放弃名利。他是复古主义的儒家，因此他有儒家的政治主张，憎恨当前的贪虐政治，有儒家的文学主张，要变革时俗之淫靡。连当世便于做事的服装也认为非好古君子所愿服用，他自造一种所谓愚巾和凡裘，以区别于世俗的衣冠。从形式上说，他那种好古思想，几乎到了顽固的程度，但用在反对贪虐政治和淫靡文学上，却成为可为"万物吐气"（杜甫《同元使君春陵行序》中语）的好官吏好文章。李商隐作《元结文集后序》，说元结"文危苦激切，悲忧酸伤"，抱有这种悯时忧国之心情的士大夫，同时代只有杜甫一人。不过元结所作文章（包括诗）都不免有些偏激，杜甫则气韵醇厚（这里专指杜诗），达到怨而不怒，哀而不伤的传统标准。杜甫以"应须饱经术"为作诗真诀，这同样也是做古文的真诀。元结诗不及杜甫，古文不及韩愈，原因就在于经术不及杜韩二人。不过，在韩愈以前，毅然自绝于流俗，戛戛独造，不蹈袭俗人一句一语，无愧为卓识独立之士，元结应是唐朝古文运动有力的先行者。

独孤及在唐代宗时仕宦渐通显，散播古文影响，主要也在这个时候。独孤及在学术上并无独特的主张，不象元结坚决反对贪虐政治，也不象韩愈一贯反对佛道二教，他做古文只是为了做古文，做什么题说什么话，如作陈留郡《文宣王碑》，便述圣道扬儒风，似乎是个儒者。作《镜智禅师碑》，便演释氏之奥，似乎是个佛教徒。古文运动在唐朝是一种战斗性的运动，战斗目标是反虐政和反佛道二教，特别是佛教祸国殃民，朝廷崇信佛教就是最大的虐政，流毒比任何虐政都不会差一些。独孤及学的是西汉散文，但思想上儒佛混同，意在调和，未能象西汉文士自成一家之言，因之，独孤及古文的成就是中平无奇的。虽然被称为"有唐文宗"（梁肃《毗陵集后序》语），在古文运动中只能居于元结的辅佐地位。

梁肃是崇儒也崇佛的古文作者，他思想偏重佛教，甘心为佛教充当吹鼓手，宣扬宗教毒害。崔恭作《唐右补缺梁肃文集序》，说梁肃是天台大师元浩（一说湛然）之门弟子。梁肃作《毗陵集后序》说"公（独孤及）视肃以友，肃仰公犹师"。崔恭为梁肃文集作序，根本不认梁肃古文渊源出于独孤及，却强调梁肃为宣扬佛教作了最大的努力，所谓"公（梁肃）早从释氏，义理生知，结意为文，志在于此……心在一乘，故叙释氏最为精博"。古文运动始终贯注着反虐政反佛教，也就是贯注着儒学的精神，它有进步意义也就在这一点上。梁肃做古文主要是做对佛教有益的古文，成为崔恭所谓"释氏之鼓吹，诸佛之影响"的那种佛教用具。古文失去儒学精神，即失去斗志，不可能再有发展。谁能设想韩愈不坚决反佛，便能推进古文运动到最高峰呢！

《旧唐书·韩愈传》称"大历贞元之间，文字多尚古学，独孤及梁肃最称渊奥，儒林推重。愈从其徒游，锐意钻仰，欲自振于一代"。刘昫是五代时人，并不熟悉古文流派，给梁肃估价过高了。事实上韩愈大兴古文运动以前，元结为首的古文运动已经显示将有高潮来到。当时推动这个运动最早的人是元德秀。元德秀是元结的从兄，又是元结的师友，元结作《元鲁山墓表》，指出元德秀反时俗的性格十分顽强，元结对他也十分尊信，显然他给元结的影响是深广的。开元天宝间，以文学著名的萧颖士，也与元德秀有师友关系。萧颖士不屈身于权相李林甫，不受永王李璘的诱惑，无愧为元德秀的友人。他宗奉儒学，教授门弟子，闻名的有柳并等十数人，又以推引后进为己任，皇甫冉等数十人，都被称奖成名士。和他并列为友的名士，以李华为最，世号萧李。独孤及作李华《中集序》说"公（李华）之作本乎王道，大抵以五经为泉源"。萧李虽不及元结独孤及一派作者为古文运动的正宗，但还不曾脱离儒家的轨辙。没有儒学反佛道为内容，单凭古文的形式，不能成为有力的运动。《四库提要》说"考唐自贞观以后，文士皆沿六朝之体，经开元天宝，诗格大变，而文格犹袭旧规，元结与独孤及，始奋起湔（音煎jiān）除，萧颖士李华左右之。其后韩愈继起，唐之古文遂蔚然极盛"。《提要》对这些人的评价，是允当的。萧颖士的儿子萧存，也能作古文，与韩会、梁肃等人为友。韩会是韩愈的长兄，韩会死后，妻郑氏抚养韩愈成人。无疑，韩愈在文学上要受韩会的影响。所谓"能为古文业其家"，即继承韩会的家学。韩愈幼年时期又直接为萧存所赏识，当然是赏识韩愈的古文。以上是保存在《新唐书·萧颖士传》中的一些材料，据以推知古文运动是从元德秀提倡儒家德行开始，也就是从反对统治阶级的腐朽开始（见元结《元鲁山墓表》）。元结继起，反贪虐政治，愈益坚决，其余如独孤及萧颖士李华虽然没有元氏兄弟那样旗帜鲜明，但都起着助长的作用。韩愈就在这种渊源和环境下，举起更鲜明的儒学旗帜，负起更艰巨的战斗责任，有了韩愈，古文运动才能在许多方面取得压倒近体文，沉重打击佛教势力的巨大胜利。唐德宗贞元八年，陆贽任主试官，梁肃、王础助陆贽阅试卷，韩愈就在这一科进士及第。韩愈在与祠部陆员外《荐士书》称"梁与王举人如此之当也"，《旧唐书》可能因梁荐韩，推想韩为梁的门人，其实，韩愈的古文与梁肃走着不同的道路。《旧唐书》所说不足为据。

从西晋夏侯湛开始作古文来反对骈体文，经过四百余年的酝酿，到元结独孤及，从细流变为巨流，到韩愈又从巨流变为长江大河。苏轼说"杜诗韩文颜书左史皆集大成者也"。颜书左史是否集大成，这里且不说，杜诗韩文集大成却是无可置疑的事实。韩愈取得集大成的成就，所用方法和杜甫是一样的，即学道、博学、练句（包括练字）三个步骤。杜甫教人学诗"法自儒家有"，"应须饱经术"，韩愈教人学古文，首先要学古圣贤人之道。这个道就是儒家的经术。韩愈《题欧阳生哀辞后》说"愈之为古文，岂独取其句读不类于今者耶！思古人而不得见，学古道则欲兼通其辞，通其辞者，本志乎古道者也"。文学自附于经术,作者的思想感情才有正统的来源,是非喜怒才合乎封建社会的道德标准,刘勰作《文心雕龙》,以《原道篇》冠全书,杜韩论诗文,出发点与刘勰相同,杜韩在文学上获得特殊的成就,根本原因就在于此。韩愈《答张籍书》说"仆自谓得圣人之道而诵之,排前二家有年矣"。自信得到了圣人之道,才会有勇气排斥佛老。杜甫"穷年忧黎元,叹息肠内热",这种深切的爱民思想也是从儒术中得来。当然,杜韩都是儒士,儒士爱民,最后归宿仍在于忠君,即对封建统治阶级所建立的政权效忠,它爱民是为了忠君,如果以为杜韩爱民是以民爱民,那就成为儒民,不是儒士了,但儒民从来不曾有过。韩愈学古文,最推崇司马迁、司马相如、扬雄。司马迁崇尚黄老,相如擅长辞赋,扬雄专事摹拟,至多是个假圣人,这三个西汉文人,都没有什么儒家圣人之道,可是韩愈推崇三人,特别推崇扬雄,说是孔子孟子的继承人。他这样说,显然是指古文的文统,而不是指儒学的道统。学古文不能不求师于《史记》,学辞赋不能不求师于相如,谁也不可以舍弃两司马别求祖师。扬雄主要著作有拟《论语》的《法言》和拟《周易》的《太玄》,韩愈实际推崇的是《法言》。读书必须先精熟一部或几部重要的名著,作为博学群书的基础。韩愈"口不绝吟于六艺之文,手不停披于百家之编",但首先精熟的书是西汉三大文士的著作,犹如杜甫教人学诗,先要"熟精《文选》理"。大抵学诗赋骈文必须从《文选》入手，而学散文必须从《史记》入手。韩愈特别擅长作碑志文，就是得力于《史记》之证。精熟了入手的基础书，然后可以"贪多务得，细大不捐"，韩愈所说"究穷于经传史记百家之说，沈潜乎训义，反复乎句读"，这和杜甫"读书破万卷，下笔如有神"，同样地是教人博学。任何文学的构成，总不能离开造句与练字，《文心雕龙·章句篇》说"夫人之立言，因字而生句，积句而成章，积章而成篇……章之明靡，句无玷也；句之清英，字不妄也"。《练字篇》也说"心既托声于言，言亦寄形于字"。这些话都是很对的。造句用字不适当，犹之形体不正常，决不能说还是美的。韩愈古文，号称起八代（自东汉至隋）之衰，也就是推翻东汉以下相沿成习之骈体文在文学上的统治地位，他完成这个艰巨事业的要诀之一是在于善于造句。《答刘正夫书》说"若圣人之道，不用文则已，用必尚其能者。能者非他，能自树立不因循者是也"。"能自树立不因循"，这是取得成就的一般原则，运用在造句上，就是"惟陈言之务去"（《答李翊书》），辞"必出于己，不袭蹈前人一言一句"（《樊绍述墓志铭》）。韩愈散文气象清新，妙处就在于练字精当。所谓"捶字坚而难移"，是韩愈散文的一个特点，这显然得力于《法言》。《法言》摹拟《论语》，摹拟古圣人语调，最使人厌恶发笑，但扬雄却能化陈腐为新奇，韩愈学得这个造句法，所以诗文中有许多好句被后人沿用成为习惯语。韩愈说造句要"文从字顺各识职"，又说"横空盘硬语，妥帖力排奡"，每个字都安置得妥帖，不能不经过苦思，所谓"戞戞乎其难哉"，就是形容造句不是一件容易事。杜甫也说他自己作诗"语不惊人死不休"，足见要做出好的文章，第一步就得注意造句。

韩愈之所以被公认为古文运动的创始人，而且在一定时间和程度上说来，几乎是空前绝后的成功者。成功的原因首先是韩愈树立发扬儒道，排斥佛老的旗帜，同时期内没有一人象他那样鲜明，也没有一人敢于向佛老作这样坚决的斗争。由于这种斗争，虽然韩愈几乎丧失生命，但他那种"虽灭死万万无恨"的倔强精神，促使古文运动开辟出广阔的前途。韩愈古文众体兼备，下至造句也一字不苟，古文作为一种文体，从此到达完全成熟的境地。《文心雕龙》说，文章凡有八体，八体屡迁，功以学成，这是非常确切的话。韩愈古文，无体不备，就在于他能够虚心学习，吸收古今人之所长。他在《师说》篇里说，"圣人无常师"，又说"弟子不必不如师，师不必贤于弟子，闻道有先后，术业有专攻，如是而已"。道必须学古圣贤人，文章则有师即可学，杜甫诗"不薄今人爱古人"，"转益多师是汝师"，与韩愈《师说》意全合。杜甫诗"恐与齐梁作后尘"，但又"颇学阴何苦用心"，更不用说学"凌云健笔意纵横"的庾信了。韩愈反佛老，诗中却常用《庄子》语，足见他读书并不排除属于老氏的诸书。韩杜在文学上取得伟大的成就，归根说来，只是能够学无常师，有师即学。

古文运动中韩柳并称，主将自然是韩愈，副将才是柳宗元。柳宗元出身世家，少年时期即有高名，善于做近体文，这些都是取大官的条件。他二十一岁进士及第，二十六岁中博学宏词科，授集贤殿正字。在仕途中，是最顺利的进程，这使得他求进之心更加勃发不可抑止。唐顺宗在即位时，已患必死的病症，柳宗元等为王叔文所引用，参与国政。王叔文政治上有些好主张，革去了唐德宗的许多弊政，决不能指为小人，但王叔文一派人在党争中处于必败的地位，是显而易见的。柳宗元既志在取高位，与势必失败的王叔文相结合。《新唐书·柳宗元传》说，"宗元少时嗜进，谓功业可立就，既废，遂不振"。柳宗元被贬后，失志忧愁，怨天尤人，希望有力者荐举他再做朝官。可是，据说朝官们都怕他再得势，没有人肯助他向皇帝说话，因此，他被贬前后十四年，死在柳州刺史任上。他从朝廷权要贬为炎荒地方官，从热衷禄位转到悲观绝望，这些痛苦的遭遇，使得柳宗元内心永远存在着不可解脱的苦恼。他本是近体文高手，在炎荒改作古文，用来发抒忧郁愤闷的心情，他所作古文最好的部分，首先是山水游记。柳文弱点在阴郁畏疑，读之使人不欢。游山水记则是从愉快心情里产生的，虽然也偶尔告哀，因为主要是写山水，告哀气氛不能掩盖一笑的快乐。本来哀怨的发泄，在有些文章里，可以吸引广大读者的同情，例如屈原

《离骚》。柳宗元的哀怨，却只能引起读者较小的同情。韩柳是好友，又互相了解彼此的造诣，柳称韩文"猖狂恣睢，肆意有所作"，所谓猖狂云云，就是韩愈兴儒反佛，理直气壮，表现阳刚爽朗，文章雄伟的气象。柳称"退之所敬者司马迁、扬雄"，这句话把韩愈文章的主要渊源说清楚了。韩称柳宗元文"雄深雅健"。以《天说》为代表的不少篇柳文，韩愈所评是确实的。但柳宗元精神状态很不健康，他在永州（湖南零陵县）《与李建书》里，写出悲伤心情。他说"仆闷即出游，游复多恐，涉野有蝮虺（音复毁fù huǐ）大蜂，仰空视地，寸步劳倦。近水即畏射工沙虱，含怒窃发，中人形影，动成疮痏，时到幽树好石，暂得一笑，已复不乐"。这样的悲观心情，发为文章，给人以阴郁消极的感觉，是很自然的。韩愈诗"一封朝奏九重天，夕贬潮州路八千。欲为圣明除弊事，肯将衰朽惜残年！"柳宗元不可能有这种胸怀。韩柳不同，应该从二人学术宗尚来判断，韩愈宗尚儒学，对佛老特别是对佛教攻击最为坚决。当时佛老盛行，韩愈《答张籍书》里说"今夫二氏之所宗而事之者，下乃公卿辅相"，公卿辅相算是下级信徒，上级信徒当然是帝王后妃大阉等人，人臣得罪了这种人，性命将难保全。韩愈上《论佛骨表》，唐宪宗果然大怒，要杀死韩愈，幸得宰相崔群裴度的营救，才从宽宥贬到潮州。这是为了反佛，甘冒生命危险的勇敢行为。他有名的五原，虽然还不能象宋儒理学那样成为系统的儒家学说，但已为宋儒开辟理学的初源。因此，韩愈推动的古文运动，因主张文以载道而得到成功。韩愈继承了儒家正统学说，即孔孟学说，学孟子之学，思想上难免沾染唯心主义的色彩，不过，他对唯心主义更高度发展的佛学，视之如无物，各种祸福报应之类的骗术，全不置信，被愚人看作绝对神圣的佛骨，要求投诸水火，予以毁灭，这些卓荦的议论，不必因为他在哲学思想上是唯心主义而否认或减轻它的重要意义。韩愈思想分成两截，半截唯心，半截接近唯物。柳宗元《天说篇》指出天地是无知之物，对人不能有赏功罚罪的作用，所以"功者自功，祸者自祸，欲望其赏罚者大谬；呼而怨，欲望其哀且仁者愈大谬"。柳宗元"少时陈力希公侯，许国不复为身谋"，结果是"风波一跌逝万里，壮心瓦解空缧囚"，从本身冤屈的遭遇中，体验到天地无所知。这种体验，韩愈也是有的。他在《孟东野失子诗》里这样说："问天主下人，薄厚胡不均？天曰天地人，由来不相关。吾悬日与月，吾系星与辰，日月相噬啮（音逝聂shì niè），星辰蹜而颠，吾不汝之罪，知非汝由因"。"天地人由来不相关"，一篇《天说》，根本也只是这一句话。柳宗元在《天说》与《答刘禹锡天论》里，分析入微，充分发挥了他的唯物主义思想，得到哲学史上颇高的地位。可是，柳宗元是天台宗的佛教信徒，佞佛与韩愈的反佛，态度完全相反。他深信祸福报应的谎话，以为"其（佛法）拔济尤大，尘飞而灾去，影及而福至"。他"自幼好佛，求其道积三十年"，中佛毒当然很深，这个佛毒并且流注到十岁死去的幼女和娘。和娘得病，说道，佛是我的靠山，我愿给他充当贱役，因而改名佛婢。后来病势加重，要求削发为尼，柳宗元给她改名为初心。做婢做尼，都救不了一死，只显得父女迷信无知，《天说篇》里唯物主义的气味一点也不见了。柳宗元思想也分成两截，半截唯物，半截唯心。佛书说的全是弥天大谎，据说，佛比任何天神地祇，地位都要高出无数倍，什么大梵天王、帝释之类不过是佛的侍从，四大天王不过是佛的奴仆，佛既有如此大威力，希望从佛那里得到灾去福至的报应，在穷而无告的柳宗元看来，这似乎是一种好的希望。柳宗元文学上的才力并不比韩愈差，成就却有高下之分，由于韩愈崇儒学反佛老，主张是明显的，态度是坚定的，因之他的古文不只是文体的改革，而是一种学术思想的斗争，到了宋朝，群儒起而响应，其道大行，韩愈遂成为古文和理学的不祧之祖。柳宗元崇尚佛教，又不敢公然反儒，在《送僧浩初序》一文中，显出他左右支绌，无法自立其说。序文说"儒者韩退之责余不斥浮图"，接着为自己作辩解说，"浮图往往与《易》《论语》合，不与孔子异道。浮图反不及庄墨申韩之怪僻险贼邪！"所谓与《易》《论语》合，大概是指《易经》多载神鬼怪语，《论语》多讲孝道。说到孝道，是儒刺佛要害的利刃，佛徒往往被迫认输，后来佛徒拿出所谓《盂兰盆经》，举目连救母为例，又有些僧徒举出佛抬过父亲净饭王的棺材为例，证明佛教也讲孝道，甚至说"佛身尊贵因何得？根本曾行孝顺来"。佛教极重出家，为的是要割断世俗因缘，免得从因生果，再堕轮回，不得涅槃。佛教必须破我执，把"我"看作十分不净的可厌之物，第一种不净是种子不净，《智度论》说"是身种不净，非由妙宝物，不从白净生，但从秽道出"。这和儒家"哀哀父母，生我劬劳"恰恰相反，怎么佛教也可以谈孝呢！显然佛教强调孝道，是对儒家表示屈服，以求生存，并非佛教本义如此。柳宗元说"释之书有《大报恩》十篇，咸言由孝而极其业，世之荡诞慢詑者，虽为其道而好违其书，于元暠师吾见其不违且与儒合也"。所谓《大报恩》十篇，无非是《佛说父母恩难报经》之类，用以迎合儒家，也用以抵御攻击的应急工具。《敦煌变文》残卷中有《父母恩重经讲经文》、《目连救母变文》、《二十四孝押座文》、《孝子传》。佛徒宣扬孝道，大背佛教的教旨，对照天竺原来佛教，已是面目全非。照天竺的说法，一个人只要出家为僧，便自以为是三宝之一，是天、人师，只能受别人（包括君主父母）的礼拜。自东晋至唐，僧尼应否受父母礼拜，是个重大的争论，僧徒以释子、佛子自命，尊贵无比，拒绝拜俗人，决不作任何让步。儒佛斗争，儒常处劣势，自禅宗南宗（汉化或玄学化的佛教）大兴，天竺式的佛教，处境甚为狼狈，为求自保，不得不向儒家屈服，也讲起孝道来。儒家以无后为大不孝，而僧徒娶妻生子是犯大戒律。儒家以事亲为大事，要求子必养父母，而僧徒严禁从事农耕，以为杀害虫蚁必入地狱受大苦。这种人游手好闲，不事生产，只知道张口伸手消耗别人的生产品，这正是孟子所说"惰其四肢，不顾父母之养"的"一不孝也"。所以佛徒谈孝，仅仅是儒佛斗争，佛转劣势的一种标帜，别无其他意义。韩柳所处时势，尽管形式上佛教势力还是盛大，甚至出现了密宗"即身成佛"的方便修行法(但还比不上禅宗南宗的"即心是佛"，更为方便)，这种出售成佛方便法的竞卖，与僧徒谈孝同是说明佛处于败势。韩愈顺着儒学方兴的胜势，柳宗元沿着佛教将败的颓波。文章高下决定于作者的思想和气势，韩愈崇儒学，势顺而气壮，柳宗元信佛教，势逆而气衰。韩柳古文成就的高下，取决于二人学术的不同，以古文技巧来说，韩文畅通，柳文精密，二人是难分高下的。

韩愈敢为人师，传道授业，扩大古文运动。他在《与孟尚书书》里说得很清楚，为了排斥佛老，有意培养一批后继的战士。他说"籍(张籍)湜(皇甫湜)虽屡指教，不知果能不叛去否"？实际上韩愈古文的继承人，不是籍湜辈而是他的侄婿李翱。李翱作《复性书》三篇，比韩愈《原性》似乎深入了一些。韩愈拒绝读佛经，不能吸取佛徒谈性之所长来补助儒家心性之学说。李翱曾向药山惟俨禅师问道，这可能是佛徒造谣，但李翱谈性，想要比韩愈再前进一步，向佛徒取材也是可能的。大凡与敌对学派论战，必须先熟习对方的学说要

348

旨何在，才能对的放矢。惟独与佛教（其他宗教也一样）论战，不必多读佛书，因为佛教要旨不外是免祸造福，因果报应，轮回不死这一类扯谎，对着这些谎话进行猛攻，就是有力的论战。韩愈不读佛书，攻佛很成功，但儒家想建立儒学的心性说，却须向禅宗南宗借取材料。禅宗南宗创始人慧能"教人始以性善，终以性善，不假耘锄，本其静矣"（静即天性，《礼记·乐记》"人生而静，天之性也"）。性善、人生而静，二说都与儒学相合，儒吸取禅学，途径是方便的。这一门径，为李翱所开出，又为宋儒所扩大，从此儒学（理学）大兴而佛成为儒的附庸，佛徒谈性不再敢违儒而自立怪说。欧阳修不称韩柳而称韩李，从道统说来，并不是没有理由。

韩柳以后，韩氏弟子李翱、皇甫湜等都以古文名家。柳宗元不敢公然为人师，又提不出自己所主张的道，经柳宗元指教的进士，虽然为数不少，却不见有名的古文作者。韩愈一派作者相继而起，最著的有杜牧孙樵皮日休陆龟蒙等人。杜牧在唐文宗时进士及第，是有很大才识的作者，他善于谈政治和兵事，他的名篇《罪言》，可以比美西汉人贾山的《至言》。但他更重要的文篇是《杭州新造南亭子记》，这是一篇揭露佛徒罪恶非常透彻的大著作，说服力比韩愈《论佛骨表》更强有力。稍后有孙樵，在唐宣宗时进士及第。孙樵叙述他的文统，说，"樵尝得为文真诀于来无择，来无择得之于皇甫持正（湜），皇甫持正得之于韩吏部退之"。孙樵是韩愈的三传弟子，反佛的旗帜还很明显，他的成就也就在反对佛教上。他的《与李谏议行方书》及《复佛寺奏》，指出"生民之大蠹无过于群髡"（僧尼），但唐宣宗兴佛的决心决不可动摇。唐宣宗为诸王时，被唐文宗唐武宗猜忌，备受压迫，他在危境中求救援，自然是向着那个被称为法力无边的佛求救。因为佛被佛经说成是一个最大的贪污犯，世俗人犯任何大罪，遭任何困难，只要许下最大的愿心，提供大量的供养（贿赂），一切灾祸困难都可以免除，而且还可以得大福。唐武宗废佛，正是唐宣宗向佛献媚求福的机会，后来果然做了皇帝，赶快恢复佛寺，再度僧尼，算是酬谢佛恩，尽管孙樵说理十分明白，唐宣宗中佛毒昏迷，不可能从昏迷中醒悟过来。皮日休在唐懿宗时登进士第，他的文集里有《请孟子为学科文》及《请韩文公配飨书》两篇，凡是反佛的人，总多少有些忧国爱民的思想，皮日休在农民起义的大潮流中，放弃统治阶级的偏见，参加起义，是孟韩学派可能有的结果。陆龟蒙与皮日休同时，二人作诗唱和，是意气相投的好友。陆龟蒙隐居不仕，专事著作，撰《耒耜经》一卷，记犁的形制特详，士人肯留心农具，是不可多得的有心人。他写散文多是小品，《唐文粹》选有《蠹化》、《蟹志》两篇，寓讥刺之意，颇近乎柳宗元的小品文。古文运动到唐末，还有皮日休、陆龟蒙二人，也可以说继嗣有人了。

古文运动向两个目标发展着。第一个是攻击近体文,夺取近体文的阵地。朝廷颁下的制诏,臣下奏进的表状,照例都用近体文,经过古文运动,朝廷制诏仍顽固地保存旧形制,表状被韩柳攻破了。表状用东汉式的骈体代替唐朝通行的四六文。柳表状文中还偶有一二联四六句,韩文中则极少见,韩古文提炼得比柳文更纯些。至于论说碑志记序等文体,韩全用古文,排斥近体文不让留一点踪影。柳有时仍用近体文,不象韩那样严格。韩柳在攻击近体文上都立有大功,而韩的功绩尤大。第二个是赋古文以儒学的内容,攻击佛老,夺取精神界的阵地。为实现这一目标,韩愈表现了巨大的战斗勇气,佛教也确实从此趋于衰落。古文与儒学结合,儒学与佛老斗争,因而有广阔的前途,古文作为载道之器,依附儒学,同样得到广阔的前途。韩愈和他同派的古文作者,顺着这个趋势,也就在文化史上得到卓越的地位。柳宗元想在儒佛之间做个调和派,没有顺着这个趋势。以文相比,固然与韩愈功力相敌,难分高下,但以道相比,成就上不能不处于较韩为次的位置。

韩柳二人推动古文运动达最高峰,犹之李杜二人推动唐诗达最高峰,唐朝文化史内容至为丰富,值得大书特书的事情,却无过于韩柳李杜四人的文学活动,古文运动在语言上是要使用较近口头语言(当然,距离口头语言还是很远)来代替骈四俪六废话成堆的近体文,这是进步的。在思想上是依据汉民族传统的封建学说——儒学来排斥天竺传来满口撒谎、怪僻险贼、以地狱受苦相威胁、以享受极乐相诱惑的佛教，李节《送潭州道林疏言禅师太原取经诗序》里明白指出"俗既病矣，人既愁矣，不有释氏使安其分，勇者将奋而思斗，智者将静而思谋，则阡陌之人（农民）将纷纷而群起矣"。佛教因果报应之说是农民起义的思想障碍，儒者攻佛，虽然决不是赞成农民起义，但客观上起着破除佛教思想障碍的作用，也就应该承认攻佛的必要性。生在隋唐时期，坐视佛教广泛流毒，无动于衷的人，非贪人败类，即毫无心肝，形同木石。古文运动具备反佛的性格，就是挺身而出，为民除害的性格，所以值得珍视。

古文运动的巨大作用，上文已经说了，这里还得说明古文运动还促进了传奇小说与俗讲变文的新发展。

唐德宗唐宪宗统治时期，即韩愈及柳宗元倡导古文时期，传奇小说随着古文的盛行，也在文苑中开辟自己的途径。韩愈作《毛颖传》，完全出于虚构，文士为之震惊。张籍在韩门被当作传道的学徒，张籍《与韩愈书》，责备韩愈的行为不合圣人之道。所谓不合就是指韩愈喜作驳杂无实之文，又喜为博塞之戏与人竞财。驳杂无实之文即《毛颖传》一类的小说文。韩愈提倡圣人之道，他的门徒如张籍等人便沾染迂腐气，有似宋儒程朱派道学家。其实韩愈行圣人之道，在于他敢冒死罪，依儒学攻击佛老，攻击不合所谓圣道的异端邪说，就是合乎圣人之道，至于博塞，只要不是专为竞财，也并不害道。韩愈《答张籍书》里自辩说"吾子又讥吾与人为无实驳杂之说，此吾所以为戏耳，比之酒色不有间乎"。韩愈不必好酒色，好声色却是事实。《听颖师弹琴》诗，可知他深知琴趣。张籍《哭退之》诗"为出二侍女，合弹琵琶筝"。爱好声色并不害圣人之道，不过因为好声色，以至服硫黄而死，那就害身又害道了。柳宗元集中有一篇《读韩愈所著毛颖传后题》，篇里说"有来南者时言韩愈为《毛颖传》，不能举其辞而独大笑以为怪"。又《与杨诲之书》云："足下所持韩生《毛颖传》来，仆甚奇其书，恐世人非之，今作数百言，知前圣不必罪俳也"。《毛颖传》，有些人"不能举其辞而独大笑"，文章说的是什么，还举不出来，便独自大笑，这不是庸夫俗子是什么！有些人如杨诲之拿着《毛颖传》抄本送给远处人看，这也是柳宗元恐世人非之的世俗人。《毛颖传》影响之大，可以从庸俗人的大惊小怪中看出来。柳宗元抬出前圣不必罪俳，作数百言来替韩愈辩护，这也说明庸俗人惊怪失常，不得不出而声辩。从传道的张籍到独自大笑的庸夫俗子，都反对韩愈用古文体作小说，足见韩愈是唐朝小说文的有力提倡者，不然，不会引起世俗人这样的少见多怪。李汉《昌黎先生集序》说"时人始而惊，中而笑且排，先生益坚，终而翕然随以定。呜呼！先生于文摧陷廓清之功，比于武事，可谓雄伟不常者矣"。凡是有新创造，必然要遭受庸夫俗子的惊怪和笑且排，李汉所说韩愈的坚决态度，就是对付庸俗人最正确的态度。

以古文体作小说，虽然不是韩愈首创，但经韩柳二名公的提倡，近体文的小说不免失色退避。韩愈所作《圬（音污wū）者王承福传》，柳宗元所作《种树郭橐驼传》，比不上《毛颖传》的完全出于虚构，但文中议论，无疑是作者所幻设。至于柳宗元作《河间传》，拟《毛颖传》而虚构的程度更高，几乎类似《水浒传》描写潘巧云、潘金莲的事情。韩愈作《毛颖传》是用以戏谑，《河间》则是柳用以对某些人发泄怨恨。韩柳古文名家都做小说文，影响当然很大，前时惊而笑且排的人，有些也就翕然随以定，学着做古文小说了。唐时士人求进士第，带着自己诗赋的选本，写成一卷，称为行卷，投献当世显达，过几天再投献新卷，称为温卷，提醒显达，免被遗忘。如果得到显达的赏识，替士人向主试官揄扬，及第的可能就增大，第二次投卷，为引起显达的兴趣，往往取材新奇，篇幅不大，使显达容易看完。唐朝留下大量短篇小说，如牛僧孺爱看志怪的小说，士人迎合其所好，投献行卷，题材多取鬼怪事，编起来成《幽怪录》一书。宋初编纂《太平广记》五百卷，其中很多采自唐人小说。小说所叙述的故事，由作者随意幻设，不必顾及事实，可以显出作者的史才、诗笔和议论，小说与科举发生联系，这就日趋发达，不再是被人攻击的驳杂无实之说了。

传奇文叙述奇人奇事，也是古文的一种副产品，与小说为同类。鲁迅《中国小说史略》说"传奇者流，源盖出于志怪，然施之藻绘，扩其波澜，故所成就乃特异，其间虽亦或托讽谕以纾牢愁，谈祸福以寓惩劝，而大归则究在文彩与意想，与昔之传鬼神明因果而外无他意者，甚异其趣矣"。传奇文大抵写男女相悦之事，情节委曲，哀感动人，元明人多本其事作杂剧或传奇。唐传奇中的奇人奇事发展成为元人杂剧和明人南曲，可称愈变愈高，追溯起源，还得归功于唐朝的古文运动。传奇的作者虽多，最著名的作者要推元稹和李公佐二人，影响最大的作品要算元稹所作《莺莺传》和李朝威所作《柳毅传》。

大小佛寺是大小秃头地主作恶的巢穴，寺主戴着慈悲的假面具，对劳动民众实行最残酷的剥削。就韩愈时期来说，统治阶级以唐宪宗为代表的大部分，为了求福免灾，不惜祸国殃民，这类人叫做佞佛的愚夫愚妇；佛教发达就是仰仗这部分愚人的支持。以韩愈为代表的小部分，是无所畏惧的反佛豪杰。劳动民众与统治阶级相反，小部分佞佛，大部分反佛，至少是反佛寺的。唐武宗下诏灭佛，派四个御史分行天下去督察，御史的驿马还没有出潼关，天下寺院连屋基都已经犁平了。这当然不是州县官都有韩愈的识见，而是天下大部分百姓厌恶佛寺已到极点，一有诏书，便动手拆毁剿灭。韩愈反佛多年，死后，唐文宗唐武宗相继反佛，反佛势力在韩愈倡导下，统治阶级也有一部分起来响应，足见古文运动对佛教起着重大的打击作用。佛教要保存巳得的利益，必然设法反抗。韩愈用比较接近口语的古文宣扬儒学反对佛教，佛教徒用更接近口语的俗讲变文，来争取广大信徒保护佛教。

佛教从来就利用呗赞，不过专用来警醒僧徒夜深想睡眠，未曾写成通俗文辞作传教手段。唐高宗时，道世撰《法苑珠林》一百篇（书成于六六八年，唐高宗总章元年），其中呗赞篇并无俗讲名目，大概佛徒感到古文运动的压力，改良呗赞，变成有说有唱的话本，"说"用的是散文，"唱"自然用的是韵文，唱韵文时还用音乐伴唱，这也是天竺传来的老办法，变文唱辞上往往注有"平"、"侧"、"断"等字，可能是指音乐的平调、侧调或断金调。

韩愈古诗有《华山女》一篇，写佛道两教斗俗讲的情形，诗里先说"街东街西讲佛经，撞钟吹螺闹宫庭，广张罪福资诱胁，听众狎恰排浮萍"。佛徒讲的很成功。"黄衣道士亦讲说，座下寥落如明星"，显然道士失败了。华山女儿生有"白咽红颊长眉青"的一副好容貌，她升座演法（当然用道教话本），听讲佛经的人都跑过来，众寺人迹扫除绝，道观却出现"观中人满坐观外，后至无地无由听"的盛况。一个年轻女儿就可以驱散众寺听众，足见佛教的根基也不过如此。佛教要在儒道两种压力下，谋求生存，必须不断提高俗讲技术。要吸引听众，除了一部分专为宣扬佛教，此外还加讲劝孝以及民间传说和历史故事如秋胡、伍子胥、王陵、季布、王昭君、张义潮、张惟深等等变文，佛教特长之一是善于扯无边的大谎，这其中含有丰富的想象力。两卷本的《维摩诘经》可以敷衍成为数十万言的《维摩变文》，驾空腾说，蔓延而有头绪，这套技术在传统的中国文学中是较为缺乏的。这给后来创造话本和白话小说等多种新文体以根本的启示，应该承认佛教的俗讲变文对中国文学发展的贡献。

变的意思是变原样，依照佛经所说，作成绘画的形状，叫做变相。如唐玄宗时（七三六年）吴道玄于景公寺画地狱变，京城人很多去参观，都吓得不敢吃肉饮酒，市上肉店酒店没有生意可做，只好关门歇业。这幅地狱变一定比佛经描写的地狱更可怕万分，否则不会使人看了不敢吃肉饮酒。吴道玄在佛经所说的基础上，再加上自己的想象，画出许多残忍的酷刑，把佛经的原样变了。变文也是一样，例如《维摩诘经》原只两卷，变成变文，多至数十万字，比原文加增三四十倍，这其中必然要加入俗讲僧自己想象出来的话。唐文宗时有一个最著名的俗讲僧，名叫文溆（音序xù），唐人记载他的俗讲说"释徒苟知真理及文义稍精，亦甚嗤鄙之"。意思是说为了适合俗听，佛经原样变得太大了，不为保守的佛教徒所赞许。文溆进行俗讲活动二十余年，几次被流放，几次被召回，说明有些佛徒憎恶他变佛经原样过大，有些人喜爱他的演唱宛畅悦耳。唐文宗采取文溆唱曲的声调，制成新曲，号《文溆子》。这就可以想见俗讲的影响很大，只要去掉佛教的内容，在文学上便有发展的前途。

在唐朝文苑里，诗的成就是巨大的，但不可忽视古文运动更巨大的成就。诗的境界经唐人开发，几乎无新境可辟，唐末五代以至两宋，只能在词的方面开辟新境。古文却不然，古文经韩柳制作，虽达高峰，但境界未辟；宋明各家直到清末报刊所用半文半白的文体，也算是古文的一种新境界。"五四"运动以后，语体文兴，才结束了古文的命运。这还只是指古文本身而言。古文更大的作用，是在建立新儒学，使士人摆脱佛教思想的束缚。宋明两朝理学的广阔境界，由唐古文运动的主要推动者韩愈率先启行，这在诗人中是无与为比的。古文直接产生小说传奇，即短篇小说，又迫使佛教徒进行俗讲活动，产生俗讲变文。短篇小说与俗讲变文开出宋以后文学的新境界，诸如诸宫调、宝卷、弹词、说话、戏曲、演义（章回小说）等等，追溯远源，无不与唐古文运动有密切关系。不能因为语体文兴，古文已经被逐出文学的历史舞台，连它曾在驱逐近体文那场斗争中所起的重要作用也否认了，那是非历史主义的。

第七节　唐朝的史学、科学、艺术

唐朝的文学，有如百花怒放；学术与艺术，也呈现着一片繁荣的景象。下面，对唐代的史学、地理学、科学（天文、历法、算学、医药学）、美术（书法、绘画、雕塑、石窟艺术）、音乐舞蹈，作一些介绍。

一　史　学

五代史——武德中，唐高祖采纳令狐德棻的建议，诏修魏、梁、陈、北齐、北周、隋诸史。历时数年，未能成书。贞观三年，唐太宗再下诏修撰。至贞观十年，梁、陈、北齐、北周、隋五史俱成（魏史先有魏收、魏澹二家，已甚详备，无需再修），合称《五代纪传》，共二百二十五卷。贞观十七年，唐太宗又下诏修《五代史志》，至唐高宗显庆元年成书，共三十卷。

《五代纪传》的修撰，分为两种情况：一种是子继父业，如《梁书》、《陈书》是由姚思廉续成其父姚察的遗稿，《北齐书》是由李百药续成其父李德林的遗稿。另一种是朝廷命官共撰，如《北周书》由令狐德棻、岑文本、崔仁师等共撰，《隋书》由魏征、颜师古、孔颖达、敬播等共撰。《五代史志》也是由令狐德棻、于志宁、李淳风、韦安仁、李延寿等集体修撰的。这是初唐官修史书的成功经验。

李延寿又独撰《南史》、《北史》。《南史》为宋、齐、梁、陈四代，《北史》为魏、北齐、北周、隋四代。《南史》《北史》虽属私撰，却是在官修《五代纪传》的基础上进行的。《南史》、《北史》共一百八十卷，其特点（也是优点）在前后通贯。自两宋以后，《南史》、《北史》风行，而原来的八种断代史俱微，以至于阙佚。今本《宋书》、《魏书》、《北齐书》、《周书》的阙卷，多取《南史》、《北史》补充。

《晋书》——晋史撰述，前代已有多家。初唐决定重修。贞观十八年着手，至二十年书成，共一百三十卷。太宗自撰宣帝、武帝、陆机、王羲之四论，于是总题为"御撰"。新《晋书》既总结了前代人的成果（以臧荣绪《晋书》为主，并参考其他各家），又集中了当时人的特长（例如：《天文》、《律历》、《五行》三志，以深明星历的李淳风主修），堪称初唐官修史书的代表作。自新《晋书》颁行，原来的十九家晋史皆废。

官修史书显示出朝廷对史书编纂工作的控制越来越严，但也起了好的作用。自唐以后，每一新建立的朝代，照例要为前朝修史，我国各封建朝廷的"正史"，得以连续不断，从而保存了大致完整的史料。

唐代还有两部重要的史学著作。

刘知几《史通》——《史通》成书于唐中宗景龙四年，刘知几时年五十岁。他十七岁前，已遍读群史。四十二岁后，在史馆工作。积累了丰富的历史知识和修史经验，才能写成这部著名的史学著作。

刘知几推崇《文心雕龙》，自谓已能融会贯通，得其要领。《史通》一书，即根据《文心雕龙·史传篇》的要旨,详加发挥,唐以前的全部史书,都受到审判,成为我国第一部有系统的史学评论。

礼部尚书郑惟忠曾问刘知几:为何自古文士多而史才少?他回答说:史有三长:才(技术)、学(资料)、识(观点),缺一不可。有学无才,好似愚拙的商人,拥有大批资金,但不能营运生利;有才无学,则如巧匠而无木材和工具,建筑不成房屋。至于史识,他更着重指出:必须秉心正直,善恶必书,使骄主贼臣,知所畏惧。当然,他所谓善恶,不过是封建主义的道德标准,所谓秉心正直,无非是地主阶级所认为的正直。刘知几着重指出的史识,不能不是受阶级局限的见识,史学者要获得正确的史识,除了认真学习辩证唯物主义和历史唯物主义,别无其他途径,想从《史通》等书中获得史识是不可能的。

《史通》论修史,以直笔为中心思想。不仅有《直书篇》、《曲笔篇》,从正反两面,详加论述,其他各篇中,也贯穿着直笔的论点。什么是直笔?《史通·杂说篇》下有一个扼要的解说:"夫所谓直笔者,不掩恶,不虚美,书之有益于褒贬,不书无损于劝诫。"意思是说,凡是有关褒贬劝诫的史事,不管事主是谁,都应该据实直书。怎样才能做到直笔?综括《史通》所述,约有四端:不畏强暴(史德),分清邪正是非(史识),鉴别史料真伪(史学),不为浮词妄饰(史才)。

直笔,是我国史家的传统。这个传统,从孔子修

《春秋》开始，历代相传，到刘知几撰《史通》，予以总结。《史通》在颂扬《春秋》"别是非，申黜陟"（《载文篇》）的同时，指出《春秋》有五虚美、十二未喻（《惑经篇》），认为孔子亲手笔削的《春秋》，也并未做到标准的直笔。《史通》以直笔为评价古今史家的标准，凡是符合这个标准的，热烈表彰；不符合这个标准的，严厉批评，褒贬极为分明。这样，大大发扬了直笔的传统，对后世产生深远的影响。例如，清初文士因私修明史，而遭杀戮者，即有多人。这些史家，为了保存比较真实的明朝史事，为了抵制清朝对明史的歪曲篡改，不畏强暴，置生命于不顾，这说明中国史学确实存在着直笔的传统。

杜佑《通典》——唐代宗大历间，杜佑为淮南节度使从事时，得刘秩《政典》，以为条目未尽，开始编纂《通典》，至唐德宗贞元十七年，为淮南节度使时，方成书二百卷，用了三十余年的工夫。历任中央和地方行政财政官吏的杜佑，具有丰富的政治经验和理财经验，对典章制度也很熟悉。正因具备这种条件，才能写成《通典》一书。《政典》只有三十五卷，以"《周礼》六官所职"分门编撰，杜佑扩充了五六倍，等于创作，《通典》成而《政典》废。

《通典》之作，虽源于"正史"的书、志，但矫正了"正史"断代之不便。本书所载，上自黄帝，下迄天宝，肃代以后的重要因革，亦附载于注中，是我国第一部专门论述典章制度的通史，为史学开辟了新途径。尔后发展为三通、十通，蔚为大观。但《通典》一书的价值，还不止于此。

杜佑生活在由盛而衰的中唐，"以富国安人之术为己任"。他考究历代沿革，编纂《通典》，是为了寻求解决当时政治经济问题的方案。《通典》计分九门，以《食货》为首，理由是："教化之本，在乎足衣食。"杜佑以前，没有一个史家这样重视过食货，这不能不说是他的卓识。《食货门》又分若干细目，以《田制》为首，杜佑说："详今日之宜，酌晋隋故事，版图可增其倍，征缮自减其半，赋既均一，人知税轻，免流离之患，益农桑之业，安人济用，莫过于斯矣。"这是《通典·食货门》中一段重要的史论，也是杜佑针对时弊所提出的一条重要的理财意见。

杜佑反对"滞儒常情，非今是古"（《通典·礼》）。他并不是隐讳时政的弊病，但认为复古不能解决问题，主张："随时立制，遇事变通"（《职官》）；"随时拯弊，因物利用"（《边防》）。所以李翰称赞他"师古在乎随时"。

《通典》卷帙浩繁，杜佑辑录其要点，成《理（治）道要诀》，以便观览。朱熹说："是一个非古是今之书。"《通典》的精华就是"理道"的"要诀"，足见杜佑研究历史，不是好古，而是为了今用。这种治学精神是可贵的。

此外，唐德宗时，苏冕编次唐高祖以后九朝事为《会要》。唐宣宗时杨绍复等续编唐德宗以后七朝事为《续会要》（王溥的《唐会要》，即据此二书，补充唐宣宗以后事而成）。苏冕开创"会要"的体裁，不为无功；但《会要》只罗列史实而缺乏见解，远不能与《通典》相比拟。

二　地　理　学

隋朝统一南北后，地理学有了新作品。大业中，普令全国各郡，条上其风俗、物产、地图，朝廷据以综合而成《诸郡物产土俗记》、《区宇图志》、《诸州图经集》等书。唐朝进一步规定：全国各州、府，每三年（一度改为五年）一造图经，送尚书省兵部职方。《十道图》、《十道录》（《十道要略》）就是各地图经的综合。由于各地定期造送图经，中央政府就能比较及时地掌握全国的新情况，有助于加强中央集权和巩固统一。见于著录的《十道图》、《十道录》有多种，可见是每隔一定时期，就综合制作一次，这当然是为了适应当时政治上的需要。

唐朝与周围各国，交往频繁。外国使者来唐时，鸿胪寺讯其国之山川、风土，以至容貌、衣服，绘为图画。唐朝使者至外国时，每有行记之作（如王玄策《中天竺国行记》等）。可见唐人对外国地理知识也是相当重视的。

唐代的地理学家，以贾耽、李吉甫为最有成就。

贾耽——唐代宗大历时，任鸿胪卿，因而有机会熟悉外国地理。唐德宗贞元时，升任宰相，更能看到全国各地的图经。自吐蕃占据陇右，唐朝退守内地，旧时镇戍，不可复知。贾耽乃画《关中陇右及山南九州等图》一轴，并撰《关中陇右山南九州别录》六卷、《吐蕃黄河录》四卷（合称《通录》）进呈。图中，"歧路之侦候交通，军镇之备御冲要，莫不匠意就实，依稀象真"，以备国家军事参考。

贞元十七年，贾耽又绘《海内华夷图》一幅，撰《古今郡国县道四夷述》四十卷进呈。《古今述》卷帙较多，观览费时，贾耽"又提其要会，切于今日"，为《贞元十道录》四卷。《华夷图》广三丈，纵三丈三尺，率以一寸折成百里。在绘图方法上，贾耽继承裴秀的"六体"（分率、准望、道里、高下、方邪、迂直），而又区别古今。"古郡国题以墨，今州县题以朱"，这个新创造应归功于贾耽。今西安碑林所藏伪齐（刘豫）阜昌七年（一一三七年）上石的《华夷图》，刻着"唐贾魏公《图》所载凡数百余国，今取其著闻者载之"等语，当是参考贾耽《华夷图》缩绘。

李吉甫——唐宪宗元和时，两任宰相。根据他的政治经验，以为"成当今之务，树将来之势"，没有比版图、地理更为切要，故先后撰进《元和国计簿》十卷、《元和郡县图志》四十二卷，以求有助于当时封建统治的稳定。《元和国计簿》是李吉甫与史官等辑录当时户赋兵籍而成，《元和郡县图志》当亦成于众手，而由李吉甫裁定。此书系元和八年所上，但书中更置宥州一条，乃元

365

和九年事，是书成之后又补充进去的。李吉甫批评"搜古而略今"的地理书籍，"莫切根要"，《元和郡县图志》注重现实问题，十分明显。

初唐魏王李泰的《括地志》，有志无图，不能算完备。贾耽则有图有说，图说并行——《九州图》与《通录》并行，《华夷图》与《古今述》并行。李吉甫《元和郡县图志》是图志合一，图在志前。后世官修方志，皆遵照李吉甫的体例，"虽递相损益，无能出其范围。"

释玄奘的《大唐西域记》，是记载外国地理的名著。《西域记》内容丰富，在晋释法显《佛国记》、魏释惠生《使西域记》之上。惠生仅至北天竺，法显仅至西、中、东三天竺，唯玄奘遍历五天竺，前后十七年之久。《西域记》共记一百三十八国，书行者（根据亲身巡游）一百一十国，书至者（根据传闻）二十八国。玄奘生动地描述出一个个国家的面貌，使读者如身历其境。《西域记》的缺点是"侈陈灵异"。《新唐书·艺文志》置此书于《道家类·释氏》，而不列入《地理类》。其实，剔除其中宣传宗教迷信的糟粕，尚不失为记载古代中外交通以及中亚、天竺一带历史地理的重要文献。

三 科 学

天 文

浑天仪是我国古代研究天文的唯一测器。自汉以后，天文学家皆以制造浑天仪为其首要任务，技术不断地进步。唐贞观七年，李淳风用铜造浑天仪，表里三层：最外层是六合仪，中间是三辰仪，最内层是四游仪。"下据准基，状如十字。末树鳖足，以张四表。"在此以前，浑天仪只含有相当于四游仪和六合仪的部分，没有三辰仪的部分。浑天仪用三层，是从李淳风开始的。于是黄道经纬、赤道经纬、地平经纬都能测定，时称其妙。

开元十一年，释一行和梁令瓒共同造黄道游仪（先以木试制，后改铸以铜铁），用以观测日、月运动，并测量星宿的经纬度。从汉以来，人们一直错误地认为，太阳在黄道上的运动速度，均匀不变。一行经过观察，发现太阳在冬至时速度最快，以后渐慢，到春分速度平，夏至最慢，夏至后则相反。这是比较接近天文实际的。

一行又发现当时的星宿位置，与古代不同。不仅是赤道上的位置和距极度数，因岁差关系而有差异，即黄道上的位置，也是不同的。清齐召南说："自古皆谓恒星随天不移，西法始谓恒星亦自移动，其说甚确，一行以铜仪测验，即知古今不符，已开西法之先。"

在制造黄道游仪的同时，一行又造"复矩图"，发起实测九州晷影和北极高度，以定各地食分的多寡和南北昼夜的长短。南宫说测量得出：地差三五一里八〇步（唐代长度），北极高度相差一度。这个数字虽不够精确，却是世界上第一次测量子午线的长度。

历　法

　　唐朝二百八十九年中，历法变更了十次，《旧唐书·历志》"但取《戊寅》、《麟德》、《大衍》三历法"，这确是三部有价值的历法。

　　《戊寅历》——道士傅仁均所造，于武德二年颁行。我国古代历家推步合朔有二法：一、平朔，自前朔至后朔，中积二十九日五十三刻有奇。二、定朔，用日、月的实际运行，来定合朔的日期。如日行盈，月行迟，则日月相合必在平朔之后；日行缩，月行疾，则日月相合必在平朔之前。求得平朔，用盈、缩、迟、疾之差数来加减。定朔比平朔精密。唐朝以前的历法，均用平朔，大抵一大月一小月相间。《戊寅历》废平朔，用定朔，是我国历法史上的重大改革。

　　《麟德历》——贞观十九年九月以后，连续四个大月，反对用定朔的历家，认为这不是平常应有的现象，又改用平朔。高宗时，李淳风造新历，于麟德二年颁行，名《麟德历》。《麟德历》再用定朔，但立进朔迁就之法，即改变当时小数点进位的方法，以避免连续四个大月的现象。反对用定朔的历家，从此失去了借口。

　　《麟德历》还有一项改进。它废去章（以十九年七闰月为一章）蔀（四章为一蔀）纪（二十蔀为一纪）元（三纪为一元）的方法，立总法以为推算的基础。运算省约，胜于古人。历家遵用，沿及宋元。

《大衍历》——开元九年，因《麟德历》所推算的日食不效，玄宗命释一行重造新历。一行全面研究过我国历法的结构，并且参考过天竺的历法，吸收其中某些精华，是唐朝最杰出的历家。开元十五年《大衍历》草成。《大衍历》共分七篇：一，步中朔（计算平朔望、平气）；二，步发敛术（计算七十二候）；三，步日躔术（计算每天太阳的位置和运动）；四，步月离术（计算月亮的位置和运动）；五，步轨漏（计算每天见到的天空星象和昼夜时刻）；六，步交会术（计算日月食）；七，步五星术（计算五大行星的位置和运动）。在一行以前，历家编写历法，格式不一。自有《大衍历》以后，历家均遵循其格式，直至明末采用西洋法编历时，始有所改变。《大衍历》在我国历法史上的重要地位，于此可见。

一行迷信汉代的《易经》象数说及阴阳五行说。《大衍历》依靠"《易》著"之数作为立法的根据，又牵合"爻象"以显示立数的有据。当时保守势力占优势，一行历法有许多创见，如果不依据儒经，必遭强大的攻击。

算　学

唐代对算学的重视，超过以前各朝。显庆元年，设算学馆，以李淳风等注释的"十部算经"为课本。三年，废算学馆。龙朔二年，又在国子监内设"算学"。科举中设有"明算科"。

"十部算经"之一的《缉古算经》（原名《缉古算

术》),是初唐的王孝通所著。孝通自称"长自闾阎,少小学算,镌磨愚钝,迄将皓首,钻寻秘奥,曲尽无遗"。《缉古算经》共二十个问题,大部分问题运用高次方程来解决,在当时确是比较艰深的。

李淳风等注释"十部算经",明辨是非,很有贡献。举一例来说:传本《周髀算经》(原名《周髀》)有赵爽注,甄鸾重述。李淳风等的注释指出,一,《周髀》以地差千里、影差一寸的假定,作为算法的根据,是脱离实际的。二,赵爽用等差级数插直法,来推算二十四气的表影尺寸,不符合实际测量的结果。三,甄鸾对赵爽的句股圆方图说,多有误解,等等。注述庞杂的古算书,经过李淳风等的整理,得到澄清,为后世研究者提供了方便条件。

医 药 学

隋末唐初孙思邈所撰的《备急千金要方》,天宝间王焘所撰的《外台秘要》,是集唐以前医学大成的两部名著。

《千金方》——孙思邈是一位不贪慕名利,而以人民疾苦为重的好医师。他拒绝过隋文帝、唐太宗、高宗所授予的官职,但从未拒绝过病人的求救。他在《千金方》的序言中,以"人命至重,有贵千金"的比喻,说明医家的重要责任。又说,"未可传于士族,庶以贻厥私门",表明他之著书,是为平民备急和养生之用。

陕西西安出土银药盒和矿物药

敦煌石室唐写本
《本草》残卷

《千金方》首创"复方"，是孙思邈对医学的重大建树，是我国医学史上的重大革新。清徐大椿《医学源流论》说："仲景（张机）之学，至唐而一变。仲景之治病，其论藏府经络病情传变，悉本《内经》。而其所用之方，皆古圣相传之经方，并非私心自造，间有加减，必有所本。其药悉本于《神农本草》，无一味游移假借之处。非此方不能治此病，非此药不能成此方。"这种方药，只有富贵人才能服用，劳动人民积累治病经验，成立许多新方，需要有人不顾医圣（仲景）的偶像，用新方推动医学再向前进，这个人就是孙思邈。徐大椿又说："《千金方》则不然。其所论病，未尝不依《内经》，而不无杂以后世臆度之说。其所用方，亦皆采择古方，不无兼取后世偏杂之法。其所用药，未必全本于《神农》，兼取杂方、单方及通治之品。故有一病而立数方，亦有一方而治数病。大抵所重专在于药，而古圣制方之法不传矣，此医道之一大变也。然其用意之奇，用药之巧，亦自成一家，有不可磨灭之处。"徐大椿的评论带有保守色彩。他所不齿的"后世臆度之说"、"后世偏杂之法"，正是人民群众与疾病斗争所积累起来的宝贵经验，孙思邈采录成书，扩大使用，并在这个基础上再积累治病经验，自《千金方》问世"而古圣制方之法不传"，这是合理的淘汰，毫不足惜。

　　《千金方》"始妇人而次婴孺"。孙思邈分析了女性与男性、小儿与成人生理上的不同，指出妇产病、小儿病的特点,主张独立设科。其后,王焘《外台秘要》中特为"妇人"、"小儿"立专章。宋代更出现了妇产科和小儿科的专著(如陈自明《妇人大全良方》、钱乙《小儿药证直诀》),应该说都是受了孙思邈的启发。

"先脚气而后中风……"。贫穷的民众,常因缺乏营养而得病。脚气病就是缺乏某些养料而发生的病症。孙思邈重视脚气病,掌握了治疗和预防的方法。欧洲人第一次论述脚气病是在一六四二年,后于《千金方》约一千年。

《外台秘要》——隋巢元方的《病源候论》,有论无方,唐王焘以为不足,别撰《外台秘要》,先论后方,"讨绎精明",为世所称。王焘在台阁二十余年,久知弘文馆,多见古医书,《外台秘要》中保存了许多古方,也有若干新见。例如:书中所记之天行病,多至二十一门,可谓我国重视传染病的第一人。

唐代的药物学,也有很大的进步。我国古代的药物学称为"本草"。最早的一部是托名神农的《神农本草经》。此书历代相传,多有新补。梁陶弘景曾从事校理,撰成《集注》,因局处江南,所见药物不全,经验也有限。客观上需要一部新的记录全国药物的图籍,但只有在统一的局面下才有可能出现。唐朝在官修史书之后,进行了官修"本草"的工作。高宗时,下诏征询各地药物形色,令施以图绘。大量的资料聚集到中央,苏敬等据以编成《唐新本草》。该书分本草、药图、图经三部分，共收药物八百四十四种，于显庆四年颁行，是世界上第一部由国家制定的药典。

于志宁说，《唐新本草》考正了陶弘景《本草经集注》中纰缪的四百余物，又增加了后世所用的百余物。所增的一一四种新药物中，有一些是外来的，如安息香、龙脑、胡椒、诃子、郁金、茴香、阿魏等。唐代中外经济文化交流繁盛，从而丰富了我国的药物学知识。

四　美　术

书　法

在南北朝长期分裂的局面下，南北文风不同，字体也不同。南方产生了二王（羲之、献之）的新书体，风流妍妙；北方尚沿袭魏、晋（西晋）的书体，拘谨守旧，又流变而成拙陋。窦臮（音暨jì）《述书赋》列晋宋齐梁陈书家多至一百四十五人，北齐却只有一个人。

五五四年，西魏攻江陵，梁朝战败了，梁文士庾信、王褒当了俘虏，在文艺上却大受北方士大夫的推崇。北方书家，原推赵文渊为能。自王褒入长安，贵人们纷纷摹习王褒书，成为风气，后来建立唐朝的李渊，也是其中的一个。

王褒在南方，不算是最高的书家。梁武帝评王褒书说："凄断风流，而势不称貌，意深工浅，犹未当妙。"但王褒一入关中，赵文渊即被遗弃，其后赵文渊亦改习王褒书，以迎合时尚。足见南方轻便的书体代替北方拙钝的书体是必然趋势。经过唐太宗大力提倡，二王书法遂为全国正宗。

唐太宗深爱王羲之书，"心摹手追"。亲撰《晋书·王羲之传论》，评其书法为"尽善尽美"，古今第一。他多方搜求王羲之的墨迹，据说曾派萧翼到释辨才处骗取《兰亭序》，观赏了一生，还觉得不够，命令作为死后的殉葬品，随棺入墓。在唐太宗影响下，从宫廷到社会，摹仿王书，北方旧传的书体自然灭迹。

初唐书家，首推欧、虞。二人俱学王羲之书，各有所得。虞世南从释智永（王羲之七世孙）传授笔法，声誉在欧阳询之上。传说太宗以虞世南为师，常觉"戈"字难写。有一天，太宗写"戬"（音剪jiǎn）字的"晋"，令世南填"戈"，写成后，叫魏征鉴赏，魏征说，惟"戈"法逼真。这个故事未必真实，但说明唐太宗对虞书的尊重。

继欧、虞而起的有褚、薛。虞世南死后，太宗怕再没人可以论书。魏征推荐褚遂良，果然得到太宗的宠爱。因为褚遂良"少则服膺虞监，长则祖述右军"，正合太宗的口味。魏征藏有虞、褚墨迹很多，他的外孙薛稷，专心临摹，获得盛名，时称："买褚得薛，不失其节。"

初唐的欧、虞、褚、薛，只是二王书体的继承人。盛唐的颜真卿，才是唐朝新书体的创造者。创造新文体、新书体都不容易，先要破，然后才能立。过去，王羲之破钟繇书体而有创造；现在，颜真卿又破二王书体而有创造。

韩愈诗："羲之俗书趁姿媚"，一语道出王书的秘密。以象王羲之而得大名的褚遂良，书法如"美女婵娟，不胜罗绮"，更是媚到极点了。评书家说颜真卿"祛尽虞、褚娟媚之习"，是说得不错的。颜真卿工于篆、隶，融篆、隶之法入行、楷，方严正大，面貌一新。

董道(音由yóu)说："书至瘦硬，自是逸少迥绝古人处。"魏泰云："唐初字书，得晋宋之风，……至褚、薛则尤极瘦硬矣。开元天宝以后，变为肥厚。至苏灵芝辈，几于重浊。"盛唐书法之由瘦变肥，与玄宗的提倡有关(米芾说)。玄宗本人字肥，张旭的草书，也是肥的(黄庭坚说)。颜真卿曾向张旭请教过笔法，他的字肥，渊源有自。但同一风气中成长起来的书家，苏灵芝字肥而重浊，颜真卿字肥而健壮，人品不同，书品也自不同。

有人说："书之美者，莫如颜鲁公；然书法之坏，自鲁公始。"其实，颜书之"美"，正在于所谓"坏"。不破坏二王书体，是不能创造唐朝新书体的。又有人说："自颜而下，终晚唐无晋韵矣。"这倒是说出了颜书的巨大影响。五代的杨凝式，宋代的苏(轼)、黄(庭坚)、米(芾)、蔡(襄)四大家，也都学颜。宋人之师颜真卿，如同初唐人之师王羲之。杜甫诗："书贵瘦硬方通神"，这是颜书行世之前的旧标准；苏轼诗："杜陵评书贵瘦硬，此论未公吾不凭"，这是颜书风行之后的新标准。

南方书体代替北方书体，颜真卿书体又代替二王

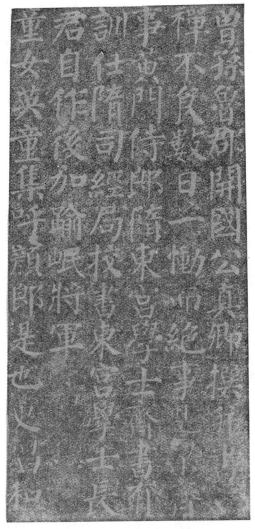

陕西西安颜真卿撰并书颜勤礼碑
（拓本）

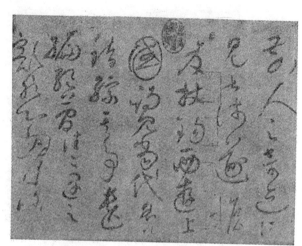

怀素书
《自叙帖》

怀素书
《苦笋帖》

378

书体，这说明新鲜事物一定要代替陈旧事物，而新事物的创造，又一定吸收旧事物的优点，从旧事物的基础上，向前推进一步，不吸收旧事物的优点，是不能完全代替旧事物的。

唐翰林院有侍书学士，国子监有书学博士，科举有"书科"，吏部以书、判定选，书法为进身途径之一，故唐人工书者多。夏州掌书记柳公权善楷书，穆宗召为翰林院侍书学士，历穆、敬、文三朝，侍书中禁。当时公卿大臣家立碑，得不到柳公权手写的字据以上石，人以为不孝。从出土的唐墓志来看，写字者即使是不知名的普通人，也多是楚楚可观。

唐代篆书，以李阳冰最有名。隶书，推李潮、蔡有邻、韩择木。草书，推贺知章、张旭、释怀素。篆、隶用处少，名家的也少。

绘　画

据《宣和画谱》、《佩文斋书画谱》，唐画家有姓名可考者，约有四百人之多。这里只能略举一些有代表性的画家。

人物画——初唐人物画家，以阎立德、立本兄弟最有名。见于著录的二阎画迹，如《秦府十八学士图》、《凌烟阁功臣二十四人图》、《魏征进谏图》、《太宗步辇图》、《文成公主降蕃图》以及《职贡》、《卤簿》等图，多以真人真事为题材。但也有凭想象绘画的，如《历代帝王图》便是。此图共有十三个皇帝的像，体态各自不同。试以魏、蜀、吴三主来说：威胁汉献帝禅让的魏文帝曹丕，是一副咄咄逼人的姿态；为恢复汉祚而劳碌一生的蜀主刘备，带有愁苦的模样；割据江东，自立为王的吴主孙权，表现出桀骜不驯的神情。画家根据三人的经历，画出他们的心理状态，使观者如见其人。（这件名画，已为美帝国主义劫去。）

盛唐的吴道子（改名道玄），人物画超越二阎，有"画圣"之称。有人将东晋顾恺之的《女史箴图》与初唐阎立本的《历代帝王图》作过比较，《帝王图》采用了一定程度的晕染法，富于光的感觉，为《女史箴图》所不及。吴道子比二阎更为成熟地利用晕染法，取得更好的效果。苏轼说："道子画人物，如以灯取影，逆来顺往，旁见侧出，横斜平直，各相乘除，得自然之数，不差毫末。"夏文彦说："（吴道玄）人物有八面生意活动。其傅彩，于焦墨痕中，略施微染，自然超出缣素，世谓之'吴装'。"从这些评论中看出，吴道子是多么巧妙地把晕染法融入传统的墨法之中。

吴道子曾学书法于张旭。张旭喜欢酒后作书，道子绘画之前亦必酣饮。张旭观公孙大娘舞剑器而书法长进，道子观裴旻将军舞剑而画若有神，据说是"观其壮气，可助挥毫"。可见，道子绘画，如张旭作草书，都着重气势。道子在长安兴善寺画中门内神，观者如堵，画神像顶上的圆光时，不用尺度，"立笔挥扫，势若风

传吴道子绘
《送子天王图》

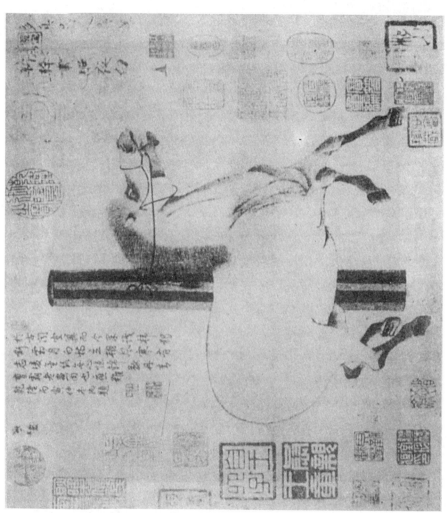

唐 韩幹 画 马

旋"，观者喧呼，惊动坊邑，这是何等豪壮的气势！苏轼诗："道子实雄放，浩如海波翻。当其下手风雨快，笔所未到气已吞。"非深知吴画者，不能作此语。当时从道子学画者多，但至多学到形似，学不到神气。

中唐有张萱、周昉，善画妇女，别开生面。唐以前的妇女画，多以后妃、烈女、孝妇为题材，旨在宣扬封建伦常。张萱、周昉突破了这个旧套，描绘了许多家常琐事，如游春、赏雪、乞巧、藏迷、扑蝶、烹茶、吹箫、听琴等等，妇女画的题材从此广阔了，但依然是贵族妇女的享乐生活。

中唐最杰出的人物画家，当推韩滉。韩滉与专画贵妇人的张、周相异，他喜欢描绘农村的生产、生活情况。《宣和画谱》所著录的三十六件韩滉作品中，大多数是农村景物。当然，他只能画农村的富裕，以歌颂升平，决不画农民的疾苦，以揭露暴政。程修己说："周（昉）侈伤其峻，张（萱）鲜忝其澹，尽之其唯韩（滉）乎！"这是说韩滉人物画的造诣，在张、周之上。程修己是唐人，又是画家，他的评论，应属可信。

山水画——魏、晋以降，山水树石只是人物画中的配景，不受重视，画法亦幼稚，"或水不容泛，或人大于山"，不合比例。隋展子虔善画，"写江山远水之势尤工，故咫尺有千里趣"，这是很大的进步。他的《游春图》是有名的山水画。在他的影响下，画家以山水为题材者渐多。盛唐出现了吴道子、李思训、李昭道、王维几个大家，山水画才正式成立。这与初唐沈佺期、宋之问完成律诗的规格，互相媲美。

张彦远《历代名画记》说："(吴道玄)因写蜀道山水，始创山水之体，自为一家。"朱景玄《唐朝名画录》说：天宝中，玄宗令吴道子、李思训于大同殿壁画嘉陵江风景，道子一日而毕，思训累月始成。思训卒于开元初，不可能天宝中奉诏作画。朱景玄所记，当有错误。但从这个传说中反映出吴、李画体之不同：吴是写意，故一日而成；李是工笔，故累月始毕。道子之前的山水画，都是工笔。画写意山水，自道子始，此所谓"自为一家"。道子画人物、山水，皆有创造，不愧"画圣"之称。

李思训是唐宗室，官右(一作左)武卫大将军。子昭道，画名与父相埒。时称大李将军、小李将军。思训、昭道画山水，继承展子虔的作风，笔法工细，设色艳丽，有"富贵"气象。首创金碧青绿山水画，为后世所宗。

王维是名诗人，又是名画家，自称："宿世谬词客，前身应画师"，可见其自负不浅。苏轼说：王维"诗中有画"，"画中有诗"，这两句话，历来被认为是对王维的最恰当的评语。王维画山水、人物俱有擅长处，首创水墨山水画，对后世影响尤大。

王维与李思训、昭道是互相对立的山水画派。李用重彩，务求富丽；王用水墨，务求雅淡；李用小斧劈皴，画笔繁琐；王用披麻皴(音村cūn)，画笔精炼。在当时，李思训、昭道的金碧青绿山水画是正宗，而王维的水墨

384

山水画是旁支。王维的地位，低于李氏父子。宋以后，情况才改变。

王维所创作的富有诗意的画，后世称之为"文人画"。"文人画"的作者日多，势力日盛，王维的艺术地位，也就愈抬愈高。宋苏轼诗："吴生虽妙绝，犹以画工论。摩诘得之于像外，有如仙翮谢笼樊。吾观二子皆神俊，又于维也敛衽无间言。"苏轼是"文人画"作者之一，他把王维捧到"画圣"吴道子之上。明人倡南北宗之说，以王维为南宗之祖，李思训、昭道为北宗之祖。南宗就是"文人画"，北宗就是所谓"匠"画。南方文化一般比北方高些，因之南方文士能画的人也多些，"文人画"也就占了优势，"匠画"的重彩工笔画一直被压抑数百年之久。

五代十国时，荆浩、关仝、董源、释巨然合称四家。荆、关是北方人，善于描绘崇山峻岭的北国风光；董、巨是南唐人，善于表现拥翠浮岚的江南景色。

花鸟禽兽画——薛稷画鹤，姜皎画鹰，曹霸、陈闳、韩幹画马，韩滉、戴嵩画牛，都很有名。韩幹、戴嵩声誉相埒，有"韩马戴牛"之称。

韩幹与陈闳，都是曹霸的学生，但他们走着不同的创作道路。曹、陈遵守传统的手法，侧重于刻划马的筋骨，画出来的是瘦马。韩幹有革新精神，以御厩（音救jiù）的真马为模型。玄宗喜欢大马，御厩畜马多至四十万匹，韩幹画出来的，就是这种"翘举雄杰"的大马，具有盛唐的时代风格。杜甫诗："幹惟画肉不画骨"，这还是画瘦马的旧眼光，晚唐的张彦远，已指出杜甫批评的不当。

五代十国时，成都人黄筌，以画侍王衍、孟昶，多写禁苑所有珍禽瑞鸟，奇花怪石。南唐的徐熙，另树一帜，多状江湖所有汀花野竹，水鸟渊鱼。"黄家富贵，徐熙野逸"，树立了宋代花鸟画的两大典型。

雕　塑

唐代造像，石雕与泥塑并举。石雕是选择坚硬的石头，从外向内，逐步雕刻；泥塑是利用柔软的泥土，由内向外，逐步捏塑。所用材料不同，操作方法亦异。

绘画艺术进步，造像技巧亦随着提高。画佛像，有曹（北齐曹仲达）、吴（唐吴道子）二体。曹之笔，其体稠叠，而衣服紧窄；吴之笔，其势圜转，而衣服飘举。世称"曹衣出水，吴带当风"，亦称"曹家样"、"吴家样"。郭若虚《图画见闻志》说："雕塑铸像，亦本曹吴。""吴家样"是唐代绘画上的新成就，也是唐代雕塑上的新成就。吴道子本人不从事于雕塑，"吴家样"却被应用到雕塑上。

唐代最杰出的塑家是杨惠之。惠之与道子一同学画，号为画友。后来，道子画名日著，惠之耻居其次，遂焚笔弃砚，专事塑像，亦为当时第一。道子称"画圣"，惠之称"塑圣"。

陕西乾县唐永泰公主墓壁画侍女

陕西乾县唐章怀太子墓壁画马球图（摹本）

泥塑的佛像和人像，都需要妆銮。妆銮就是绘在立体上的画。绘画水平的高低，将是影响塑像成败的关键。唐代的塑像，有一人捏塑，另一人妆銮者，可见捏塑、妆銮两者兼工之不易。杨惠之是塑家，也是画家，有相得益彰之妙。当时人说："道子画，惠之塑，夺得（张）僧繇神笔路。"惠之尝于京兆府塑倡优人留杯亭像，把像放在大街上，行人从后背看，就说："这是留杯亭。"技术神巧如此，确是夺得张僧繇的神笔路了。

惠之著《塑诀》，已失传。

石 窟 艺 术

石窟寺是佛教的产物。从北朝到隋唐五代，随着佛教的传播，新疆、甘肃、山西、河南、四川、山东等地，相继开凿石窟寺。这些石窟寺，大致有两种类型：在石质可供雕刻的地区，如云岗、龙门等石窟寺，主要的艺术创作是石雕；在石质比较松脆的地区，如敦煌千佛洞、麦积山等石窟寺，由于石质不宜于雕刻，主要的艺术创作是壁画和泥塑。龙门石窟是石雕的最大宝库，敦煌千佛洞是壁画和泥塑的最大宝库。下面就以这两处为例，介绍一下唐代石窟艺术的辉煌成就。

敦煌千佛洞——现存有壁画和泥塑的窟洞四百七十六个，其中隋窟九十五个，唐窟二百十三个，五代窟五十三个。从窟洞数字，已足说明唐代是敦煌艺术的极盛时期。

陕西三原县唐献陵石刻犀牛

壁画分经变、本生故事、尊像图、供养人像、图案装饰等。经变是壁画的主体，占最大面积。唐代净土宗风行，故壁画中"净土变"（包括"西方净土变"、"东方药师净土变"、"弥勒净土变"）最多。唐代《妙法莲华经》盛传，壁画中"法华经变"也不少。"法华经变"有二十八品，其中第二十五品——"普门品"，往往被单独提出来描绘，这是唐人对观音菩萨特别虔信的缘故。

唐玄宗时，密宗从天竺正式传入。此后，敦煌壁画

六骏之一『什伐赤』陕西礼泉唐昭陵石刻

390

的尊像图中，**就出现了**曼荼罗，又出现了婆罗门的神像（如四臂、六臂、八臂如意轮观音和千手千眼等观音）。

值得我们注意的是，在宣传迷信的经变、本生故事里面，也反映了唐代社会的生产、生活情景。画工们虽不能不按照雇主的意愿去描绘佛教题材，但他们更运用智慧，在佛教场面中，巧妙地夹写了现实世界的形形色色。至于供养人像，更都是唐代各阶级、各阶层人物的忠实写照。此外，还有西域的人像。所有这些，不但有艺术价值，而且有史料价值。

泥塑分浮面塑（包括壁塑、影塑、高塑）、立体塑（圆塑）两种。唐以前，浮面塑和立体塑，兼而有之；唐以后，只有立体塑，浮面塑却绝迹了。这是因为立体塑更具有真实感，艺术性更高。

在石窟中，泥塑的佛、菩萨像，与壁画互相辉映。有一些石窟，其中一佛、二弟子、二菩萨、二天王，用泥塑，天龙八部飞天龙女等扈从部属，是画在壁上，塑与画，和谐地配合在一起。还有一种情况：菩萨是泥塑的，菩萨顶上的圆光，身上的飘带，用壁画代替，塑与画，更是合成整体了。

唐代流行着一句话："宫娃如菩萨"。其实是菩萨如宫娃。塑匠们不仅模仿伎女的形象来捏塑菩萨，他们捏塑佛、迦叶、阿难、金刚、神王……，也无一不是参考现实世界中各种人物的躯体与性格。

综观唐代各时期的塑像，初唐清瘦，盛、中唐肥硕。

这与书法的由瘦变肥，同一风气。

敦煌还有一些小石窟，是画工、塑匠居住的地方。其中发现过小石坑、小油灯，还发现过带着破布麻鞋的骷髅。工作于此、葬身于此的无名艺术家们，在极其艰苦的条件下，创造出许多艺术作品，他们为了什么呢，主要是为了传播佛教迷信的毒素。原来他们以为这是一种功德，不惜献出自己的一生，来取得这种功德。但是，凡是含有宗教毒素的艺术品，都不值得赞赏。只有描写当时现实的世俗生活，可供参考的作品，这群无名艺术家才算做了一些有益的事情。敦煌艺术品的存废，它本身自有标准，归根说来，艺术家为谁服务是艺术品存废的真实标准。

龙门石窟——龙门造像的最盛时期是唐朝。唐朝所开凿的石窟、石龛，约占总数的百分之六十以上。武则天执政时期所开凿的龛、窟，又占唐朝的最多数，这与她长期驻在洛阳有关。

奉先寺是具有代表性的唐窟。咸亨三年开凿，上元二年完工。开元十年铭记："佛身通光座高八十五尺，二菩萨七十尺，迦叶、阿难、金刚、神王各高五十尺（唐代长度）。"规模之大，在龙门诸石刻中称第一。这样巨大的工程，先后只用四年时间，无疑是用巨大人工来促成的。武则天出钱二万贯，其余工费，还不是从各种敲剥中得来！统治阶级求功德，劳苦民众受灾难，佛教却得到广泛宣扬的实益。

392

敦煌石窟壁画战骑图

甘肃敦煌千佛洞外景

奉先寺的九躯雕像，本尊卢舍那佛似帝王，二菩萨似妃嫔，迦叶、阿难似文臣，金刚、神王似武臣。这个格调，也是唐代雕塑的共同格调。

龙门、敦煌以及其他地方的许多文物，近百年来曾陆续遭到民族败类的出卖，被帝国主义劫夺而去。解放以前的旧中国，正像一家破落户，家里存有一些祖传文物，不肖子孙看作发财致富的手段，只等外国人说要，就论价送去，毫不爱惜。看一家是否破落，只看它是否出卖文物，看一国是否破落，标准也是一样。

音 乐 舞 蹈

南朝、北朝的音乐也不同，"梁、陈尽吴楚之声，周齐皆胡虏之音"。隋朝沿用北朝音乐。开皇二年，颜之推上言："今太常雅乐，并用胡声，请凭梁国旧事，考寻古典。"隋文帝不从，说："梁乐亡国之音，奈何遣我用耶？"开皇九年，隋灭陈，得到南朝乐人、乐器，文帝说："此华夏正声也。昔因永嘉，流于江外。我受天明命，今复会同。……"特置清商乐署。七年前，文帝骂南朝音乐为"亡国之音"，现在却称为"华夏正声"。这个改变，完全为了适应统治上的需要，并不是隋文帝真正欣赏清商乐（清乐）。隋唐两朝，胡乐盛行，是汉乐与胡乐融合发展的时代。

隋文帝时，曾定七部乐。隋炀帝时，改定为九部乐。唐高祖时，沿用隋九部乐。唐太宗时，定为十部乐，即燕乐、清商、西凉、天竺、高丽、龟兹、安国、疏勒、康国、高昌十部。十部乐中，燕乐是唐自造，清商乐是汉魏南朝旧乐，其余均从外国传入。唐太宗虽定十部乐，唐高宗时，即仅奏九部，当是停奏清商乐。《通典》说："自长安（七〇一年）以后，朝廷不重古曲，工技转缺。"古曲即指清商乐而言。

其后，乐分为坐、立二部。坐部有宴乐、长寿乐、天授乐、鸟歌万岁乐、龙池乐、破阵乐六种，立部有安乐、太平乐、破阵乐、庆善乐、大定乐、上元乐、圣寿乐、光圣乐八种。坐部自长寿乐以下，皆用龟兹曲，乐器以琵琶为主，惟龙池乐用雅乐笙磬。立部自安乐以下，皆擂大鼓，杂以龟兹曲，惟庆善乐用西凉乐。从坐、立二部内容看出，龟兹乐渐盛，西凉乐渐衰。坐部伎坐奏于堂上，立部伎立奏于堂下。坐部贵，立部贱。坐部伎不可教者，退为立部伎；又不可教者，乃习雅乐。可见雅乐是最不受重视的。

唐玄宗时，又有"胡部新声"传入。有人认为，唐代大曲即出于"胡部新声"，与清乐之大曲毫不相涉；也有人认为，唐代大曲是清胡两乐合成。大曲之为梨园法部所演奏者，称为"法曲"。《霓裳羽衣曲》是最著名的"法曲"。王灼《碧鸡漫志》说："《霓裳羽衣曲》，说者多异，予断之曰，西凉创，明皇润色，又为易美名，其他饰以神怪者，皆不足信。"《霓裳羽衣曲》是唐代汉乐与胡乐融合发展的最高成就。

从西域传来音乐，同时也传来舞蹈。西域之舞，多配以乐，所以唐朝也盛行乐舞。唐舞主要分健舞、软舞两种。健舞姿势雄健，软舞姿势柔软。舞时皆配以乐。健舞曲有《柘枝》、《剑器》、《胡旋》、《胡腾》等，软舞曲有《回波乐》、《兰陵王》、《春莺啭》、《凉州》、《甘州》、《绿腰》(《六么》)等。《柘枝》、《胡腾》来自石国，《胡旋》来自康国、米国、史国、俱密，《凉州》、《甘州》来自龟兹。

初唐乐舞，以三大舞为代表作。三大舞是：一、《七德舞》，是武舞，本为《秦王破阵》乐，采民间流行的歌曲，掺杂着龟兹乐制成。二、《九功舞》，是文舞，本为《功成庆善乐》。三、《上元舞》，本为《上元乐》。

盛唐乐舞，以《霓裳羽衣舞》为代表作。《全唐诗》中有不少歌咏这个舞蹈的诗篇，以白居易的《霓裳羽衣舞歌》为最详。白《歌》形容舞者服饰："虹裳霞帔步摇冠，钿璎累累佩珊珊。"形容舞姿："散序六奏未动衣，阳台宿云慵不飞(散序六遍无拍，故不舞也)。中序擘騞初入拍，秋竹竿裂春冰坼(中序始有拍，亦名拍序)。飘然转旋回雪轻，嫣然纵送游龙惊。小垂手后柳无力，斜曳裾时云欲生 (四句皆霓裳舞之初态)。烟蛾敛略不胜态，风袖低昂如有情。上元点鬟招萼绿，王母挥袂别飞琼(许飞琼、萼绿华皆女仙)。繁音急节十二遍，跳珠撼玉何铿铮 (霓裳破凡十二遍而终)。翔鸾舞了却收翅，唳鹤曲终长引声(凡曲将毕，皆声拍促速，唯霓裳之末，长引一声)。"读此《歌》后，不仅略知《霓裳羽衣舞》的内容，唐代"法曲"的结构，也得知大概。

第八节　唐代长安——各国
文化交流的中心

　　唐朝国威强盛、经济繁荣，在中国封建时代是空前的、在当时的世界上也是仅有的。在这个基础上，承袭六朝并突破六朝的唐文化，博大清新、辉煌灿烂，蔚成中国封建文化的高峰，也是当时世界文化中的高峰。

　　大抵一个朝代，每当国内混乱、统治动摇的时候，对内越是惴惴不得自保，对于外来文化越是顽固地排斥拒绝，不敢有所触发。天宝之乱以前的唐朝，处在强固稳定的时期，在政治上有自信心奉行"中国既安、四夷自服"的方针，在文化上也有足够的自信心，并蓄兼收，群花同放。因为唐代的中国文化已经发展到昌盛成熟的阶段，任何外域文化传入中国，都没有可能消溶唐文化，而只能作为一种新养料注入唐文化的整体内。唐代外域文化在中国流行，并不是因为中国的封建文化已然衰老没落，相反，是因为它正在高度繁荣，具有充分的吸收力和消化力。唐文化依据本身发展的需要，对于外来的新成分，有抉择地损益取舍，经过汲取发扬，愈益显得丰富多彩。唐文化远播到东西方各国，各国也依据自己的文化传统，斟酌吸收，使本国文化得以获取助益，加速发展。唐代确实是中外文化交流极盛的时代。

　　唐朝境内的文化交流活动，遍及于广州、扬州、洛阳等主要都会，而以长安最为集中、最为繁盛。这是因为长安具备如下的一些特具条件：（一）长安是唐朝的国都，全国的政治中心。各国使者宾客都需要到长安来进行政治活动。出国使者或外来使人，从这里输出唐朝的文化典籍和器物，同时也传外国文化到长安。（二）长安不仅是全国的政治中心，也是全国的文化中心。武德三年，太宗在秦王府开文学馆，广引文学之士，即位后又置弘文学馆，精选天下文儒。《旧唐书》说："是时四方儒士，多抱负典籍，云会京师"。弘文殿聚集群书，多至二十余万卷，是全国藏书最富的中心图书馆。太宗以后，历代在唐朝廷供职或不供职的文儒多在长安来往或居住，一直保持着"四方儒士，云会京师"的盛况。由于朝廷的提倡，每逢节日，朝士词人，游宴吟咏，佳句美篇，不久即传入宫禁，流布远近。长安有左右两教坊，右多善歌，左多工舞。外域传来新声曲，一经教坊摹演，全城艺人，遂相仿效。音乐歌舞在唐代极为发达，而长安又是乐舞的胜地。唐代重要仕途之一是以经学为手段的明经科。唐太宗诏颜师古定五经，孔颖达撰正义，长安成为经学的中心。史学也是一门卓有成就的学问，自长安设史馆后，开官修前代史的新风。每有外国使者来到，鸿胪询问土地风俗，道里远近，报送史馆。长安又是全国的教育中心，国子监总设七学馆（国学、太学、广文、四门、律、书、算），各置博士。经唐太宗倡导，国子监添筑学舍一千二百间，增收中外生员多至八千余人。外国贵族子弟来中国，多入国学留学。"国学之盛，近古未有"。此外佛教的传布，对文化交流影响不小。自玄奘回国，在慈恩寺译经。长安成为全国佛教的重地。（三）长安是东西方交通的枢纽。西汉以来，东西方的交通主要是经由陆海两条路。一条是海路，南海联接东南亚诸国以至天竺，东海可通日本与新罗。南海路以广州为出入的要冲。广州北与洛阳、长安相联，交通稳便。另一条是通西域的陆路。隋时西域诸国在张掖互市。出玉门关有三条大道。北道自伊吾经

印尼爪哇婆罗浮图石刻南海航船

400

突厥汗庭远达拂菻。中道起高昌、龟兹、疏勒、逾葱岭，经康、曹、安等昭武九姓国，至波斯。南道起鄯善、于阗，经吐火罗，至北天竺。三道入玉门关，经兰州，归于长安。所以，柳宗元说"凡万国之会，四夷之来，天下之道涂，毕出于邦畿之内"。西域诸国来唐必须经由长安，东亚和南亚诸国经唐朝陆路与西域交通，也必须经由长安，并且往往在长安停留。长安是文化繁荣的都市，也是交通频繁、宾客辐凑的都市。由于这三个独具的优越条件，使唐代长安不能不超越其他都会，成为东西方各国文化交流的集中点。

长安城是一座规模宏伟的大城。据近年考古工作者对遗址的实测，城南北长八千四百七十米，东西长九千五百五十米，周长约三十五公里有余，大于现在的北京旧城，相当现在明建西安旧城的五倍。隋朝定都于此，开皇间开始兴建，唐朝又屡加修筑，城内景物，更臻完美。全城布局严整可观，显然是事先经过周密的设计。皇族居住的宫城位于全城最北部的中央，东西五里余，南北二里余，城高三丈五尺。城南正门名承天门。凡元正冬至，陈乐设宴或接见外国宾客，都在这里举行。宫城之南联接皇城（又名子城），东西同于宫城，南北长五里许。城内布列宗庙社稷，百官廨署，不使杂人居住。皇城正南门名朱雀门，北与承天门相对，南望外廓城的正南门明德门。两门之间一条长九里宽百步的朱雀门大街纵贯南北，把全城分为东西两半。东部

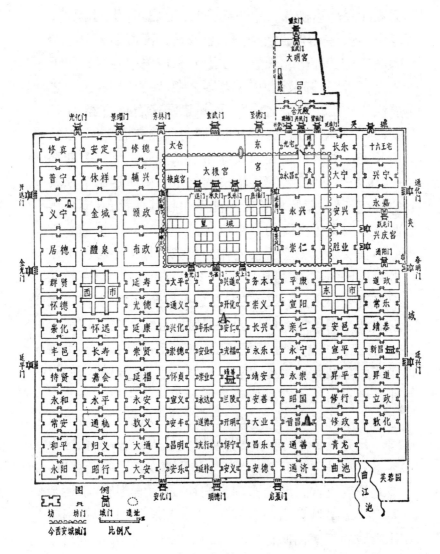

唐长安城坊图

设万年县，西部设长安县，分辖两地的居民。东西两部各有周遭六百步的大商市，称东市和西市。全城的居住区共建一百零六坊，各坊间形成东西大街十四条，南北大街十一条。街道宽阔，道旁植树成荫。坊呈长方形，结构划一，布列匀整。宋敏求《长安志》说："棋布栉比，街衢绳直，自古帝京未之有也。"是符合实情的描述。

像长安这样精心规划、气象宏伟的大都城，在隋唐以前的中国不曾有，在当时的世界上也不曾有。日本模拟长安的建制，先后兴建平城京和平安京。中亚伊斯兰诸教国以至拂菻、天竺，也都流传着长安的盛名。随着唐朝国威的远播，长安扬名于世界，强烈地吸引着各国人来观光。

下面叙述侨居长安和往来长安的各类外国人士。

一、来往使臣　我国境内的某些少数族，在唐代曾一度自立邦国，但和唐朝廷保有密切的联系。如西南的吐蕃、南诏，西北的回鹘、高昌，东北的契丹，历代前来长安的使者，络绎不绝，加强着各民族间的文化流

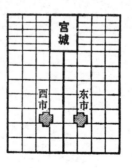

日本平安京、平城京条坊图

陕西西安唐长安城明德门遗址

陕西西安唐大明宫含元殿遗址

通。至于亚洲、非洲诸国，远至欧洲的拂菻，也都不断有使臣来往，长安城内外国使者之多，为前代所未有。

西方诸国——建国中亚的昭武九姓国：康国、史国、曹国、支国、石国等自唐初至开元间，屡有使者来长安。唐太宗时康国献金桃银桃、植于苑囿。开元时，康国、史国又遣使献纳胡旋舞女。大食遣使来唐，进马匹方物。使者谒见，立而不拜。唐太宗以"大食殊俗"，特予准许。波斯国也在贞观间与唐通使，"献活褥蚰（同蛇）"，能入穴取鼠。开元天宝间，前后遣使者来唐十余次，带来波斯的方物。当时沟通东西方商业来往的东罗马（拜占庭），唐代史书上称为拂菻。据《旧唐书》记，自贞观至开元，拂菻国前后五次遣使来唐。此外，《册府元龟》还有景云二年拂菻国"献方物"的记事。

东亚诸国——唐朝初年，天竺戒日王建立大帝国、贞观十五年，遣使来唐，建立友好关系，唐太宗答书慰问，此后不断有使者来到长安。开元间，南天竺、北天竺和中天竺也各遣使来唐"朝献"。泥婆罗国贞观二十一年遣使来唐，带来菠绫菜、浑提葱。立国于东南亚的骠国、真腊、扶南、林邑、瞻博（占婆）、室利佛逝、师子、盘盘、单单（今吉兰丹）诸国，也屡有使者来到唐的国都，并且带来本国的物产和文化。高丽、新罗、百济三国，唐初即有使臣来长安。新罗统一半岛后，派遣来唐的使者，络绎不绝。北海之北有流鬼国，距长安万五千里。贞观十四年（六四〇年）遣使者佘志来长安，唐太宗以佘志为骑都尉。流鬼国当是与唐通使的亚洲国家中最北方的一国。

日本的"遣唐使"——六○七年，日本遣大礼小野妹子使隋。隋朝统治期间，日本前后遣使三次。日本的使臣来隋，偕有留学生同来，使臣回国后，留学生仍留中国。唐代，日本继续派使臣来中国。据日本史书所载，前后任命"遣唐使"共有十九次之多。其中六次为迎接日本遣唐使回国或送还唐朝去日本的使臣，称"迎入唐使"或"送客唐使"。送客唐使不必送还长安，例如天智天皇六年，伊吉博德等送还司马法聪，只达百济而返。除此而外，日本正式的遣唐使，自六三○年至八九四年前后凡十三次。唐中宗至唐玄宗时代，日本四次遣使，规模浩大，号为最盛。

日本的遣唐使不同于一般单纯基于政治目的的遣使，而是有意识地前来观摩摄取唐朝的中国文化。遣唐使官一般是选择文艺优秀通达经史的文臣，使团人员中包括医师、阴阳师、画师、音乐长，并有众多的学问僧和留学生同行。一次来长安的遣唐使，多到几百人。唐中宗到唐玄宗时代的几次，都达到五百人左右。天宝乱后，唐朝对入京人数加以限制。每次得入长安者，限八十五人（一说六十五人）。日本遣唐使归国后，多位列公卿，参与国政，唐代的文化制度随之介绍到日本。

天宝之乱以前，各国使臣来往频仍。东起日本，西至拂菻，北有流鬼，南达室利佛逝，大批的使臣队前后会集在长安。他们在肩负政治使命的同时，对东西文化的交流，起着重要的作用。

二、流寓长安的外国王侯　唐太宗贞观四年，擒获突厥颉利可汗送至长安。《通鉴》说："其余酋长至者，皆拜将军中郎将，布列朝廷，五品已上百余人，殆与朝士相半，因而入居长安者近万家"。长安城中迁来这样多的突厥王侯和居民，不能不加强着突厥文化与汉文化的交融。史称太子承乾"好效突厥语及其服饰"。承乾被斥为失行，但正说明突厥文化在发生着影响。唐高宗时，波斯萨珊王朝破败后，王子卑路斯携残部逃来长安求庇护。卑路斯在长安客死，子泥俚师又在长安谋复国。泥俚师回国图恢复不果，景龙间再来中国，后来也在长安客死。韦述《两京新记》说，卑路斯曾奏请在长安建波斯寺。泥俚师自长安统率回国的残部有数千人，想见随从波斯王族迁来长安的波斯人，是一个很大的数目。

三、在长安供职的外国官员　唐朝廷广泛吸收各族人员充当文武官，为唐朝统治者服务。不仅当时立国的各少数族，如契丹、回鹘、吐蕃等族，每有在长安供职的官员，而且亚洲许多国家的个别人员，例如大食、波斯、突厥、安国、康国、天竺、高丽、新罗、百济、日本各国人，也有不少旅居长安，接受唐朝的职事。其中一些人世代留住长安，与士人相往还，在文化交流中作出了贡献。大食人中,李彦升在唐及第进士,想见对汉文化造诣颇深。波斯首领穆诺沙在开元间两度来唐,授折冲,留宿卫。七三七年,日本遣唐使中臣名代等归国,仕于唐朝的波斯人李密翳随往日本。天竺人迦叶济,贞元间仕唐为"泾原大将试太常卿"。又有罗(罗当是婆罗门的简称)好心也仕于唐。《贞元新定释教目录》载其官称是"右神策军十将奉天定难功臣开府仪同三司检校太子詹事上柱国新平郡王"。《通鉴·唐纪》说,唐德宗避朱泚乱后,诏"诸军诸道应赴奉天及近收京城将士,皆赐名奉天定难功臣"。罗好心可能是其中的一员。西突厥特勤史大奈,随处罗可汗入隋,曾从唐高祖平长安,赐姓史氏。处罗可汗子阿史那社尔,贞观间内属,尚衡阳长公主,授驸马都尉。酋长阿失思力,授左领军将军,尚九江公主。始毕可汗孙阿史那忠,也娶唐宗室女,封薛国公,擢右骁卫大将军,在长安值宿卫达四十八年。昭武九姓国中,寓居长安的知名人物,唐肃宗时有鸿胪卿康谦。唐玄宗时康植平六胡州,有军功,唐玄宗曾在长安召见。安国人李抱玉李抱真兄弟,以武勇称"有唐之良将","群从兄弟,或徙居京华,习文儒,与士人通婚者,稍染士风"。新罗、高丽、百济三国仕唐的武将,如百济的黑齿常之,高丽的泉男生兄弟,王思礼、高仙芝,新罗的张保举,多是著名的武将。依照唐制度,新罗士子可以参加科举考试。有姓名可考的有金可纪、金云卿、崔匡裕、崔彦抣、崔致远等多人。

新罗人朴球在唐为棋待诏，张乔送朴球归新罗诗说：
"海东谁敌手，归去道应孤，阙下传新势，船中复旧图。"
朴球当是新罗仕于唐的棋艺名家。日本供职唐朝的最
著名人物是阿部仲麻吕（汉名朝衡或晁衡）。朝衡于开
元间随日本遣唐使来长安留学，学成仕于唐朝，为左补
阙，在长安约五十余年，后擢左散骑常侍，镇南都护。天
宝十二载再入长安，随日本使臣归国。日本船中道漂
流至安南，朝衡复返中国，仕于唐，大历五年卒于长安。
朝衡在长安期间，多与中国士人友善。天宝年间归国
时，王维、赵骅、包佶都有诗送行。赵骅说他"来称郯子
学，归是越人吟"。王维诗说："乡树扶桑外，主人孤岛
中。别离方异域，音信若为通。"友情是深挚的。朝衡
归船中道遇险漂流，当时曾讹传他的死讯。李白作诗
哭悼说，"日本晁卿辞帝都，征帆一片远蓬壶。明月不
归沈碧海，白云愁色满苍梧"。朝衡溺死是误传，但由此
引来李白的悼诗却是洋溢着真实的情谊。朝衡在长安
任职，同李白等大诗人有如此深厚的友情，在中日文化
关系史上确是一个值得珍视的纪录。

四、长安城内的外国留学生　日本历次遣唐使来
唐，都有留学生随同前来，回国时，也每每偕同学成的
留学生同返。可以说，遣送和迎还留学生即是遣唐使
的一个重要的职责。每次随遣唐使来中国的留学生少
则一二十人，多则二、三十人，都在长安国学肄业。在
长安的日本留学生，至少留住数年，多者到二十余年、

三十余年。他们的生活起居渐染唐风，回国后也就传播于日本。留学生本来担负着传植文化的任务，在唐代中日文化交流中，作用十分明显。隋末来中国，唐初归日本的留学生高向玄理、僧旻（一作日文）、南渊清安（一作请安）等人，把唐朝的律令制度，介绍回国，日本历史上著名的大化革新，显然与此有密切的关系。革新的中心人物中大兄皇子、中臣镰足，都曾受教于南渊。高向和僧旻任国博士，直接担负着革新的任务。移植唐文化的留学生，对大化革新的作用，是重大的。唐德宗时（日本桓武天皇延历时），自中国学法律归国的大和长岗与著名的归国留学生吉备真备，依唐制删定日本律令，矫正差误。大和长岗成为当时日本最负盛名的法令家。至于中日两国学术文化方面的相互传流，留学生更是重要的媒介（详后）。在长安的外国留学生，日本而外，最多的是新罗。新罗没有流传象日本那样详细的历史记录，但据《旧唐书》记，开成五年一次归国的新罗留学生，即有一百五人之多。《唐会要》记贞观时，高丽、百济、新罗遣子弟入国学。大抵自唐太宗时起，新罗等国即不断有留学生来到长安。开元时，唐遣邢畴去新罗吊祭，唐玄宗对邢畴说："新罗号为君子

陕西西安出土日本"和同开珎"银币

410

之国，颇知书记，……以卿学术，善与讲论，故使充此。"新罗在当时是文化很高的国家，以至当时的日本也往往派留学生去新罗留学。往来长安的新罗学生，不仅加强着新罗和唐文化的相互吸收，而且也在中日文化交流方面，起着桥梁的作用。渤海国数遣诸生来长安太学学习，唐朝的制度文化也随之传到了渤海。

　　五、学问僧和求法僧　长安是唐朝的文化中心，也是全国的宗教中心。唐初，即陆续有外国僧侣前来长安。玄奘回国后，在长安广译经典，佛学达到极盛境界，更加吸引着外国僧人，其中主要是天竺和日本的僧人。唐初来长安的僧侣中，较著名的是中天竺的波颇（光智）。波颇曾在那烂陀寺从戒贤学法，后来到突厥传教。唐高祖武德九年（六二六年），唐使去突厥，随唐使同来长安，住兴善寺翻译《大庄严论》等佛典。唐高宗永徽元年（六五二年），阿地瞿多（无极高）自西天竺携梵经来长安。永徽三年（六五五年）中天竺僧人布如乌伐耶（福生）到长安，令在慈恩寺安置。福生先曾游师子国和南海诸国，搜罗大小乘经律论一千五百余部带来中国。次年，唐朝命往南海诸国采取异药，六六三年重返长安。福生解无相，与玄奘所宗法不合。是年，往真腊国采药，不再回长安。南天竺僧跋日罗菩提（金刚智），游师子、佛誓（室利佛逝）等国，泛海至广州。唐朝廷敕迎就长安慈恩寺译经。中天竺僧戍婆揭罗僧诃（净师子）经迦湿弥罗至突厥，又经吐蕃来长安。著

411

名的北天竺婆罗门僧阿目佉跋折罗（不空金刚），幼年随叔父来长安，师事金刚智。开元二十年（七三二年）经诃陵、师子国，游五天竺，广求密藏，天宝五载还长安，携回经论五百余部并师子国王表。唐玄宗召见，许翻译所赍梵经，密宗经典由此传布开来。此外，久居长安的天竺僧人，如高宗时慧智父子世代居唐。慧智生于长安并在长安出家，善天竺语和唐言，成为译经的能手。那烂陀寺僧牟尼宝利（寂默）唐德宗时住长安慈恩寺译经，八〇六年，死在慈恩寺。

在长安的外国僧人中，日本僧侣为数最多。每次遣唐使，都有求法僧或学问僧同来。留中国时间久者，往往长达二十余年，甚至达四十年。遣唐使人员入京，需经唐朝许可，同来僧人并非全入长安，但据日本现存史籍所载，确实到达长安或留住长安的知名日本僧人，至少已有四十余人。其中影响较大者，如唐高宗时智通、智达随遣唐使来长安，从玄奘学法相，归国后为日本法相宗创始人。道慈于武则天时来长安学三论、法相，后为日本三论宗创始人。荣叡、普照在开元时随遣唐使来中国，先后在洛阳，长安学法。荣叡和普照对日本佛学的影响不大，但他们邀请扬州龙兴寺僧鉴真去日本，对中日文化交流作出了重大贡献。荣叡普照几次渡海失败，鉴真却终于在七五四年到达日本。鉴真带去天台宗经典和密宗佛像，在日本讲授戒律，并与随从僧人一起，依唐寺院法式，建唐招提寺。中国的建筑、雕塑术和汉文学、药物学，都因鉴真之东行，而传播于日本。荣叡普照的功绩，也就不容忽视了。荣叡而后，影响较大的日本僧人是空海。空海在唐宪宗时来长安，在青龙寺从惠果和尚学密宗。归国时带回大批中国新译经和梵字经疏。日本密宗自空海始大显扬。在日本显扬天台宗的大师最澄，与空海约略同时来唐，在天台山学法后归国，唐朝末年来中国求法的日本僧侣中，最著名的是最澄的弟子圆仁。圆仁随遣唐使来中国后，先住扬州，后游佛教圣地五台山。到长安后，从元政、义真学密宗，又从在长安的南天竺僧宝月习悉昙(梵文)。归国时带回经典八百余部及佛像多种，成为日本天台宗第五代座主。圆仁先后在中国十年，游历诸地，写成《入唐求法巡礼行记》一书，是一部珍贵的历史纪录。

六、乐工与舞士　长安城内会集有大批的外国乐舞人和画师，他们经由不同的途径来到中国，传播着各自的民族艺术。北朝时代，西域乐舞已陆续传入中国，唐代更为广泛传播。但唐代传入长安的域外艺术，已远不限于西域一隅，而且包括了南亚和东亚的许多国家。

拂菻的杂技幻术自汉代已传入中国，唐代更多有弄幻术的艺人来到长安。天竺国的杂技也在东汉安帝时就已传来。《旧唐书·乐志》说："大抵散乐杂献多幻术，幻术皆出西域，天竺尤甚"。唐高宗时以其惊俗，曾一度禁止。唐睿宗时，婆罗门又献乐舞人（杂技人）。中亚昭武九姓国的音乐歌舞家，在长安城内，为数最多。安国的安辔新，被称为"舞胡"，曾以斥李茂贞而著名。唐高祖拜安叱奴为散骑常侍，李纲上疏说："今新造天下，……高才犹伏草茅，而先令舞胡，鸣玉曳组"。考证家以为，安叱奴当是安国出生来长安的乐舞人。康国开元间献胡旋女子。唐朝十部乐中有安国乐、康国乐，想见在长安的两国乐舞人，必然不少。曹国人曹保一家，以弹琵琶著名。曹保子善才、孙纲都是蜚声艺林的琵琶名手。白居易《听曹刚（即纲）琵琶兼示重莲》诗说："拨拨弦弦意不同，胡啼番语两玲珑，谁能截得曹刚手，插向重莲衣袖中。"又李绅悲悼曹善才的诗说："紫髯供奉前屈膝，尽弹妙曲当春日"。白居易《琵琶行》也称长安倡女曾学琵琶于穆曹二善才。曹氏一家当是长安弹琵琶的泰斗。《太平广记》引卢言《卢氏杂说》称"歌曲之妙，其来久矣。元和中，国乐有米嘉荣"。据宋邓名世《古今姓氏书辩证》，歌者米嘉荣乃西域米国人。米嘉荣曾为唐朝廷供奉，是歌曲名家。刘禹锡曾有诗相赠："唱得凉州意外声，旧人唯数米嘉荣"。米嘉荣子米和也是歌舞能手，为时所称。太和初，教坊中有善弄婆罗门，即作霓裳羽衣舞的米禾稼、米万槌，可能也是来自米国。开元间，史国遣使献胡旋女子。刘言史有《王武俊宅观石国胡儿舞胡腾》诗，史国石国的乐舞人当也有不少旅居长安。

414

南亚东亚诸国中，骠国曾在贞元时派遣国王雍羌弟悉利移、城主舒难陀率乐工三十五人，带来十二（一作二十二）种乐曲，到长安演奏。所用舞乐器二十二种，皆与中国不同。白居易《骠国乐》说："德宗立仗御紫庭，黈纩（音tǒu kuàng）不塞为尔听，玉螺一吹椎髻耸，铜鼓一击文身踊。"骠国乐舞受到德宗的重视，长安城轰动了。扶南国在隋代即有乐工来长安。《新唐书·音乐志》记"扶南乐，舞者二人，以朝霞为衣，赤皮鞋"。诃陵的乐舞人也在咸通时来到中国。日本遣唐使有乐师画师随行，使臣中也每有音乐名家。如日本仁明朝之使臣准判官良岑长松善弹琴，藤原贞敏是琵琶名手，来长安后并从中国刘二郎学弹琵琶。东西方诸国的大批乐舞人才先后聚集在长安，对交流各国的民族艺术，贡献是巨大的。

七、西域商贾　长安城中留居着大批的西域商人。《通鉴·德宗纪》说："九姓胡冒回纥之名杂居京师，殖货纵暴。"《新唐书·回鹘传》也说"昭武九姓国与回鹘同来，往往留京师至千人，居赀殖产甚厚。"除由回纥而来的一路外，在长安的西域商人，也还有经由海道一路而来，其中多半是大食、波斯人。他们先自南海到广州、由广州经洪州（江西南昌）、扬州、洛阳而到达长安。长安城中的西域商人，盛时总数达数千，组成为一个极富有的集团。《太平广记》引温庭筠《乾𦠆子》记一个故事说，长安的西域商人米亮曾劝说窦乂买宅。米亮告窦义说，我劝你买下这宅子，是因为看到宅中有块奇石，是真正的于阗宝石。窦义找玉工来看，果然是奇货，可作三十副玉铐(音垮 kuǎ)，每副值三千贯钱。米亮助窦义致富，居于长安崇贤里。这个米亮当是米国的珠宝商。段成式《酉阳杂俎》也记有西域商人辨识珠宝的故事。长安平康坊菩萨寺僧为人设斋，斋毕，得一物，如朽钉，长数寸。寺僧到长安西市找西域商人。商人大惊说，哪里来得此物！一定买下，不还价。寺僧要卖百千，西域商大笑。僧要价到五百千，西域商竟付与一千万，说这是宝骨。故事是否真实不可知，西域商善识珍宝，并且操纵着珍宝业，却是事实。对不识货的寺僧如实付价，因缘取利的西域商未必如此忠实，但正说明他们完全可以上下其手，获取暴利，致富是很容易的。西域商经营珍宝致富，为数最多，同时也"举质取利"，即兼营高利贷敲剥。长安城内贵族子弟商人百姓贷西域商本钱，岁月稍深，西域商征索不得，每多向官府告讼，纠葛不决。唐穆宗时，朝廷不得不下诏，禁止

陕西西安出土波斯银币

"与蕃客钱物交关"，并"委御史台及京兆府切加捉搦（音诺 nuð）"。近年西安近郊唐墓出土波斯银币，当是来自波斯商人。长安西市有波斯邸，又多"胡店"。李商隐《杂纂·不相称》条有"穷波斯、病医人"。穷与波斯不相称，可知波斯商人多是富人。西域富商麕聚于长安，是一个庞大的剥削集团，但同时也就把西域的风习带来了长安。富商在东西方往来货殖，同时也往来传播着文化的种子。

唐代长安聚集着如此众多的各行各业的各国人，盛况确实是空前的。对唐人说来，外域传来的文化，都是开发耳目的新事物。对到达长安的各国人说来，唐文化也是启迪心智的新见闻。长安是国内国外各色人聚居的城市，汉族居民而外，当时自立邦国的少数族，如南诏、吐蕃、回纥、龟兹、于阗、疏勒等等，也多有官方人员或才士艺人长期留住，甚至世代安居。以长安为中心，中国各民族之间，中国与当时世界各国之间演出了交流文化的大场面。

大抵世界上的民族，不论人口的多少，民族的小大，只要本民族的文化得以生成和发展，都必然有它自己的特长，也都必然对世界文化可以作出不同程度的贡献。由于社会发展水准和经济条件的不同，在一个时期里，某些民族文化可能显得高一些，另一些民族显得低一些。或者甲民族在这一方面较高另一方面较差，乙民族这一方面较差另一方面较高。各民族一经

417

陕西西安出土苏谅妻马氏墓志（拓本）

接触，各取人之所长补己之所短，影响总是相互的，贡献也是相互的。唐文化是当时世界上一个较高的文化，但也有它的不足处。传入长安的域外文化高低不同，但各有其优越处。唐文化摄取外域的新成分，丰富了自己，又以自己的新成就输送给别人，贡献于世界。长安正就是这样一个各民族相互影响，各种文化相互流通的中心点。封建的旧史家，从大民族主义观点出发，妄自夸矜，说"四夷八蛮，翕然向化"；近世资产阶级学人，适应西方殖民主义者的需要，片面渲染"西域文明"：都不过是些别有用心的谬说，并不符合于历史的实情。

唐代长安的文化交流表现在许多方面。由于唐文化各个方面有长有短，发展程度各不相同，域外文化的诸方面发展程度也不相同，表现在中外文化交流上，或摄取多于输出，或输出多于摄取，各方面也就显得参差而异样。下面叙述的只是几个最主要的方面。

一　宗　　教

宗教是剥削阶级的骗术，麻痹人民的毒品，严格说来，它本身并不能算作文化，而只能算作思想妄说。但是宗教要起到害人的作用，就必须同一个民族的文化传统和社会条件相结合，构成传教的工具。因此，宗教的传播又往往同时伴随着文化的流通。

唐代传播最广，影响最大的宗教是佛教。佛教自天竺传入中国，为了适应中国统治阶级的需要，在原来的怪僻面目上，逐渐添增中国的色彩，最后变为带有中国特色或者说是中国化的佛教。中国佛教各宗派又同中国文化一起，向域外流传。唐代中国成为佛教的转运站，长安是其中最大的一个站。关于佛教各宗派在中国的传布状况已有专节论述，这里只说一说唐代佛教的对外影响。

有唐一代，中国佛教对外影响最大的是日本。这主要表现在以下三方面。

一　中国佛教各宗派的传播

三论宗自后秦时鸠摩罗什传入中国，隋末唐初，吉藏在长安延兴寺传法，弟子高丽僧慧瓘于六二六年（唐武德九年，日本推古三十三年）去日本。三论宗开始在日本传布。日本三论宗的第二代传人智藏虽然不曾到过长安，但先来中国南方学法，归国后著《三藏要义》，成为慧瓘的继承人。智藏而后，第三代传人是著名的道慈。道慈曾随遣唐使来长安，学三论、法相，在长安达十七年之久，归国后为三论宗的名僧。可以说，日本的三论宗完全是来自中国。日本法相宗的第一代传人道昭，曾来长安求法，直接从玄奘学法。第二代传人智通智达也先来长安，就玄奘门下为弟子，归国后始传法相。第三代传人智凤、智鸾、智雄，第四代传人玄昉，都曾来中国，为濮阳智周的弟子。鉴真去日本，带去新译《华严经》八十卷，七四〇年（日本天平十二年）经新罗僧审详讲授，日本开始有华严宗传入。日本天武天皇时，道光来唐朝学习戒律，依道宣之南山宗，著《四分律抄撰录文》一卷，律宗始传入日本。鉴真东渡后，日本天皇诏"自今以后，授戒传律，一任和尚"。鉴真在唐招提寺传戒，律宗遂得正式建成。中国特色最为浓厚的禅宗，也在唐朝传到日本。唐高宗时，日本僧道昭随遣唐使来长安，从玄奘学法，后至相州（河南安阳）隆化寺从慧满（禅宗二祖慧可弟子）习禅，道昭在日本建禅院传法，为日本传禅宗的始祖。道昭逝后，唐朝僧人道璿去日本，为日本禅宗第二代传人。道璿在唐师事普寂，为神秀的再传弟子。从此，禅宗的北宗在日本作为一个宗派而存在。此外，空海之传密宗，最澄、圆仁之传天台，凡是中国所有的宗派，日本僧人全部接受了，只有禅宗南宗，在唐时未被日僧接受，因之南宗对佛教的破坏力，在日本不曾显现，等到南宗失去破坏力，才传到日本，那是很久以后的事，不在唐与日本文化交流的范围内了。

二　中国新译经典的流传

佛教是天竺传来的宗教。佛教的流传必须依靠经典的翻译。中国佛经翻译早在东汉时已开始，唐代进入了一个繁盛的新时期。由于唐朝廷的提倡，前代僧侣的私译转变为朝廷敕设译场的公业。宋《高僧传》记唐译场制度，职司多至九职：一译主、二笔受、三度语（译语）、四证梵本、五润文、六证义、七梵呗（开译时宣呗）、八校勘、九监护大使（钦命大臣监阅）。其中如润文、证义又例由多人分担。这样，每译一经，合众人才智，经几度勘修，译事确是更为完善了。西域南海僧人陆续来长安求法，参与译事，共证梵言，也大有助于译文准确性的提高。此外，唐代译经还有一个重要的新特点，即玄奘以来历代僧人西行求法，自天竺、于阗等处，带回大量的梵经原本（玄奘带回的多至六百五十七部），西域南海僧也往往搜罗梵典，携来长安，借以提高自己的声名。隋以前译经多凭来中国的天竺僧口授，辗转相传，每失原旨。唐代有条件取证原本，披析文义，所谓"唐朝后译，不屑古人"（《续高僧传》语），旧译本无法与之比高低了。自玄奘经义净至金刚智、不空，主译名僧前后数十人，或译出中国前此未有的新经典，或舍旧译本，重出新译文，使唐代译经事业达到超越前代的新境地。唐高宗时道宣撰《大唐内典录》，其中《皇朝传译佛经录》说，"自贞观迄于龙朔之年，所出经论记传行法等合一百余部，一千五百余卷"。唐玄宗时，智升撰《大唐开元释教录》，编入藏经，自汉魏以来，凡一千零七十六部，五千零四十八卷。开元以后，历代续有增添。《贞元续开元录》载新译经论及念诵法，凡一百九十三卷。唐宪宗元和七年（八一二年）李肇撰《东林寺藏经碑铭》说："开元庚午之后，洎德宗神武孝文皇帝之季年，相继新译，大凡七目，四千九百余卷（包括注疏）。"东林寺经藏"合开元崇福四录，总一万卷"。此经藏一万卷总括中国译经及注疏在内，白居易称"一切经典，尽在于是"（《东林寺经藏西廊记》）。当去事实不远。唐代寺院藏经，以庐山东林寺与长安西明寺为最富。西明寺经藏，不知其卷数，但不会比东林寺过少。唐代中国有如此丰富的译经又聚集有如此丰富的藏经，通过日本僧人来唐，大量的佛典从中国流入日本。《续日本纪》说日本遣唐僧玄昉于天平六年（七三四年）回国，次年进呈经论五千余卷。《正仓院文书》中天平十一年《写经司启》说："合依开元目录，应写一切经五千四十八卷"。《开元释教录》撰成于开元十八年（七三〇年），在玄昉回国前三年。如果日本史籍所载属实，很可能开元大藏经全部传入了日本。日本平安朝来唐的名僧，在求法的同时，也继续求访经论携归本国。如最澄携回二百三十部四百六十卷，空海携回二百十六部四百六十一卷，圆仁在扬州求得一百二十八部一百九十八卷，在长安求得四百二十三部五百五十九卷。日本僧求访带回的佛典，其中包含有少数梵本（如空海所携经中有梵字真言赞等四十四卷，圆仁在长安求得梵字经典八十余卷），但绝大部分都是汉译的佛典。唐代日本佛教的传布主要是依据这些汉译本，特别是唐人的新译本。

三 中国佛学著述传入日本

唐代僧侣把中国传统的经学、历史学、目录学等治学方法应用于佛典的整理研究，出现至为丰富的佛学著述。隋以前的著述，据《法苑珠林杂事部》说"寻访长安，减向千卷"。唐代著述总在千卷以上，超过了长安所存的旧著。著述门类繁多，举其要者，可别为三类：

一是佛经目录。佛经翻译由私业变为公业，佛经目录也由私修演为官修。所谓钦定、敕撰的佛经目录，始自梁武帝敕僧绍编撰的《华林殿众经目录》。唐代由朝廷敕修的目录有，唐高宗时静泰撰《大唐大敬爱寺一切经论目》，武周时明佺等撰《大周刊定众经目录》，玄宗时智升撰《开元释教录》，德宗时圆照撰《贞元新定释教目录》等四种。佛经目录由朝廷敕修，目的不仅在于诠次甲乙、提供检寻，而且"别真伪、明是非"、"摭拾遗漏、删夷骈赘"。列入目录的经典，算是经过审定，取得合法的地位。目录删夷，即被视为伪经私本，不得入藏。四种目录中，《开元释教录》编修最为精善，影响也最为深远。目录分大小乘为二部，每部分经律论。经律论又各分为若干细类，使诸经分别部居，是前此所不曾有的新创。《开元录》出，佛经的刻印传写均依此为定准。官修四种目录外，高宗时道宣撰《大唐内典录》十卷，号为精审。所创体制，多为《开元录》所吸收。在佛经目录中，是一部被人重视的著作。

二是佛教史事的编纂。隋费长房撰《历代三宝记》，叙历朝佛教史事。唐神清作《释氏年志》三十卷，采编年体，叙佛教事，成为系统的佛史。各宗派兴起后，又有宗史之作，专叙本派源流。如禅宗有《楞伽师资记》、《历代法宝记》。密宗有《海云师资相承记》。各宗派大僧，也往往单独立传，记叙平生。慧立撰《慈恩寺三藏法师传》，详载玄奘游天竺始末，及长安译经历程，是一部重要的佛教历史书。他如行友撰《智通本传》、彦琮《法琳别传》、如净《道宣传》、吕向《金刚智行纪》、赵迁《不空行状》，均专写一个大僧的行事，这在天竺是无人能做的。又道宣著《续高僧传》三十卷，总叙梁以来至唐初的僧徒三百三十一人事迹，保存有大量的佛教史材料。义净撰《大唐西域求法高僧传》，列叙唐初往西域诸国求法僧徒五十六人事迹，其中并包括自唐朝出发的吐火罗僧和新罗僧多人。义净自述作意是"实可嘉其美诚，冀传芳于来叶"，但同时也起着鼓舞中外僧人往来求法的作用。僧传而外，一行曾奉诏撰《释氏系录》（今佚），记述佛门仪律。怀海撰《百丈清规》，专记禅宗的戒规，都是属于佛教制度的著述。唐代佛史著述中，另一值得重视的名著，是长安西明寺僧道世编纂的《法苑珠林》。书成于唐高宗总章元年（六六八年），与《北堂书钞》、《艺文类聚》等大类书约略同时。道世依据浩繁的佛典，并旁采中国有关著述，撷取佛学故事，分类纂集，成为佛教史的一部百卷本大类书。长安西明寺僧道宣撰《广弘明集》三十卷，采中国历代关涉佛事的文篇，分类纂集，与《法苑珠林》同为影响较大的著作。

三是佛经注疏。唐代译经事业进入了一个新时期，经典义理之探求也随之走上了一个新阶段。佛经注疏的盛行，正是这个新阶段的产物。新经典传译，义理有待研求，旧经有新本，也必然相应纠补旧义，建立新解。各宗派树立后，尊一经为主体，注解阐发，自立宗旨。同一宗派的注家，解说之简繁、见解之浅深，也每每各自异趣。一经之注疏，往往多至数十卷。如礼宗撰《涅般经注》八十卷，澄观撰《演义抄》九十卷，明隐撰《华严论》，竟多达六百卷。大凡此类注疏，卷帙浩繁，语意琐碎，支离蔓衍，使人愈学愈迷惑不解。注疏家又好自立门户，凭空穿凿，表面上似乎是对佛学大有发挥，实际是走着两汉儒学"章句小儒，破碎大道"的旧路，儒学因烦琐而衰亡，现在，轮到唐朝的佛学了。

伴随着中日僧侣的往来，唐人的佛学著述，也随同汉译经典一起，大量传入日本。日本奈良朝遣唐僧人回国，多有佛学著述带回。平安朝入唐名僧如空海、圆行等也将论疏带归本国。日本佛教的流传，依据汉译的经典，又参照唐人的撰述，使日本佛教成为带有浓厚的中国特色的佛教。

此外，唐代中国的寺院建筑，也对日本发生了明显的影响。来长安留学的道慈，目睹西明寺之工巧，在长安描绘寺图归国。道慈在平城京受命建大安寺，"所有匠手，莫不叹服"。大安寺之建制即全依西明寺的规模。唐中宗神龙元年（七〇五年）令天下诸州各置寺观一所，名中兴寺，后改龙兴寺。玄宗开元二十六年（七三八年），又敕天下州郡各建一大寺，曰开元寺。日本天平十三年（七四一年）诏每国置僧尼两寺，僧寺名金光明四天王护国寺，尼寺名法华灭罪寺。日本学者认为，此种全国设寺，即所谓国分寺的建制，即是摹仿唐朝的龙兴寺或开元寺。鉴真去日本建唐招提寺，规模一依唐制，成为日本最为宏伟壮丽的寺院建筑，尤为佛徒所重视。

唐代佛教也输出到渤海与新罗。开元元年，渤海遣使来唐，请礼拜佛寺。日本《经国集》有安言人《忽闻渤海客礼佛感而赋之》七律一首，有句云："闻君今日化城游，真趣寥寥禅迹幽"。"方丈竹庭维摩室，圆明松盖宝积珠"。渤海佛教史料，颇少留存，但受到唐的影响，是可以肯定的。新罗屡有留学生与学问僧入唐，影响尤为明显。义湘在唐学华严宗，一时负有盛名，华严宗因之传入新罗。另一新罗名僧慧超，自长安出发，巡游天竺。回长安后，撰《往五天竺国传》，是有关佛学和天竺史地的重要著述。

佛教而外，唐代长安还自中亚和西亚传来了多种新宗教。情形如下：

一、伊斯兰教　七世纪初，大食人摩诃末创伊斯兰教，适当唐朝初年。大食正式与唐通使，始于唐高宗永徽二年（六五一年），在此以前，已有大批大食商人陆续来到中国。大食商人居唐奉伊斯兰教，但不在中国居民中传布。因此，唐代中国的伊斯兰教也只存在于大食商人聚居的地区。大食商人多居于广州和扬州，也大批留住在长安。唐宣宗时，大食人苏莱曼来中国经商，著《东游记》，记在广州的见闻说："中国皇帝派一个伊斯兰教人处理在这里经商的伊斯兰教人相互间的诉讼。在每一个节期，由他领导大家礼拜，宣读天启，并为伊斯兰底苏檀（国王）祈福。"唐朝皇帝任命伊斯兰教官员，兼管政事与宗教，当即后来所谓"蕃长"。每逢节日举行礼拜，广州大食商人区（所谓蕃坊）或已有清真寺建立。广州有唐时来中国的大食人旺各师墓。《天方正学》载《旺各师墓志》说，旺各师曾"再三留驻长安，因敕建大清真寺"。墓志所说，是否确实不可知，但唐代长安确有大批大食商人居住，唐朝准在长安建寺是可能的。

二、祆教（祆音仙xiān）　相传早在公元前六世纪，伊兰西部人琐罗亚斯德创祆教。波斯萨珊王朝（二二六年——六四一年），奉为国教，始大盛行。其教创善恶二元论，以火为善神的代表，俗称拜火教。传入中国后又称火祆教。《魏书·灵太后传》说，灵太后"废诸淫祀，而胡天神不在其列"。说者以为，胡天神即是祆神。如果此说可据，北魏时祆教当已开始传入中国。唐时

428

中亚一带康国、石国、安国、曹国、米国、史国都是袄教的信奉者。袄教也进而传入今新疆境内的于阗、焉耆、疏勒、高昌。西域各族人相继来到长安，袄教随之在长安日益流行。唐朝政府中有萨宝府，即专司袄教的组织。萨宝（回鹘语，原义为队商首领）即是管理袄教的专官。唐高祖武德时，在长安布政坊西南隅建胡袄祠，太宗贞观时在崇化坊立袄寺。据韦述《两京新记》及宋敏求《长安志》：长安醴泉坊、普宁坊、靖恭坊也都有袄教的祠寺。袄教在长安，确曾一度达到极盛的境地。唐武宗反佛，袄教同时被毁，袄僧勒令归俗，从此一蹶不能再起（宋时只有微弱的残余）。

三、摩尼教　公元三世纪中，波斯人摩尼创摩尼教，立明暗二元论，声称摩尼为明之代表。摩尼教与波斯国教袄教相对立，二七七年，摩尼被波斯王巴拉姆一世处死，教徒多逃往中亚及印度。此后即在中亚一带流行。《佛祖统纪》说，武后延载元年（六九四年）波斯人拂多诞持《二宗（明与暗）经》来朝。《二宗经》是摩尼教的基本经典，拂多诞当是传摩尼教入长安的第一人。开元七年（七一九年），吐火罗国来献一解天文的摩尼教师（慕阇）。大抵此时摩尼教已在长安、洛阳等地传播。开元二十年（七三二年），唐朝廷下诏说，摩尼教"诳惑黎元，宜严加禁断"。但"既为西胡师法，其徒自行，不得科罚"。这就是说，禁止汉人奉教，西域诸国人仍得依旧信奉。安史之乱，回鹘兵入洛阳，毗伽可汗在洛阳遇摩尼教师传法,携睿息等四教师回国。《毗伽可汗碑》说,"四僧入国,阐扬二祀,洞彻三际";"开正教于回鹘"。可汗并自称"摩尼化身"。摩尼教从此自唐朝传入回鹘,又因回鹘助唐平乱有功,得到特殊待遇,摩尼恃势,更加推行于唐地。摩尼僧甚至伴随或充当回鹘的使臣往来于长安。大历三年(七六八年),唐朝准许回鹘在长安建摩尼教寺,"赐额大云光明寺"。李肇《国史补》说:"回纥常与摩尼议政,故京师为之立寺。"《新唐书·回纥传》说:"摩尼至京师,岁往来西市,商贾颇与囊橐(勾结)为奸。"想见摩尼教凭借回鹘的政治力量,在长安已有颇大的影响,并且和西域商人结合到一起。长安、洛阳而外,摩尼教也已在南方各商埠流行,故大历六年,又有回鹘请于荆、扬、洪、越等州置大云光明寺的纪事。唐武宗时回鹘破亡,摩尼教失去凭依,会昌三年,"天下末尼寺并令罢废","有司收摩尼书若像烧于道,产赀入之官"。摩尼教依仗回鹘势力,在唐地获得传教权,回鹘既破亡,摩尼教归于衰落,是很自然的。

四、景教　景教是基督教的一个支派。五世纪时创始于叙利亚人聂思脱里,又称聂思脱里派。此派在东罗马遭到排斥后,即传布于波斯。唐太宗贞观九年,波斯景教僧阿罗本来长安。贞观十二年,唐太宗下诏准其传教,在长安义宁坊建寺一所,度僧二十一人。诏书说:"波斯僧阿罗本,远将经教,来献上京。"天宝时唐玄宗诏书也称"波斯经教"。大秦"景教"之名，不见于中国史籍，或者即是"波斯经教"的改称。明天启时，盩厔大秦寺（景教寺）出土僧景净撰《大秦景教流行中国碑》（碑石后移至西安），碑中说，高宗时准于诸州各置景寺。景教寺院原称波斯寺，天宝时改称大秦寺。诏书说："其两京波斯寺，宜改为大秦寺。天下诸府郡置者亦准此。"想见景教的传布，早已不限于长安。据景教碑说，肃宗、代宗时，景教仍然得到唐朝皇帝的支持。武宗灭佛时，随同遭到毁灭性的一击。唐末至两宋，景教不再见于中国。

唐穆宗时舒元舆作《重岩寺碑序》说：摩尼、大秦、火祆"合天下三夷寺，不足当释寺一小邑之数"。三教自西域传来，主要是在居留唐地的西域人中流行，并没有多少唐人信仰它们。这是因为当时佛教盛行，对三教起着抵制的作用。

陕西西安大秦景教流行中国碑

二 语文与学术

中外交往的加强，促进了对外国语文的研究和介绍。由于僧人往天竺求法和需要翻译佛书，唐代出现了若干梵汉字书。沙门智广留心中天竺与南天竺的方音差异，以为"音虽少殊，文轨斯在"，撰《悉昙字记》，这是唐人撰著的一部梵文字书。义净撰《梵文千字文》（一名《梵唐千字文》），四字成句，每至第二十一句，必夹五言四句。这是梵汉对照的梵文读本，据义净自序说，"若兼悉昙章，读梵本，一两年间即堪翻译。"又有全真撰《梵唐文字》，与义净书大体相同。《隋书·经籍志》著录《婆罗门书》一卷，说"自后汉佛法行于中国，又得西域胡书，能以十四字贯一切音，文省而义广，谓之《婆罗门书》"。《婆罗门书》今不传，此书是西域人所作，不甚合汉人学梵文之用。义净等人写成学习天竺语文的字书，虽然未必一两年即堪翻译，但译经事业不再是胡僧梵僧所能垄断，多少减去一些译事上的神秘性。

自东汉以来，佛经翻译事业已开始促使学人借鉴梵音以治汉语音。唐代对梵语有进一步的研求，加以吐蕃语文在梵汉语文之间起了桥梁作用，对汉语音韵学有进一步的应用。唐末僧人守温，在《切韵》的基础上，归纳反切，制定汉语三十字母（声母），后经宋人增益（《广韵》增六母），构成三十六母的完整体系。陆法言（《切韵》）孙愐（《唐韵》）建立起汉语韵母系统，守温建立起声母系统，比起南北朝时代的反切来，大大前进了一步，汉语音韵学的基础由此奠定了。南宋郑樵《通志·七音略》说："七音之韵，起自西域，流入诸夏……华僧从而定之，以三十六为之母，重轻清浊，不失其伦。"守温并不是专门的语言学家，因为他善于运用梵语字母的拼音原理剖析汉语，所以能作出这样的成绩。

外国拼音文字的传来，推动了汉语音韵学的发展，但不曾促使早已定型了的汉文字有所变易，相反，汉文字却伴随唐文化一起传播给相邻的民族。《旧唐书·渤海传》说，渤海"颇有文字及书记"。从现存的渤海人著作，可知渤海通用的文字即是来自唐朝的汉文字。日本在奈良元正朝（唐玄宗时以前），一般也只通用汉文。吉备真备随遣唐使来长安，留住十七年，精通汉语文，归国后取汉字偏旁，制成片假名，是为日本有本民族文字之始。平安朝空海自唐回国，又仿汉字草书，制平假名。片假名和平假名一直通用到现在，对日本文化的发展有重大作用。追本溯源，不能不归功于唐代的中日文化交流。汉文字本来是一种烦难不便的文字，它之所以为某些民族所采用，只是因为要吸收汉文化，连载运文化的文字也一起吸收了，这和本民族的语言必然要发生矛盾。历史上有不少统治汉族的少数民族，由于不能克服这个矛盾，日久便与汉族融合为一体。能够自创与本民族语言相结合的文字，就意味着拥有自已的载运工具，从而有可能广泛无碍地吸收有益的文化。所以片假名平假名的创制，对日本文化的发展是一个大贡献。

汉文化以儒学为核心，到唐代已发展到很高的地步。经学和史学传播于域外，具有广泛的影响。

渤海国王大氏，原是高句丽的遗裔。高句丽时代已经传入五经、前四史和《文选》。渤海建国后数遣留学生到长安学习，文王并且派遣使臣来长安抄录《三国志》、《唐礼》、《十六国春秋》诸书归国。新罗国内，中国经史学传布尤广。七八八年，新罗设读书出身科，考试书籍订有《左传》、《礼记》、《文选》、《孝经》。博通五经三史诸子百家者并且破格擢用。新罗大批留学生在长安学习，归国后即可卓然自立。大约在唐朝建国前，新罗即开始使用汉字记录本族语言，称为"吏读式"。唐时，薛聪以吏读式译中国经书为新罗语，儒学流传得以更加便利。唐玄宗曾说，"新罗号为君子之国，颇知书记"，主要就是指新罗重视中国的经史。

唐代学术对日本的影响最为深远。日本元明天皇时仿长安规制建奈良平城京，亦仿唐制度设大学寮。大学寮设明经科，以孔颖达《五经正义》为教授课本。遣唐留学生学成归国，往往担任经史的讲席，传授弟子。如吉备真备自长安回国后即"亲自传授"，"令学生四百人习五经、三史、明法、算术、音韵、籀篆等六道"。与真备约略同时的膳大丘，来唐朝"问先圣之遗风，览胶庠之余烈"，在长安国子监学经史，归为大学助教及博士，传授儒学。伊豫部家守在光仁朝随遣唐使来长安，习经学及《切韵》、《说文》、《字林》，返日本后，在大学讲授《春秋左氏》、《公羊》、《谷梁》三传。《公羊》、《谷梁》之学由此传入日本。

唐代长安是学术文化中心，也是藏书最富的都城。日本留学生在长安学习，搜集书籍，归国时每每携回大批经史书。吉备真备传来《唐礼》一百三十卷，对日本的政治制度和朝廷礼仪，有重大的影响。《续日本纪》神护景云三年（七六九年）十月条记："大宰府言，此府人物殷繁，天下之一都会也。子弟之徒，学者稍多，而府库但蓄五经，未有三史正本，涉猎之人其道不广。伏乞列代诸史各给一本，传习管内，以兴学业。诏赐《史记》、《汉书》、《后汉书》、《三国志》、《晋书》各一部。"可见中国经史书在日本已广泛流传，不仅京城收集繁富，而且也传播于外府。淳和天皇天长元年（八二四年）敕参议滋野贞主等编次古今文书，以类相从，八年成《秘府略》一千卷。《秘府略》是中国传入日本书籍的总集，是一部《艺文类聚》、《北堂书钞》式的大类书。《秘府略》的编成说明唐代类书编纂法给予日本学人的影响，也说明日本收藏的中国书确是十分丰富。

唐代儒学在日本境内传布如此深广，也就不能不影响到统治阶级的政治观。日本文武天皇庆云三年（七〇六年）三月的诏书说："夫礼者，天地经义，人伦熔范也。道德仁义因礼乃弘，教训正俗，待礼而成。"四年的诏书又说："凡为政之道，以礼为先，无礼言乱，言乱失旨。"元正天皇养老五年(七二一年)的诏书说："至公无私，国士之常风，以忠事君，臣子之恒道焉。"孝谦天皇天平胜宝八年(七五六年)，前代圣武天皇崩，孝谦下诏说："居丧之礼，臣子犹一，天下之民，谁不行孝。"天平宝字元年(七五七年)诏书又说："古者治民安国，必以孝理，百行之基，莫先于兹。"礼和忠孝都是中国儒学的基本内容。唐代统治阶级用以巩固封建统治的儒学，由此演为日本统治阶级的政治指导思想。

唐朝与西域诸国交往频繁，但宗教势力控制着西域，儒学似不曾广泛流传。至于来长安的西域诸国人，在唐既久，渐染华风，自然要研习学术。唐宣宗大中二年，大食人李彦升曾应进士试及第。李彦升是汉文化造诣较深的一个。在长安的西域各国人中通晓汉学术者自然不只李彦升一人。

三 文学与艺术

长安是文士艺人最为集中的地区，也是文学艺术活动最为繁胜的都城。因之，这方面的中外文化交流也显得最为活跃而多彩。

唐代文学，特别是诗，有辉煌的发展。来长安的亚洲各国使者往往搜罗名著，携归本国。如白居易的诗

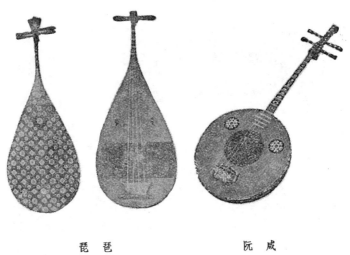

琵　琶　　　　　　　阮　咸

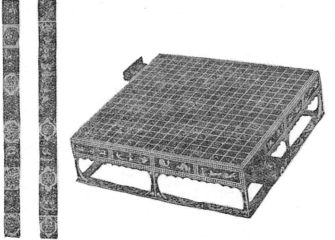

白牙尺　　　　　　　围棋盘

日本正仓院保存的唐代文物

橘逸势书愿文

空海风信帖

日本诗文"三笔"的墨迹

嵯峨天皇书李峤诗

438

远播到日本、新罗等国。贾岛《哭孟郊诗》云："冢近登山道，诗随过海船。"白居易为元稹作墓志铭，说元诗"无胫而走"，流传到域外东南诸国。张鷟的文章也驰名国外，外国使者来长安，每使人抄写而去。外国僧人来长安请益，在搜求经卷的同时，也往往携归唐人的诗文。如日本僧圆仁在《入唐新求圣教目录》中录有在长安求得的《白家诗集》六卷、《杜员外集》二卷、《李张集》一卷、《庄翱集》一卷、《仆郡集》一卷，另有《两京新记》三卷、《诗赠格》一卷。唐人诗文通过各种途径，从长安流入亚洲诸国，对各国文学的发展，起着重大的影响。

日本来长安的留学生，大抵对汉诗文都有一定水平的修养。其中较为卓越的，并能以擅长此道著名于世。如阿部仲麻吕（晁衡）与王维、李白相友善。橘逸势在长安，曾被誉为橘秀才。僧人空海也是撰述诗文的能手。橘逸势、空海回国后，与平安朝之嵯峨天皇号称日本能诗文的"三笔"。日本国内，自皇族以至一般文士，摹仿唐诗，蔚然成风。天平胜宝三年（天宝十载，七五一年）编成《怀风藻》，收日本作者六十四人的汉诗百二十篇，是日本第一部汉诗集。平安朝嵯峨、淳和天皇时又先后编成《凌云集》《文华秀丽集》《经国集》等三部汉诗集。大抵初唐，即日本近江朝，日本流行的汉诗仍是《文选》体的古诗。《怀风藻》载河岛皇子五言《山斋》诗："尘外年光满，林间物候明。风月澄游席，松桂期交情"，犹是六朝遗意。盛唐时，近体绝句律诗盛行，但仍未能立即改变日本奈良朝的诗风。这不仅是因为学到新事物需要一个过程，而且由于近体诗的平仄韵律，还不容易为日本诗人所熟练。空海自长安回国后，著《文镜秘府论》六卷，依沈约四声八病说及唐人诗说，对唐诗的平仄对偶，作精细的研究。《文镜秘府论》出，近体律诗始在日本流行。长篇七言古诗和乐府长短句也在日本诗作中出现。《经国集》收有平安朝嵯峨天皇拟张志和《渔父词》五首，题为《杂言渔歌》。其一云："寒江春晓片云晴，两岸花飞夜更明。鲈鱼脍，莼菜羹，餐罢酣歌带月行。"嵯峨天皇并命朝臣滋野贞主奉和五首，也载入《经国集》。嵯峨天皇是有素养的诗人，经他的提倡，平安朝出现不少近体诗的名篇，列入唐人诗林，并无愧色。

日本奈良、平安两朝，流行的汉文主要是受了《文选》体的影响。朝廷取进士，仿唐帖经例，规定试帖《文选》。相习成风，文士多在骈俪对偶方面用功夫，现存当时文篇多是这类骈俪文。韩、柳倡导的古文运动似不曾使日本的文风有所变动。不过，应用假名写作的"和文"兴起后，白居易的诗文却有一定的影响。白居易的诗在日本最负盛名，因之白文也成为摹仿的对象。醍醐天皇题菅原道真所献家集诗："更有菅家胜白样，从兹抛却匣尘深"。自注说："平生所爱，《白氏文集》七十五卷是也。"村上皇子具平亲王（五代时人）《和高礼部再梦唐故白太保之作》自注说："我朝词人才子，以《白氏文集》为规摹。"所谓以白文为规摹,当即多少扫除骈俪的积习,趋向于平淡清新。时人斥为"意到句不到",当即指此。此外,唐人传奇小说,如《游仙窟》等,自奈良朝即在日本流行。唐末五代时,日本和文小说多有名作,可与唐人的传奇比美。

新罗设国学,以经史及《文选》取士,不断出现擅长汉文的名家。初唐时,强首即以文章家著名,长安的新罗留学生多登唐科第,长于诗文。金大问自唐回新罗,以汉文著《花郎世记》、《汉山记》、《乐本》。崔致远归国,呈献所著五言七言今体诗一百首一卷,杂诗赋三十首一卷,《桂苑笔耕集》二十卷。《桂苑笔耕》是一部优秀的文集,并且保存了大量的史事。

唐代昌盛的诗文也传播到渤海。晚唐时渤海人高元裕仕唐,官至吏部尚书,《全唐诗》中曾收有他《赠知贡举陈商》的诗句。刘禹锡《酬杨司业巨源见寄》诗云:"渤海归人将集去,梨园弟子请词来。"自唐传入渤海的诗文集想必不少。渤海亡后,无著作留传,具体情形,不能确指。但据日本记载,可知当时去日本的渤海使臣,每与日本文士以诗文相赠答。《文华秀丽集》收有嵯峨天皇时渤海使臣王孝廉及释仁贞诗。王诗《从出云州书情寄两个敕使》一首云:"南风海路连归思,北雁长天引旅情。颇有锵锵双凤伴,莫愁多日住边亭。"释仁贞《七日禁中陪宴诗》一首:"入朝贵国惭下客,七日承恩作上宾。更见凤声无妓态,风流变动一国

新罗崔致远书
真鉴禅师碑

春。"两诗造语工丽，宛然唐人风韵。

与诗文相联系，中国的书法，作为一种独特的艺术，也在唐代传播到域外。欧阳询书曾得到高丽的重视，遣使来求。柳公权书也为来长安的外国使臣所争购。日本留学生和求法僧在长安搜求古今名书，归国时珍重带回。如最澄携归品中有《书法目录》，包括王羲之《十八帖》、《大唐圣教序》、《天后圣教碑》、《开无神武皇帝书法》、《真草千字文》、《欧阳询书法》、《褚遂良集》、《天台佛窟和上书法》等唐代石拓和真迹共十七种。书法在日本和诗文一样地受到文人的重视。现存日本的大量文物表明，自日本天皇以至一般文士中的许多诗文名家，同时也是擅长书法的能手。

音乐和舞蹈是最能影响人心的一个重要的艺术部门。唐代是中国封建时期乐舞最为盛行的时代。长安城中，广泛流行着中国传统的和外域传来的乐舞。

隋炀帝制九部乐，唐太宗统治高昌后，立十部乐，

442

其中只有燕乐、清乐两部是汉族传统的俗乐和清商乐，西凉、龟兹、疏勒、高昌是来自唐朝境内的少数族，其余四部则全是东方和西方的外国乐。

长安城内住有大批的外国音乐家。著名的音乐家如曹国人曹保、曹善才一家，米国人米嘉荣、米和父子，康国人康昆仑、康迺，安国人安叱奴、安辔新，都曾见重于当时。不知名的西域乐人，当然更多。南亚的扶南和骠国，也有乐人来过长安，扶南乐和骠国乐一度在长安流行。域外音乐传入中国，与汉民族的传统音乐互相融合，成为唐朝的音乐，其中燕乐和清乐还流传到日本，又经一番融合，成为日本所说的"雅乐"。

唐代音乐依附舞蹈而流传，许多乐曲即是舞曲。唐太宗命吕才、虞世南、褚亮、魏征等，依唐朝建国前征伐四方事为内容，演为《秦王破阵舞》（或名《秦王破阵乐》，又称七德舞）。舞者百二十人，披甲执戟，声韵慷慨。白居易《七德舞》诗说："太宗意在陈王业，王业艰难示子孙。"使人观乐舞，而不忘创业之艰难。舞时擂动大鼓，"声振百里，动荡山谷"，也足以激昂志气，振作精神。大抵太宗时，破阵舞成为最受欢迎最负盛誉的乐舞。其后传入日本，风行一时。奈良朝传写的破阵乐琵琶曲谱，依然保存到现在。玄奘去天竺，戒日王问："听说脂那（中国）有《秦王破阵乐》歌舞，秦王是谁？有什么功德？"玄奘回答说："秦王就是现在的中国皇帝。未登极前封为秦王，仗钺麾戈，肃清海内，所以有

日本所传
《秦王破阵乐》图

陕西礼泉县出土唐乐舞俑

这个歌舞。"《破阵舞》东传于日本，西闻于天竺，它的影响就是盛唐国势的影响。

武则天时期，保持着唐朝前期的强盛，但不再制作破阵舞式的战斗乐舞，西域舞在长安进一步流行。《旧唐书·张说传》说："自则天末年季冬为泼寒胡戏，中宗尝御楼以观之。"泼寒胡戏又称乞寒泼胡。大约起源于天竺和康国，经龟兹传入长安（骠国也有此舞，传入时期不详）。舞者骏马胡服，鼓舞跳跃，以水相泼。唐时又称此舞为苏莫遮，因之乐曲也称苏莫遮曲。据慧琳《一切经音义》，苏莫遮帽乃舞者戴假面。苏莫遮舞又自长安传入日本。日本现存乐舞图中仍然保存有戴假面的苏莫遮舞人。

苏莫遮舞，被佛教徒说成是驱除恶鬼，但泼水乞寒可能来源于与农事有关的民间风俗，因之富有活泼的生活气息。据唐人说，舞时旗鼓相当如军阵之势，腾逐喧噪有战争之象，大概也是一种激励人心的歌舞。

另一种戴假面的乐舞拨头，也自西域流传于长安，并且自长安传入日本。《通典》说，"胡人为猛兽所噬，其子求兽杀之，为此舞以象也。"（一说是象征天竺王白马奋战毒蛇）此舞在日本一直流传下来，舞者戴假面，执短桴（音扶fú 鼓槌）。拨头与泼胡，当然已不如《秦王破阵》之气象恢宏，但仍然具有鼓舞斗志的作用。

西域乐舞在长安处于压倒中国乐舞的优势，是在开元天宝间。元稹《法曲》诗说："女为胡妇学胡妆，伎

陕西西安唐墓壁画乐舞图（摹本）

进胡音务胡乐。""胡音胡骑与胡妆，五十年来竞纷泊。"大抵此时西域乐舞盛行于长安，汉族传统的所谓"雅乐"只供例行的庙堂祭享，不再流行。原来规模浩大的《秦王破阵舞》演为只有四人的小舞。泼寒胡舞也在开元间遭到禁断。起而代之，为贵族士大夫所喜爱的，是西域传来的胡腾、胡旋与柘枝。

胡腾、胡旋和柘枝都由女伎歌舞。开元间，康国、史国、米国俱曾献胡旋女子。白居易新乐府《胡旋女》云："胡旋女、胡旋女，心应弦，手应鼓。弦鼓一声双袖举，回雪飘飘转蓬舞，左旋右转不知疲，千匝万周无已时。"大抵舞人不断旋转作态，供人娱乐，并没有什么意义可说。胡腾舞也是这一类士大夫沉湎酒色的乐舞。李端《胡腾儿》诗描绘舞态说："扬眉动目踏花毡，红汗交流珠帽偏。醉却东倾又西倒，双靴柔弱满灯前。"刘言史《王武俊宅夜观舞胡腾》诗："酒阑舞罢丝管绝，木棉花西见残月。"柘枝舞女着窄袖薄罗衫（白居易《柘枝词》"香衫袖窄裁"，张祜诗："金丝蹙雾红衫薄"）故作媚态，尤为淫靡。刘禹锡《和乐天柘枝》诗说："鼓催残拍腰身软，汗透罗衣雨点花。"张祜《观杭州柘枝》诗："舞停歌罢鼓连催，软骨仙娥暂起来。"歌舞将终，舞人并脱去上衣，袒露半身（沈亚之《柘枝舞赋》"俟终歌而薄袒"，薛能《柘枝词》："急破催摇曳，罗衫半脱肩"），回首流波送媚（刘禹锡："曲尽回身去，曾波犹注人。"沈亚之："鸳游思之情香兮，注先波于秋睇"）。很显然，胡旋、胡腾、柘枝之类的西域舞完全是荡人心志的淫靡舞，与《秦王破阵》大异其趣，与泼胡、拨头也迥然不同了。据唐人咏舞的诗文，可知这些西域舞不仅深入于宫廷，并且也在贵族士大夫间广泛传播，为长安带来了一片颓风。

如果说《秦王破阵舞》的制作，适应了唐太宗时强盛奋发的国势，那末，胡旋、柘枝等舞的流行，正是适合于开元天宝间朝野纵情声色的败局。天宝乱后，有些文人逐渐清醒。元稹诗说："天宝欲末胡欲乱，胡人献女能胡旋。"白居易诗说："天宝季年时欲变，臣妾人人学圆转。"据说杨贵妃安禄山都能作胡旋舞，以取悦于唐玄宗。所以白诗又说："禄山胡旋迷君眼，兵过黄河疑未反。贵妃胡旋惑君心，死弃马嵬念更深。"元白的指责，是有道理的。开元天宝是唐朝由盛而衰的时期，西域传来的胡旋、柘枝等舞的流行，正是唐统治阶级淫靡堕落、迫近祸乱的一个征兆。

四 历算与医学

历法与天文，是中国历朝极为重视的学科。隋时，天竺历算书陆续传来，但对中国历法似不曾有显著的影响。唐时，天竺历数家瞿昙罗、迦叶波、鸠摩罗三家来长安，瞿昙一家对唐代历法的改进参预最多。瞿昙罗在高宗时制经纬历，与《麟德历》参行。武后时又奉旨作《光宅历》，未成而罢。玄宗开元时，瞿昙悉达著《开元占经》，并将天竺《九执历》介绍到中国。《九执》，唐人习称九曜，即七曜（日、月、水、金、火、木、土）及假想的星座罗睺和计都。《九执历》译出，并未实行。开元十七年，唐朝颁行僧一行的《大衍历》。天竺历数家瞿昙譔因未能参预制定，

敦煌石室唐乾符印本历书

448

心有不服，奏《大衍历》沿袭《九执历》而不完备。玄宗命太史令校对灵台候簿，结果《大衍历》十合七八，《九执历》只有一二，《大衍历》胜利了。一行是佛教徒，而且还是密宗的传法大师，他破除对天竺历数的迷信，依据实测自造《大衍历》，虽然还不能放弃对《周易》的附会，但作为一个僧人，竟敢置天竺历于不顾，确实表现了他的科学家精神。

《大衍历》确立后，随即传播到日本。吉备真备回国携去《大衍历经》和《大衍历立成》。淳仁天皇天平宝字七年（七六三年）即废除旧用的《仪凤历》，而采用了《大衍历》。唐高宗时制作的《麟德历》，传于新罗，在新罗行用。

敦煌发现五代历书，日曜日下注有"蜜"字。此类历书直到近代仍在福建某些地区流行。日本十一世纪初的日历上也有过"蜜"的标记。据学者研究，"蜜"是康居语日曜日 mir 的音译。当是唐代随同摩尼教一起传入中国。

中国古代的数学，与天文历数学相联系，在自然科学中是较为发达的一门，并且创造了自己的独立体制。这个体制，自《九章算术》开始创立，到唐代十部算经逐步形成。唐朝和天竺，僧侣来往频繁，在数学方面，也可以看到相互传播的迹象。《大唐内典录》卷五著录翻经学士泾阳刘凭撰《外内傍通比校数法》一卷，自序说书中以佛经中天竺的大数记数法和中国大数记法相比对。慧琳《一切经音义》也对天竺大数记法有所说解。大抵刘凭和慧琳的解说，只是为翻译或研读佛典提供便利，天竺大数记法由于佛经的传播而被介绍到中国，但对中国的数学并无显著的影响。中国数学对天竺的贡献，最早可能是筹算制度促进了天竺位值制的诞生。唐代摩诃吷罗提出计算弓形面积和球体积的方式，据学者研究，明显地是因袭中国的《九章算术》。中国的数学成就也在唐代传入了新罗。新罗仿唐制度立国学，设算学科，"以《缀经》、《三开》、《九章》、《六章》教授之"。《三开》、《六章》等中国数学书籍并由新罗传入日本。据日本宽平时（八八九——八九七年）所编《日本国见在书目录》，当时传到日本的还有《周髀算经》和《九章算术》。

自成体系的中国医学，主要是汉族的医学，自战国、东汉发展到唐代，积累起丰富的经验，也陆续出现了一些优秀的著作。中医在唐代传布于新罗、日本等东亚诸国。经过新罗、日本人民的补充和发展，从行用的地区来说中医实际上已成为"东医"。大秦、大食、波斯和天竺的医学，多有相互承袭的共同处，形成另一体系。唐人统称西域医为"胡医"。对天竺极为推崇的义净，他在《南海寄归内法传·进药方法》条里说，中国的药物，针灸诊脉的方法，远胜天竺。义净认为天竺的一切（从佛法到生活习惯），都值得学习，独重视中国医学，以为"赡部洲内，无以加也"。看来，东医在当时世界上是独步的。

唐朝设太医署，置医博士、针博士、按摩博士，依国子监办法，招考学生。医科学习《本草》、《甲乙》、《脉经》；针博士教学生经脉孔穴；按摩博士教学生消息导引之法。新罗神文王时，置医学博士，以《本草经》、《甲乙经》、《素问》、《针经》、《脉经》、《明堂经》、《难经》传授学生，制度全仿唐朝。日本奈良朝于大学寮外，专设典药寮。置医博士、针博士、按摩博士，传授诸生。医科习《本草》、《甲乙》、《脉经》；针科习《素问》、《黄帝针经》、《明堂》、《脉决》、《赤神乌针》等经。所定制度基本上与唐朝相同。唐太医署有药园师、药园生，这一制度也传于日本的药学寮。此外，日本遣唐使中又多有医师随行，来中国请益。如精于医术的日本名医菅原梶成，受命入唐留学，以解决医学上的疑难。菅原于承和五年（八三八年）随遣唐使来中国，归国后，被命为针博士，后又为"侍医"，对日本医学的发展，影响甚巨。

《隋书·经籍志》著录《龙树菩萨药方》、《西域诸仙所说药方》等天竺医书七种。天竺医在北朝或隋时，当已随同佛教传入中国。唐太宗时，王玄策出使天竺，招来方士那罗迩娑婆寐，他以延年药进奉太宗，太宗吃了药，毒发不治而死。高宗时，从东天竺迎来卢伽逸多，使他求长生不老之药。中天竺僧福生和那提也先后受命往南海诸国访采异药。某些天竺佛教徒来到中国，往往自称年数百岁，中国富贵人信仰佛教，同时也误信天竺真有什么延年药。据义净《南海寄归内法传》说：
"且如人参、茯苓、当归、远志之流，神州上药，察问西
国，咸不见有"；"西方则有足诃黎勒（一种天竺树果，能
治痢疾，除风消食）、郁金香、阿魏、龙脑、豆蔻、丁香"。
义净认为，只有这几样是唐朝所需要的，其余药物，不
足收采。义净亲自审察，所说是可信的。天竺僧所谓延
年或长生不老，无非是造谣骗人，与中国方士同样妖
妄。唐太宗、高宗想从说得天花乱坠的佛国求不死药，
不知所有宗教包括佛教在内，全是卖空买空的投机商，
从投机商求大利，只能得到受骗的后果。

唐玄宗天宝时，高仙芝在怛罗斯兵败于大食，随军
文士杜环被大食俘获。宝应初，附商贾船回国，著《经
行记》。杜环在《经行记》中说：大秦"善医眼及痢"。天
竺的眼科医也曾传来中国。唐朝名诗人刘禹锡，曾由
来唐的天竺医僧治眼疾，《赠眼科医婆罗门僧诗》云：
"三秋伤望眼，终日哭途穷，两目今先暗，中年似老翁。
看朱渐成碧，羞日不禁风；师有金篦术，如何为发蒙。"
去日本的名僧鉴真，在韶州（今广东曲江）时病眼，也请
过"胡人"治疗。刘禹锡听说婆罗门僧有金篦术，希望
给自己的病眼发蒙，如果眼病真治愈了，刘诗应夸张医
术的奇效，只说希望发蒙，足见所谓金篦术医治并无实
效。鉴真请"胡人"治眼病，眼还是瞎了。眼病病情不
一，治法也不一样，西方医师治眼病的技术可能比东医
好一些，但不可能使真正严重的病眼发蒙。

简 短 的 结 论

国家南北的统一，经济的繁荣，中外文化交流的昌盛，各个方面代表人物的杰出贡献，创造了辉煌灿烂的唐文化。唐文化不仅是中国封建文化的高峰，也是当时世界文化的高峰。

佛教是从天竺传来的宗教。经过汉、魏、南北朝的漫长时间，传布甚广。隋文帝又大加提倡，到唐朝遂发展到最高点。道教是汉族自创的宗教。唐朝皇室自称是道教教主老子李耳的后裔，有意扶植，形式上使与佛教有同等的地位。佛、道两教为了抢夺权利，斗争甚为剧烈，唐朝统治者忙于调剂两教势力，不使失去均衡。

佛、道两教都是麻醉人民的毒品，和尚、道士都是懒馋无耻的寄生虫。佛教势力比道教大得多，它对民众的祸害也更大。"十分天下之财而佛有七八"，佛寺是凶恶的土地兼并者，又是奴隶制度封建农奴制度的保持者。天竺社会里一切黑暗、野蛮、落后、秽浊的事物，都借着佛菩萨的庄严相慈悲相作掩护，整套整套地搬运到中国来，劳苦民众吃了它极大的苦头。千年以后，看到当时佛教遗迹，虽然应该当作珍贵的文物加以保护，但想起它祸国殃民的罪恶，使人感到犹有余痛。统治阶级为了求功德而造寺、造像以及各种耗费，不知流出了多少民众的血汗。

伊斯兰教、祆教、摩尼教、景教，都在唐朝时传入。因为佛教先入为主，把所有宗教都抵制住了，这种以毒制毒的结果，使当时思想家只要努力反佛老（主要是反佛），就可能对历史作出贡献。

唐初，朝廷颁行《五经正义》、《五经定本》，对统一南北经学，是有作用的，但儒生的思想也受到束缚。只有少数士人（如啖助等），不甘屈服，敢于独抒己见，以意说经。这是儒学由汉学系统转向宋学系统的开始。安、史乱后，在藩镇割据的政治局面下，儒者为讲求统一而提倡《春秋》之学。这门学问，到宋朝，更为发达。

在百花盛放的唐文苑中，诗歌是最为鲜艳夺目的花朵。新型的律诗（近体诗）与旧型的古诗，竞艳争妍。在以千百计数的诗人中，王维、李白、杜甫是三个代表人物，他们的诗，是佛、道、儒三种思想的结晶品。儒家的思想感情、是非喜怒，最合乎中国封建社会的道德标准。历代诗评家对王维、李白或有异辞，而杜甫的"诗圣"地位从未动摇过。

诗境经唐人开发殆尽，唐末、五代人只能从词的方面另辟新境。温庭筠是词的创始者，李煜是词的扩大者。词在晚唐、五代，好比诗在初唐，有发展的前途。

从西晋夏侯湛开始，酝酿已久的古文运动，到中唐韩愈时，始显得波澜壮阔。韩愈把儒学运动与古文运动结合起来，以儒家的忠孝思想反对佛教的无父无君思想（内容），以比较接近（距离甚远的接近）口语的散文代替骈四俪六、废话成堆的四六文（形式）。旗帜鲜明，所向无敌。韩愈的门徒李翱又吸取禅学，建立起儒学的心性说，宋儒扩而大之，从此佛成为儒的附庸。

《史通》是一部伟大的史学著作。书中所宣扬的"直笔"思想，对后世起着深远的影响。由于阶级的局限，刘知几的所谓直笔，只能以地主阶级的是非作标准。杜佑、贾耽、李吉甫等人著书，反对"非今是古"与"搜古略今"，也都是唐朝学术界的有识之士。

唐朝科学、美术、音乐舞蹈的盛况，也是空前的。僧一行的历法，孙思邈的医学，吴道子等的绘画，杨惠之的雕塑，都能超越前人。颜真卿破二王书体而创新书体，艺术成就很高。

辉煌灿烂的唐文化，深为当时世界各国人民所向往。各国人士不顾跋涉的艰难，来到中国，观摩摄取。以唐朝首都长安为中心，中国各民族之间，中国与当时世界各国之间，形成了交流文化的巨大场面。这是完全合乎需要的。繁荣的唐文化，吸收了域外文化而愈益丰富多彩。唐文化传播到东西方各国，起着推动各国文化发展的作用。各种文化必然要取长补短，相互交流。娶妻必娶异姓，男女同姓，其生不繁，文化交流也是一样，所以文化交流愈广泛，发展也愈益充分。文化输出国不可自骄，文化输入国不必自卑，某一国文化为别一国所吸收，这种输入品即为吸收者所拥有。譬如人吃猪肉，消化后变成人的血肉，谁能怀疑吃猪肉的人，他的血肉是猪的血肉而不是人的呢！

人　名　索　引

本书第一至第四册，此次重版，补编了人名索引，以备检索。

第四册的人名索引是由王熹编制的。

457

458

459

461

464

466

473